Jan Becker
Entspannt schaffst du alles!

Jan Becker mit Christiane Stella Bongertz

Entspannt schaffst du alles!

Mit neuen Hypnosetechniken zu mehr Gelassenheit und Erfolg

Mit 11 Schwarz-Weiß-Abbildungen

PIPER

Mehr über unsere Autoren und Bücher:
www.piper.de

Von Jan Becker liegen im Piper Verlag vor:
Ich kenne dein Geheimnis
Du wirst tun, was ich will
Das Geheimnis der Intuition
Du kannst schaffen, was du willst
Nichtraucher in 120 Minuten
Du kannst schlank sein, wenn du willst

MIX
Papier aus verantwor-
tungsvollen Quellen
FSC
www.fsc.org
FSC® C083411

ISBN 978-3-492-06105-6
Originalausgabe
© Piper Verlag GmbH, München, 2018
Illustrationen: Sven Binner
Satz: Kösel Media GmbH, Krugzell
Gesetzt aus der Whitman
Litho: Lorenz & Zeller, Inning am Ammersee
Druck und Bindung: CPI books GmbH, Leck
Printed in Germany

Für dich, Samuel.
Für dich, Salomé.
Für dich, Leben.

Inhalt

Der glückliche Bummelzug

Mein Sohn hat ein altes Kinderbuch, das ich ihm einmal vom Flohmarkt mitgebracht habe. Held der Geschichte ist ein alter Bummelzug:

Der Bummelzug fährt täglich mehrmals langsam zwischen zwei großen Städten hin und her. Dabei hält er unterwegs nicht weniger als 27 Mal in den kleinen Örtchen am Wegesrand. Das dauert, aber dem Zug ist das nur recht, denn er liebt seine Arbeit. Er betrachtet die Landschaft mit spielenden Kindern. Mit Häusern, hinter denen Wäsche im Wind weht. Mit Kühen auf der Weide und kleinen Flüsschen, die sich durch die Täler schlängeln. Er verfolgt den Rhythmus der Jahreszeiten. Die Sonne, den Regen, die fallenden Blätter, den Schnee. Wenn er müde ist vom vielen Schauen und eine Pause braucht, ruht er seine Augen aus, indem er die Schwellen und Weichen zählt, über die er langsam dahinrollt. Das beschert ihm ein ganz eigenes Vergnügen. Auch an den vielen Bahnstationen macht er immer wieder kleine Pausen, die ihm Erholung verschaffen. Bewegung und Ruhe wechseln sich ab. Der Bummelzug ist in absoluter Balance. Zwar ist er nicht berühmt wie einige seiner flotten Kollegen. Er ist nicht schick, nicht schnell und auch nicht besonders schön. All das macht aber nichts, denn er ist glücklich.

Doch eines Tages kommt der Eisenbahndirektor auf die Idee, den Bummelzug zum Schnellzug zu »befördern«. Er erhält eine neue Maschine und Räder, die viel schneller rollen. Plötzlich ist er nicht mehr »nur« ein gewöhnlicher Bummelzug, sondern er ist modern und schnell – und das hat Prestige.

Er befördert die Fahrgäste in einem Bruchteil der Zeit, die er zuvor benötigte, und auf der neuen Strecke hält er nur noch vier Mal.

Das gestiegene Ansehen aber hat seinen Preis: Auf einmal ist der ehemalige Bummelzug so rasend schnell, dass er kaum die Umgebung erkennen kann. Alles scheint nur so vorbeizufliegen. Die Geschwindigkeit ist so hoch, dass die Landschaft verwischt und hinter den Staubwolken verschwindet, die der Zug aufwirbelt. Die Bahnschwellen rasen so schnell unter dem Zug hinweg, dass er sie nicht mehr zählen kann. Der Genuss des Augenblicks ist bei dem neuen Tempo völlig unmöglich, Pausen ebenso. Stattdessen ist der Zug mit den Gedanken in der Zukunft – bei der rechtzeitigen Ankunft im nächsten Bahnhof –, denn das wird von ihm erwartet. Der Zug bemüht sich nach Kräften, den neuen Anforderungen gerecht zu werden. Er versucht, Trost zu finden, indem er sich an all das Schöne erinnert, das er früher täglich gesehen hat, doch das macht ihn nur noch trauriger. Er wird von Tag zu Tag schwermütiger. Tränen lassen seine Räder rosten und drohen, das Feuer in seinem Kessel erlöschen zu lassen.

Und eines Tages geschieht es: Er bleibt ganz stehen.

Diese kleine Geschichte illustriert sehr schön, worum es in meinem Buch geht. Vielen von uns ergeht es wie dem Bummelzug. Als kleines Kind sind die meisten von uns noch wie der Zug, der auf seiner geliebten Bummelstrecke vor sich hin tuckert: vollkommen im Hier und Jetzt. Wie die glückliche Eisenbahn erkennen wir die Wunder der Welt in allem, was uns begegnet. Jeder Tag ist ein eigenes Mirakel und jede noch so kleine Tätigkeit hat ihren Zauber. Völlig egal, wie langsam sie uns (noch) von der Hand geht.

Doch je älter wir werden, umso mehr entfernen wir uns von diesem wunderbar ausbalancierten Zustand. Schon bald schleicht sich der Stress in unser Leben. Statt den gegenwärtigen Moment zu genießen, arbeiten wir unsere zahlreichen Pflichten ab. Oft in einem Tempo, das alles andere als gesund ist. So wie der zum Schnellzug umfunktionierte Bummelzug plötzlich darauf fixiert ist, schnellstmöglich am Zielbahnhof anzukommen, scheint die Zukunft an uns zu zerren. Abgabetermine, Prüfungen, Präsentationen, bei denen Erfolge vorgezeigt werden müssen, oder auch Öffnungszeiten – der Kita oder des Supermarkts. Der gegenwärtige Augenblick scheint oft nur ein »Hindernis« auf dem Weg dorthin zu sein. Ein Hindernis, das überwunden werden muss. Wir versuchen, so viel wie möglich auf einmal zu erledigen, um Zeit zu sparen, und hetzen doch von einer Verpflichtung zur nächsten …

Sie kennen das?

Ich auch.

Dabei weiß ich ja eigentlich, wie man auch im Alltag den Moment genießt. Ich kenne unzählige wunderschöne Rituale, die den Zauber des Augenblicks offenbaren. Ich bin im Bilde, wie man jederzeit vollkommen entspannt, glücklich und in Balance im Jetzt lebt. Und genau so habe ich auch die meiste Zeit meines Lebens verbracht: wie der Bummelzug vor seiner Verwandlung in den Schnellzug.

Doch dann wuchs mein Erfolg. Mit meiner zunehmenden Bekanntheit taten sich immer neue spannende Projekte auf, die ich natürlich alle verwirklichen wollte. Es trudelten täglich Anfragen ein – für Interviews, Auftritte, Radiohypnosen, persönliches Coaching, Seminare, um nur einiges zu nennen. Dazu setzte ich mich selbst unter Druck: Jede meiner Shows sollte natürlich spektakulärer werden als die vorherige, jedes Buch erfolgreicher als das zuvor und jedes Seminar besonderer.

Ich war auf dem besten Wege, zum Schnellzug zu werden, und das auch noch ganz freiwillig, denn all das machte mir riesigen Spaß. Dabei merkte ich nicht, dass auch Dinge, die Spaß machen, in der schieren Menge zu viel sein können. Statt, wie ich es bisher immer getan hatte, in meine Seele und meinen Körper hineinzuhorchen, bildete ich mir plötzlich ein, für dieses bewusste Hinhorchen und Abschalten keine Zeit mehr zu haben. Statt auch mal Nein zu einer Anfrage zu sagen, wollte ich nichts verpassen. Und so »sparte« ich ausgerechnet damit Zeit, dass ich die kleinen Entspannungseinheiten, die mich mein ganzes Leben lang immer zuverlässig vor Stress bewahrt und ins Jetzt zurückgeführt hatten, wegfallen ließ. Diese Übungen und ihr wohltuender Effekt auf Körper und Geist waren mittlerweile so selbstverständlich für mich, dass ich gar nicht begriff, was ich da so leichtfertig aufgab. Voller Arroganz realisierte ich nicht, dass ich damit gerade die Quelle meiner Kraft abdrehte.

Dann ging es mir eines Tages wie dem Bummelzug:

Ich blieb einfach stehen.

Nichts ging mehr.

Ein halbes Jahr musste ich pausieren oder – um in der Zug-Analogie zu bleiben – aufs Abstellgleis. Da hatte ich ja wirklich viel »Zeit gespart« … Ich habe großes Glück gehabt – und mir war dieser unsanfte Stopp eine große Lehre. Ich werde später noch genauer auf diese wichtige Zeit zu sprechen kommen, im Moment nur so viel:

Wir sind keine »Schnellzüge«!

Sie nicht, ich nicht, niemand. Unser Körper und Geist haben sich in einer Zeit entwickelt, als nicht nur einfach die Uhren langsamer gingen – es gab überhaupt noch keine. Unsere Urahnen erledigten alles exakt in der Zeit, die jede Aufgabe eben benötigte. Das heißt: Wir sind alle im Herzen Bummelzüge. Wer meint, ein Schnellzug sein und immer mehr immer schneller und alles auf einmal erledigen zu müssen, macht sich selbst etwas vor. Denn mit Stress geht nichts schneller oder besser – im Gegenteil: Wir brauchen länger und Ergebnisse werden schlechter. Dazu schaden wir unserer Gesundheit und berauben uns der Lebensfreude – oder sogar des Lebens, wie es mir beinahe passiert wäre.

Wir sind nicht dafür gemacht, nur im Urlaub oder am Wochenende richtig und im Einklang mit unserer Seele zu leben und den Zauber der Welt zu erfahren, sondern in jedem einzelnen Moment. Ich habe die Stopptaste gedrückt und zum Rhythmus des Lebens zurückgefunden.

Mit diesem Buch möchte ich Sie einladen, es mir gleichzutun. Kurz: Ganz einfach ein wundervolles entspanntes Leben zu genießen. Für den Bummelzug gab es übrigens ebenfalls ein Happy End oder, besser gesagt, ein »Happy New Beginning«: Der Eisenbahndirektor hatte ein Einsehen und schickte den Zug zurück auf seine alte Bummelstrecke mit den 27 Haltestellen – auf den Weg zurück ins Glück!

Fahren Sie mit!

Ihr Jan Becker

Kapitel 1

Stop in the name of laugh: Warum Sie Stress niemals hilflos ausgeliefert sind und wie Sie mit einem simplen Trick die gute Laune aus sechs Millionen Jahren locken — und beste Gesundheit noch dazu

> Das Glück kommt zu denen, die lachen.
> *Japanisches Sprichwort*

Sind Sie gerade in diesem Moment gestresst? Haben Sie das Gefühl festzustecken? Lässt Ihre Konzentration zu wünschen übrig? Sind Sie müde und antriebslos? Könnte Ihre Laune besser sein? Dann haben Sie vielleicht Lust auf ein kleines Wunder mit Sofortwirkung, das alle diese kleinen Probleme auf einen Schlag beseitigt. Ich lade Sie zu einem verblüffenden Ritual ein, das ich seit einiger Zeit jeden Morgen mache. Es hat mich zu einer Zeit gefunden, als ich es wirklich brauchte, doch dazu später mehr.

Am meisten Spaß bringt das Ritual zusammen mit anderen Familienmitgliedern oder Freunden. Es funktioniert aber auch allein – in diesem Fall machen Sie die Übung am besten vor einem Spiegel:

DAS LACHWUNDER[1]

Stellen Sie sich entspannt hin.

Die Arme hängen locker herunter.

Zunächst klopfen Sie sich mit dem Laut »He-he-he-he-he« seitlich auf die Oberschenkel.

Danach klopfen Sie sich wie der Weihnachtsmann auf den Bauch und sagen: »Ho-ho-ho-ho-ho«.

Dann klopfen Sie sich mit »Ha-ha-ha-ha-ha« auf den Brustkorb.

Und schließlich mit »Hi-hi-hi-hi-hi« auf den Kopf.

Probieren Sie das einmal im Trockendurchgang, damit Sie wissen, was zu tun ist.

Anschließend machen Sie das Ritual mindestens drei Mal in einem Rutsch – auf jeden Fall so lange, bis Sie spüren, wie das »künstliche« Lachen in ein echtes Lachen übergeht. Machen Sie so lange weiter, wie Sie Lust haben. Sie dürfen natürlich auch kichern, albern herumhüpfen und sich krümmen vor Lachen – alles ist erlaubt!

Spüren Sie es? Ist das nicht unglaublich? Ich fühle mich jedes Mal, nachdem ich diese kleine Übung gemacht habe, wie neu geboren. Hellwach, gut gelaunt, optimistisch, voller Tatendrang und dabei bis in die Fingerspitzen entspannt. Genau wie nach einem »echten« Lachanfall eben. Leider glänzen Lachanfälle in Zeiten, in denen wir sie am meisten gebrauchen könnten, oft mit Abwesenheit. Wenn wir das Leben grau, trist und

---

[1] Eine kleine Warnung: Bei allen körperlichen Zuständen, in denen der Druck im Bauchraum nicht zu sehr erhöht werden sollte, ist beim Lachritual Vorsicht angebracht. Etwa bei frisch operierten Wunden, Krankheiten innerer Organe, Epilepsie, bei Inkontinenz und auch in bestimmten Fällen in der Schwangerschaft. Konsultieren Sie bitte zuvor Ihren Arzt. Und wenn Sie gerade erkältet sind, könnte ein Lach- in einen Hustenanfall übergehen.

anstrengend finden, dann fällt uns nichts ein, was uns zum Lachen bringen könnte.

Mit dem Lachwunder gibt es dieses Problem nicht. Es funktioniert immer! Die Übung kommt ursprünglich aus dem Lachyoga und ist die einfachste, effektivste Übung, die ich kenne, und dabei für – nahezu – jeden durchführbar! Wenn Sie das verrückte Hehe-hoho-hihi zum Ritual machen, mit dem Sie Ihren Tag beginnen, stellen Sie die Weichen für den besten Tag Ihres Lebens – jeden Tag! Sie werden damit unmittelbar auf gute Laune gepolt. Und das ist erst mal nur einer der vielen positiven Aspekte des Lachens, auf die ich noch zu sprechen kommen werde.

Lächeln, die kleine Schwester des Lachens

Vielleicht lesen Sie nun aber dieses Buch in der Bahn, im Wartezimmer Ihres Arztes oder beim Friseur – und möchten mit dem Test des Lachrituals warten, bis Sie zu Hause sind. Dann probieren Sie doch zunächst einmal eine etwas dezentere Übung: das bewusste Lächeln. Es sollte sich dabei möglichst »echt« anfühlen, also so, dass sich nicht nur der Mund bewegt, sondern sich auch die Augenwinkel in die charakteristischen Lachfältchen legen. Halten Sie diesen Gesichtsausdruck nun mindestens eine Minute. Ziehen Sie das Lächeln aber nicht unnatürlich breit, Sie müssen nicht mit »Cheese« die Zähne für ein Foto blecken. Wenn Sie das Gefühl haben zu verkrampfen, bewegen Sie die Mundwinkel ein wenig, wechseln Sie vom Lächeln mit geschlossenem Mund zu einem mit leicht geöffneten Lippen und zurück – so wie es auch bei einem unwillkürlich entstandenen Lächeln der Fall wäre.

Sie werden merken, wie sich langsam, aber stetig, Ihre Stimmung aufhellt, Sie innerlich ruhig werden und sich Ihre Körperhaltung entspannt. Und wie sich plötzlich tatsächlich angenehme, leichte Gedanken einstellen. Vielleicht an Ihr Kind, eine Umarmung Ihres Partners[2], an Ihr Haustier oder eine nette Begegnung. Unser Körper hat direkten Einfluss auf unseren Geist.

Diesen Effekt nennt man wissenschaftlich *Facial Feedback*: Unser Gehirn kann nicht unterscheiden, ob wir tatsächlich einen äußeren Grund zum Lächeln – oder Lachen – haben, oder ob wir nur so tun als ob. Es registriert in einem ersten

---

[2] Wenn ich in diesem Buch, wie hier, die männliche Form verwende, ist die weibliche Form immer auch mitgedacht. Das hat allein praktische Gründe.

Schritt, dass sich die dafür notwendigen Gesichtsmuskeln bewegen. Nun hat unser fleißiges Gehirn in den Jahren, die wir bereits auf diesem Globus verweilen, gelernt, dass dies normalerweise dann passiert, wenn etwas Schönes und Angenehmes in unserem Leben geschieht. Ein großer Teil unserer angenehmen Erfahrungen, die in der gigantischen Bibliothek unseres Unterbewusstseins[3] gespeichert sind, sind mit dem Lächeln oder Lachen verknüpft – und mit einem Gefühl der guten Laune und Entspannung.

Sofort wird die Ausschüttung der Botenstoffe eingeleitet, die zur Herstellung des mit dem Lächeln verbundenen angenehmen Zustands notwendig sind. Das ist in erster Linie das Hormon Serotonin, bekannt für seine stimmungsstabilisierenden Eigenschaften. Außerdem wird die Produktion von Stresshormonen gedrosselt und der Blutdruck gesenkt.

Schon ein ganz »einfaches« Lächeln hat diese Effekte, aber Sie können die Wirkung noch einmal steigern, wenn Sie es mit einer Visualisierung verbinden, die das Lächeln nicht »nur« nach außen, sondern auch nach innen richtet: Mit dem Herzlächeln lösen Sie ganz sanft Stress und Anspannung und tauchen Ihren Körper und Geist in ein wunderbares Gefühl der Liebe, dessen Zauber Sie selbst unmittelbar spüren werden. Und nicht nur das: Ihre Umgebung wird von Ihrer Ausstrahlung gleich mit verzaubert. Wenn Sie das Herzlächeln zum ersten Mal ausprobieren, tun Sie das am besten, wenn Sie fünf Minuten ungestört sind, um sich voll und ganz auf die Vorstellung zu konzentrieren. Später klappt die Visualisierung in fast jeder Situation und Sie können, wenn nötig, auch auf das Schließen der Augen verzichten.

---

[3] Eine wichtige Anmerkung: Ich verwende in diesem Buch den umgangssprachlichen Begriff »Unterbewusstsein« für das – wie es korrekt heißen müsste – Unbewusste.

Lesen Sie zunächst folgenden Text aufmerksam durch, damit Sie wissen, was Sie zu tun haben:

DAS HERZLÄCHELN

Setzen Sie sich bequem hin und schließen Sie die Augen. Atmen Sie einige Male ruhig und tief durch die Nase in den Bauch. Achten Sie darauf, vollständig auszuatmen. Sobald Sie einen angenehmen Atemrhythmus gefunden haben, stellen Sie sich vor, dass Sie durch Ihr Herz atmen. Ihr Atem fließt durch Ihr Herz in den Bauch und auch durch Ihr Herz wieder hinaus. Legen Sie Ihren vollständigen Fokus auf Ihr Herz. Vielleicht strahlt es in einem warmen Licht, vielleicht spüren Sie, wie Ihre Brust über dem Herzen sich wohlig erwärmt.

Nun beginnen Sie zu lächeln. Lächeln Sie ganz bewusst in Ihr Herz hinein. Legen Sie Liebe, Wärme, Akzeptanz und Dankbarkeit in Ihr Lächeln. Vielleicht hilft Ihnen der Gedanke an jemanden, den Sie vorbehaltlos lieben, etwa Ihr Kind, Ihre Eltern, Ihren Partner, Ihr Haustier oder alle zusammen. Vielleicht ist es auch der Gedanke an einen Ort, den Sie lieben, oder an etwas, was Sie so gerne tun, dass es immer ein Lächeln auf Ihr Gesicht zaubert.

Spüren Sie nun, wie sich Ihr Herz mit jedem Atemzug weitet und wie Liebe, Licht und Dankbarkeit von Ihrem Herzen aus in Ihren ganzen Körper ausstrahlen und jede einzelne Zelle durchströmen. Spüren Sie, wie sich Ärger, Druck und Hektik lösen wie ein Knäuel, an dem man endlich die Stelle gefunden hat, an der man ziehen muss, um es zu entwirren. Das angenehme, leichte und warme Gefühl ersetzt die unangenehmen Empfindungen.

Sobald Ihr ganzer Körper und Ihre ganze Seele von diesem wunderbaren Gefühl ausgefüllt sind, richten Sie noch einmal bewusst Ihr Lächeln in Ihr Herz und spüren Dankbarkeit für diesen Moment und alles, was ist. Und während Sie diesen einzigartigen, gegenwärtigen Augenblick wertschätzen, werden Sie gewahr, dass es in Ihrer Macht liegt, ihn auszudehnen, solange Sie nur möchten.

Wenn Sie das Herzlächeln regelmäßig praktizieren, merkt sich Ihr System – so nenne ich die Einheit aus Körper und Geist – die Verknüpfung dieses wunderbaren Gefühls mit dem Akt des Lächelns. So bekommt mit der Zeit auch jedes »gewöhnliche« Lächeln noch eine ganz besondere zusätzliche Magie.

Aktivieren Sie gute Laune aus sechs Millionen Jahren menschlicher Evolution

Beim Lächeln wird aber nicht nur das abgerufen, was dank unserer Lebenserfahrung an guter Laune in unserer Erinnerung gespeichert ist. Lächeln aktiviert außerdem die kollektive Erfahrung, die dazu in unseren Genen steckt: Unsere Neigung zu lächeln, um mit anderen in wohlwollenden Kontakt zu treten, ist angeboren. Babys lächeln schon mit etwa acht Wochen zum ersten Mal bewusst ihre Eltern an – und ernten damit normalerweise nicht nur ein Antwortlächeln, sondern wahre emotionale Begeisterungsstürme, was das Vergnügen des Lächelns noch verstärkt. Aber auch, wenn wir als Erwachsene lächeln, heben wir damit nicht nur die eigene, sondern zusätzlich die Stimmung der Menschen in unserer Umgebung. Zu verdanken ist dies den Spiegelneuronen, die uns unwillkürlich dazu bringen, Mimik und Gestik unseres Gegenübers nachzuahmen.

Versuche haben gezeigt, dass wir durch diese Nachahmung die Emotionen unseres Gegenübers tatsächlich präzise nachempfinden. Mit einem Lächeln setzen wir also eine positive Kettenreaktion in Gang: Lächeln erzeugt Lächeln und damit jede Menge positive Schwingungen.

Kommen wir mit diesem kleinen Schlenker aber nun noch einmal zurück zum Lachen: Sämtliche positiven Nebenwirkungen, die das Lächeln auf unsere Psyche hat, hat nämlich auch das Lachen. Es ist ebenfalls angeboren, zeigt sich in unserer persönlichen Entwicklung allerdings etwas später, nämlich mit ungefähr vier Monaten.

Aber Lachen vermag noch einiges mehr als »nur« das Lächeln, wie die folgende Geschichte zeigt.

Wie Lachen Leben retten und Stress töten kann[4]

Der amerikanische Journalist Norman Cousins bekam im Jahr 1964 plötzlich hohes Fieber und konnte seine Beine, den Hals und den Rücken kaum noch bewegen. Begleitet war dieser Zustand von extremen Schmerzen. Seine Ärzte diagnostizierten eine besonders schwere Form von Morbus Bechterew, bei der infolge eines starken Collagenabbaus das Körpergewebe degeneriert. Sie bezifferten seine Chance, länger als nur noch ein paar Monate zu leben, mit 1:500.

Nachdem Norman Cousins den ersten Schock überwunden hatte, wollte er sich mit der düsteren Prognose nicht abfinden. Und er dachte nach: Kürzlich war er beruflich in Russland

---

[4] Die Doppeldeutigkeit dieser Überschrift ist mir erst bewusst geworden, nachdem ich sie hingeschrieben hatte. Die erste Bedeutung: Lachen kann unser Leben retten und Stress kann uns töten. Die zweite: Lachen kann Leben retten und es kann den Stress unschädlich machen (also den Stress töten). Ich nehme an, mein Unterbewusstsein hatte hier die Finger im Spiel und wusste genau, was es tat, ich schreibe nämlich oft im Flow, einem quasi hypnotischen Zustand, der entsteht, wenn wir in einer uns optimal fordernden Tätigkeit völlig aufgehen.

gewesen, eine Reise, die er als extrem stressreich erlebt hatte. Da er zuvor kerngesund gewesen war und die ersten Symptome der Krankheit nach seiner Rückkehr auftraten, nahm langsam eine Vermutung Gestalt an. Cousins erinnerte sich an die Arbeiten eines der ersten Stressforscher, Hans Selye. Darin waren die zahlreichen unheilvollen Auswirkungen von Stress auf den Körper beschrieben. Vielleicht, so fragte Cousins sich, hatte der Stress während seiner Zeit in Russland dazu beigetragen, dass er krank geworden war? Plötzlich hatte er eine Idee: Wenn negative Emotionen wie Stress ihn möglicherweise krank gemacht hatten, dann konnten ihn vielleicht positive Emotionen heilen?

Gedacht, getan.

Cousins ließ sich einen Filmprojektor bringen und sah von nun an fast nonstop ausschließlich Lustiges an, etwa alte Filme der Marx Brothers oder Streiche mit der versteckten Kamera. Außerdem ließ er sich witzige Bücher und Witze vorlesen. Ja, er konfrontierte sich gezielt mit allem, was seine Lachmuskeln reizte. Zusätzlich nahm er hohe Dosen Vitamin C ein – auch dies eine intuitiv richtige Wahl, denn neuere Forschung bestätigt die Wirkung des Vitamins als Stresspuffer: Unter bestimmten Bedingungen ist Vitamin C in der Lage, die Ausschüttung von Cortisol ins Blut zu verringern – und damit die körperliche Stressreaktion zu unterbrechen.

Cousins erste spektakuläre Entdeckung bei seiner selbst erdachten Therapie war, dass nur zehn Minuten zwerchfellerschütterndes Lachen ihn für mindestens zwei Stunden von seinen Schmerzen befreiten. Etwas, was nicht einmal Morphium geschafft hatte. Ein Schlüsselerlebnis! Von da an ging es stetig bergauf. Nach einiger Zeit konnte Cousins seine Beine wieder bewegen, nach sechs Monaten konnte er wieder gehen. Und zwei Jahre später war er in der Lage, seine Arbeit als Zeitungsredakteur wieder aufzunehmen.

Seine Lachtherapie hatte ihn gerettet!

Auch wenn der 1990 – und damit 26 Jahre später – verstorbene Cousins davon selbst nichts mehr mitbekommen hat, ist er tatsächlich *der* Pionier des Lachyoga. Seine Geschichte inspirierte den Arzt und Yogalehrer Madan Kataria aus Mumbai, das bewusste Lachen und Yoga zu verbinden. In den Neunzigerjahren gründete Kataria den ersten Lachclub. Mittlerweile gibt es Tausende auf der ganzen Welt, und alle haben sich auf die Fahnen geschrieben, wie Cousins die »Seuche« unserer Zeit zu bekämpfen: den Stress.

Vier Mal »F«: Fight, Flight, Freeze oder Fright

Dass Stress so ein potenter Killer ist, ist eine verhältnismäßig neue Entwicklung und hat mit unseren veränderten Lebensumständen zu tun. Ursprünglich, zu Zeiten der Jäger und Sammler, war Stress das genaue Gegenteil eines Killers, nämlich ein Lebensretter. Begegneten unsere Vorfahren bei ihren Streifzügen durch die Wälder einem feindlich gesinnten Angehörigen eines anderen Stammes oder einem hungrigen wilden Tier, war es wichtig, sofort reagieren zu können. Die Palette sinnvoller Reaktionen war in so einem Fall überschaubar: Entweder musste man kämpfen (*fight*) oder fliehen (*flight*). Eventuell war es auch notwendig, in höchster Alarmbereitschaft einige Zeit unbeweglich zu verharren (*freeze*) oder in eine Schreckstarre zu fallen (*fright*), bis sich eine Möglichkeit zur Flucht ergab. Dann galt es wiederum, keine Zeit zu verlieren.

Das Gehirn setzt daher, sobald es eine Situation als bedrohlich bewertet hat, eine komplexe Kettenreaktion in Gang, die mit der Ausschüttung der Stresshormone Adrenalin und Noradrenalin in den Nebennieren beginnt. Diese beiden Hormone erhöhen die Herzfrequenz, vertiefen die Atmung, pumpen Blut in die Muskeln und verbessern die Reaktionsschnelligkeit. Außerdem werden Fett und Glukose aus den körpereigenen Energiespeichern gelöst und mit dem Blut in die Muskeln geschleust. Die Gerinnungsfähigkeit des Blutes wird gesteigert, damit der Blutverlust im Falle einer Verletzung nicht zu groß ausfällt. Einige Minuten später folgt dann die Ausschüttung von Cortisol. Cortisol unterstützt Adrenalin und Noradrenalin längerfristig bei der Bereitstellung von Energie und hält den Organismus in Alarmbereitschaft, um neue Bedrohungen, wie zum Beispiel einen Angriff aus dem Hinterhalt, sofort zu bemerken. Dabei blockiert Cortisol im Team mit Noradrenalin die Hirnregionen, in denen zeitraubendes Nachdenken vonstattengeht. Gefragt sind stattdessen blitzschnelle, instinktive Reaktionen. Ein Nebeneffekt der Cortisolausschüttung ist Appetit auf schnell verfügbare Kohlenhydrate, Energie, die uns bei einer etwaigen Flucht sehr zupasskommt, damit wir nicht schlappmachen.

Stress ohne Bewegung ist Stress ohne Pause

Die Reaktion war den urzeitlichen Gegebenheiten, in denen auf eine Bedrohung fast immer Bewegung folgte, hervorragend angepasst: Die bereitgestellte Energie wurde während des Kampfes oder der Flucht sofort verbraucht, die Stresshormone abgebaut. So kam die Körperchemie ganz von selbst wieder ins Gleichgewicht.

Nun haben wir heute den Luxus, eher selten wilden Tieren oder aggressiven Angreifern gegenüberzustehen. Sobald wir in einer Situation stecken, die wir als bedrohlich empfinden, wird trotzdem weiterhin stur die Millionen Jahre alte Reaktion ausgelöst. Ganz egal, ob uns Flucht oder Kampf überhaupt helfen würden. Meist tun sie das nicht: Wer vor einer Gruppe einen Vortrag halten muss, eine Prüfung ablegt, in einer Konferenz seinen Standpunkt verteidigt oder im Auto sitzt, tut gut daran, nicht abzuhauen oder seinem Gegenüber eins auf die

Mütze zu geben. Zwar ist er oder sie kurzfristig sehr wach, und auch intensiv gepauktes Faktenwissen ist verfügbar. Wer dieses allerdings logisch verknüpfen soll und erst noch nachdenken muss, hat mit einer Überdosis an Stresshormonen im Blut eher schlechte Karten.

Außerdem wird in diesen Situationen weder die durch die Stresshormone bereitgestellte Energie durch Bewegung verbraucht, noch werden die Hormone selbst schnell abgebaut. Im Gegenteil: Wenn die Bewegung auf sich warten lässt, die subjektiv empfundene »Bedrohung« aber anhält, weil uns zum Beispiel die Antwort auf die Frage des Prüfers partout nicht einfällt, ist unser System weiter darauf geeicht, seine etwas antiquierte Stressreaktion aufrechtzuerhalten. Unser Organismus interpretiert die fehlende Bewegung so, dass wir im Freeze- oder Fright-Modus auf eine Möglichkeit zur Flucht vor dem Säbelzahntiger warten.

Die fiese Randale der gelangweilten Stresshormonclique

Vergeigte Prüfungen oder holprige Vorträge können also auf das Konto von Stress gehen. Abgesehen von solchen unangenehmen Begleiterscheinungen ist kurzfristige Anspannung normalerweise kein größeres Problem für Körper und Psyche, wenn darauf eine Phase der Erholung oder eben Bewegung folgt. Je länger aber der Stress andauert, umso schädlicher wird er: Stresshormone, die anhaltend in großer Menge ausgeschüttet, dabei aber nur ungenügend abgebaut werden, sind wie gelangweilte Teenager: Sie fangen an zu randalieren.

Heute gehen Forscher davon aus, dass anhaltender Stress bei der Entstehung unzähliger Krankheiten eine Schlüsselrolle spielt. Greifen wir jetzt zum Beispiel zu Süßem – dazu stachelt uns ja das Cortisol an – bringt das zwar kurzfristig Erleichterung, allerdings steigt der Blutzuckerspiegel dabei rasant an. Das führt zu vermehrter Insulinausschüttung der Bauchspeicheldrüse: Insulin wird benötigt, um die Glukose – den Zucker im Blut – in die Zellen aufnehmen zu können. Durch das viele Insulin sinkt der Blutzuckerspiegel dann genauso schnell, wie er angestiegen ist. Die Folge: Im Gehirn kommt nach einem kurzen Energieschub kaum noch etwas an. Also wird erneute Cortisolproduktion befohlen, um noch mehr Reserven zu mobilisieren und Lust auf süßen Nachschub zu machen. Mit dem nächsten Schokoriegel beginnt das Spiel von vorn …

Dass Stress auf diese Weise sehr schnell dick machen kann, sollte einleuchten. Doch das ist eine vergleichsweise harmlose Folge. Wer ständig stressbedingt seinem süßen Zahn nachgibt, erhöht möglicherweise sein Risiko für den gefährlichen Bauchspeicheldrüsenkrebs. Einen entsprechenden Effekt wiesen Forscher am Karolinska-Institut in Stockholm bereits für gesüßte Getränke nach. Außerdem können die Gefäßwände durch zu hohe Glukosekonzentration Schaden nehmen. Und es ist möglich, dass die Insulinrezeptoren durch den häufig unnatürlich hohen Spiegel des Hormons mit der Zeit unempfindlicher werden. Es wirkt dann nicht mehr richtig, ein Teil der Glukose bleibt ungenutzt im Blut – Diabetes kann entstehen. Da Insulin auch die Aufgabe hat, im Blut zirkulierendes Fett in die Depots zu schleusen, lagert sich das Fett bei verschlechterter Wirksamkeit des Insulins vermehrt in den Blutgefäßen ab, was Herz-Kreislauf-Krankheiten begünstigt. Unabhängig von diesen Mechanismen gilt: Wird die durch die Stresshormone freigesetzte Energie nicht schnell verbraucht, wird sie wieder eingelagert. Aber nicht dort, wo sie vorher war, sondern bevorzugt als viszerales Fett zwischen den Organen im Bauchraum. Anders als Fettdepots an Po oder Oberschenkeln produziert viszerales Fett entzündungsfördernde Botenstoffe, sogenannte Zytokine, und schüttet sie in den Blutkreislauf aus. Diese Substanzen werden mit Diabetes, Bluthochdruck, Arteriosklerose, Asthma und Krebs in Verbindung gebracht – und sogar mit Depressionen: Zytokine sind in der Lage, die Serotoninproduktion im Gehirn zu beeinträchtigen.

Ob Stress wirklich ursächlich Krebs verursachen kann, ist nach wie vor strittig. Eine neue Übersichtsstudie mit über 163 000 Teilnehmern zwischen 16 und 109 (!) Jahren, die über fast zehn Jahre beobachtet wurden, legt allerdings nahe, dass es einen signifikanten Einfluss von Stress auf die Entstehung bestimmter Krebsarten gibt. Nach der Untersuchung des University College London erhöht Stress die Wahrscheinlichkeit, an Dickdarm-, Bauchspeicheldrüsen-, Speiseröhren- und Prostatakrebs zu erkranken.

Ein indirekter Grund dafür könnte es sein, dass Stress zu ungesunden Gewohnheiten anstiftet. Wer sich ständig unter Strom fühlt, raucht oft mehr, isst mehr – vor allem mehr Ungesundes – und trinkt auch häufig mehr Alkohol als Menschen, die ganz entspannt durchs Leben gehen. Stressbedingter Zeitmangel führt obendrein zu Bewegungsarmut, die die Effekte des Stresses und der ungesunden Lebensführung verstärkt.

Aber chronischer Stress hat auch ganz direkten Einfluss auf unseren Körper: Er verringert die Aktivität verschiedener Immunzellen. Etwa jener, die Tumorzellen im gesunden Organismus normalerweise in Schach halten. Auch Infektionen haben in einem durch Stress geschwächten Körper ein leichteres Spiel. Darüber können durch Stress angefachte Entzündungsprozesse die Regeneration von Körpergeweben beeinträchtigen – hier könnte ein Zusammenhang zwischen Norman Cousins' Stress während seiner Russlandreise und seiner danach aufgetretenen Erkrankung bestehen. Als wäre all das noch nicht schlimm genug, kann Dauerstress zu psychischen Krankheiten führen. Wer sich nie erholt, ist ein vorrangiger Kandidat für Depression und Burn-out.

Eine zentrale Rolle bei all diesen Prozessen spielt, wie wir gesehen haben, das Hormon Cortisol. Ich werde Ihnen noch zeigen, wie Sie es so im Zaum halten können, dass es wirklich nur die ihm ursprünglich in Ihrem Körper zugedachten Aufgaben erfüllt, ohne übers Ziel hinauszuschießen. Halten wir aber fürs Erste einmal fest: Anhaltender Stress macht krank.

Wir alle – hilflose Opfer unserer Lebensumstände?

Nun finden Sie das vielleicht zunächst nicht sehr überraschend. Dass Stress krank macht, hat wahrscheinlich jeder von uns schon mal gehört. In Umfragen kommt auch immer wieder heraus, dass die allermeisten von uns sich durchaus bewusst sind, dass zu viel Stress ganz und gar nicht gesund ist. *Eigentlich* bewusst sind, müsste man wohl sagen. Trotz dieser Einsicht verhalten sich viele Menschen so wie Raucher, die genau wissen, dass Rauchen Lungenkrebs und viele andere Krankheiten verursachen kann, und die trotzdem weiterrauchen: Sie gehen davon aus, dass es sie schon nicht treffen wird.

Und dann wird weitergemacht wie bisher.

Vielleicht sagen Sie jetzt: »Ja, was soll ich denn tun? Mein Alltag und mein Job sind eben anspruchsvoll, da kann ich nichts dran ändern.« Mit so einer Ansicht sind Sie nicht allein. Wir glauben, dass Stress und ein rasantes Tempo im Arbeits- und Privatleben nun mal heute dazugehören. Es gibt sogar Menschen, die der Ansicht sind, dass Stress eine Art Auszeichnung ist. Er wird mit Motivation, Leistung und Effizienz gleichgesetzt – ein Trugschluss, denn all diese Punkte werden durch Stress gemindert.

Unbestritten ist, dass die subjektiven Stressfaktoren für die meisten von uns zugenommen haben. Die Arbeitswelt ist flexibler, man könnte auch sagen: unsicherer. Berufe hat man nicht mehr ein Leben lang, sondern der mehrfache Jobwechsel gehört zu einer normalen Biografie dazu. Hinzu kommt, dass sich Frauen wie Männer heute nicht mehr für Familie *oder*

Beruf, sondern für beides entscheiden. Zwar sind sowohl Beruf als auch Familie individuell sinnstiftend – und eine Aufgabe, die wir als sinnvoll erleben, ist einer der größten Feinde des Stresses, wie wir noch sehen werden. Allerdings explodiert bei einer beruflichen und familiären Doppelbelastung oft die schiere Menge der zu erledigenden Aufgaben – und das kann als extreme Belastung empfunden werden. Wirtschafts- und Finanzkrisen, bei denen man nie so genau weiß, ob das noch »die alte Krise« ist oder schon wieder eine neue, steuern ihr Quäntchen zum allgemeinen Gefühl der Hetze und Überforderung bei.

Sparen Zeitsparer wirklich Zeit?

Aus diesen Gründen sind viele von uns froh, dass man ja heute so viel Zeit »sparen« kann. Ständig etablieren sich neue Technologien, die uns das Leben erleichtern sollen. Es gibt computergesteuerte Kühlschränke, die uns Rezepte vorschlagen mit den Lebensmitteln, die wir uns bequem nach Hause haben liefern lassen. Der Rasen vorm Haus wird von einem Roboter gemäht. Niemand muss sich mehr auf den Weg in die nächste Bibliothek machen, wenn er etwas zu einem bestimmten Thema herausfinden will. Wir bestellen unseren Lesestoff oder laden Sachbücher und Romane gleich auf unser Lesegerät.

Und egal, was wir vorhaben, fast alles scheint man heutzutage schneller als früher erledigen zu können. Nehmen wir an, wir wollen ein Blumenbeet anlegen. Noch vor nicht allzu langer Zeit wären wir zunächst in die Buchhandlung gegangen, hätten in Ruhe einige Ratgeber durchgeblättert und uns schließlich ein Buch übers Gärtnern empfehlen lassen. Wir hätten es gekauft, gelesen und uns überlegt, wie genau wir vorgehen. Später hätte uns unser Weg zu einer Gärtnerei geführt, wo wir uns die Pflanzen persönlich ausgesucht hätten. Wir hätten ihre Blätter befühlt, an den Blüten gerochen, den Gärtner um Rat gefragt. Vielleicht hätten wir dabei einen Freund getroffen und uns mit ihm zum Kaffee verabredet. Schließlich wären wir mit unserem Einkauf nach Hause gefahren.

All diese »zeitraubenden« Aktivitäten können wir mittlerweile zum großen Teil überspringen. Wir können, wenn wir wollen, alles – sogar Erde und Pflanzen – an die Haustür bestellen. Im Internet finden wir alle Informationen, die wir brauchen. Im Netz finden wir aber nicht nur das, was für unser Vorhaben vonnöten ist. Dort ist noch viel mehr. Hinz und Kunz geben auf ihrem Blog ihre Ansichten zum Thema »Das optimale Blumenbeet« kund. Es gibt unzählige Websites allein zum Thema Blumenerde, die mehr oder weniger gut recherchierte Informationen bieten. Einen Teil der gesparten Zeit verwenden wir also darauf, herauszufinden, welches die verlässlichste Information ist. Und was wir genau für unser Blumenbeet brauchen. Zwischendurch kommt eine Whats-App-Nachricht rein, da kündigt ein »Pling« einen neuen Kommentar auf einem unserer Profile in den sozialen Medien an. Sind wir einmal dort, stoßen wir auf alles Mögliche, was um unsere Aufmerksamkeit buhlt – mit spektakulären Überschriften, die oft enden mit »Du wirst nicht glauben, was dann geschah«.

Was allerdings wirklich geschah, merken wir, wenn wir auf die Uhr schauen: Huch, so spät schon? Die »gesparte« Zeit – und noch viel mehr davon – ist weg. Verpufft. Statt Blätter zu befühlen, an Blumen zu riechen oder beim Buddeln in der feuchten Erde zu entspannen, haben wir uns durch Bilderstrecken geklickt, aber nichts mit allen Sinnen erlebt. Unsere Aufmerksamkeit war mal hier, mal dort, wir fühlen uns zerrissen. Dabei ist unser Blumenbeet-Projekt so gut wie nicht vorangekommen. All das frustriert – und macht Stress. Der beeinträchtigt unser Konzentrationsvermögen: Für das, was wir nun tun, brauchen wir viel länger, als wir normalerweise brauchen würden. Dabei stecken wir häufiger fest – und lassen uns wieder bereitwillig ablenken von den »Plings« aus unserem Smartphone ...

Stress kommt nicht von außen, sondern von innen

Ja, es klingt wirklich so, als wäre es schier unmöglich, dem Stress zu entkommen.

Zum Glück stimmt das nicht.

Wenn wir glauben, dem Stress schutzlos ausgeliefert zu sein, verwechseln wir Ursache und Wirkung. Oder besser gesagt: Wir setzen den Stress, den wir spüren, mit seinen Auslösern gleich. Dabei muss keines der Dinge, die ich aufgezählt habe, Sie in Stress versetzen. Wenn Sie wissen, wie Stress entsteht, können Sie die scheinbar unaufhaltsam wirbelnde Spirale der Hektik stoppen. Dazu brauchen Sie nicht unbedingt Ihren Job zu kündigen (auch wenn das in bestimmten Fällen trotzdem ratsam sein kann, doch dazu später), und auch nicht als Aussteiger auf eine einsame Insel zu ziehen oder Ihren Chef mit Arbeitsverweigerung zu brüskieren. Sie müssen auch nicht aufwendige Zeitmanagement-Systeme erlernen, um Zeit »zu sparen«. Sie können tatsächlich, wenn Sie wollen, weitermachen wie bisher – nur *ohne* den Stress. Vorausgesetzt, Sie tun etwas, was Sie grundsätzlich mögen und was Sie als sinnvoll erleben.[5]

Fürs Erste verrate ich Ihnen schon mal ein Geheimnis: Stress kommt nicht von außen! Nie! Er ist lediglich unsere innere Antwort auf etwas, was von außen kommt. Das ist eine hervorragende Nachricht, denn diese innere Antwort können wir verändern. Unmittelbar funktioniert das zum Beispiel mit

---

[5] Auf die Rolle des subjektiv empfundenen Sinnes bei Stress werde ich noch ausführlich zu sprechen kommen.

effektiven Übungen der Selbsthypnose – wie etwa dem vorgestellten Lachritual. Vielleicht wundern Sie sich jetzt, dass ich Lachen als Selbsthypnose bezeichne. Meine Seminarteilnehmer machen da auch immer große Augen. Tatsächlich ist das Lachritual nicht nur irgendeine Hypnose, sondern eine höchst effektive, und wenn wir sie gezielt mit Inhalten aufladen, kann sie genauso profunde Wirkungen auf unser Unterbewusstsein haben wie eine geführte Hypnose beim Therapeuten. Wie einfach dieses Aufladen geht, dazu komme ich im nächsten Kapitel. Außerdem verrate ich Ihnen, wie Sie die positiven Effekte der Übung konservieren und sogar noch verstärken können, um Sie jederzeit anwendbar zu machen.

Selbsthypnose wirkt aber nicht nur als Sofortmaßnahme. Sie ist ebenfalls ein unschlagbares Werkzeug, um unser Denken und Fühlen langfristig und nachhaltig so zu verändern, dass bisherige Stressoren ihre schädliche Wirkung auf uns verlieren. Wenn Sie dieses Buch lesen und sich neugierig auf meine Vorschläge einlassen, werden Sie merken, wie Sie nach und nach immer entspannter durchs Leben gleiten.

Doch zunächst noch einmal kurz zurück zum Lachen, Ihrem ersten Zaubermittel für ein entspanntes, erfülltes Leben.

Die Panazee ist gefunden: Lachen ist *das* Wundermittel für Körper und Seele

Schüttelten die Ärzte in den Sechzigerjahren noch den Kopf über ihren schrulligen Patienten Cousins mit den extravaganten Ideen und hielten seine Heilung insgeheim für einen Zufall, weiß man heute, welche wahren Wunder Lachen wirken kann.

Mittlerweile gibt es sogar eine eigene Wissenschaft über die Auswirkungen des Lachens und Lächelns, die Gelotologie. Forscher dieser Disziplin untersuchen, was im Körper während bauchfellerschütternder Lachsalven geschieht. Das ist einiges: Zunächst ist da die Reduktion von Stresshormonen, die Blutdrucksenkung und die Ausschüttung von Serotonin, die Sie schon vom Lächeln her kennen – nur geschieht all dies in größerem Ausmaß. Lachen hebt so die Stimmung für Stunden und programmiert uns auf Gelassenheit. Das macht es zu reinem Seelenbalsam, aber auch zur Präventivmedizin, die vor zahlreichen stressbedingten Krankheiten schützen kann. Es kann Depressionen verhindern, lindern und sogar heilen.

Ein Aspekt der seelischen Wirkung des Lachens ist seine Fähigkeit, Einsamkeit zu bekämpfen, denn es verbindet uns mit anderen: Lachen wir zusammen mit Freunden oder unserer Familie, spüren wir tiefe Verbundenheit. Wenn wir andere Menschen offen anlachen, ist das ein unwiderstehliches kommunikatives Signal. Lachen schlägt Brücken zu unseren Mitmenschen – selbst wenn diese bisher Wildfremde für uns waren.

Dass Lachen Angstzustände effektiv reduzieren kann, ist seit längerer Zeit bekannt. »Clowndoktoren« – speziell geschulte Schauspieler, die als Clowns verkleidet Patienten in Krankenhäusern zum Lachen bringen – gibt es inzwischen nicht mehr nur auf Kinderstationen, um den Kleinen die Angst vor Untersuchungen und Operationen zu nehmen. Im Assaf Harofeh Medical Center bei Tel Aviv in Israel testete man ein weiteres Einsatzgebiet des Humors. Dort wurden Patientinnen, die einen Embryo-Transfer nach einer In-vitro-Fertilisation bekommen sollten, alle zwei Wochen für etwa eine Viertelstunde von Clowns zum Lachen gebracht. Man wollte herausfinden, ob Lachen den Stress der Patientinnen so sehr reduzieren kann, dass ihre Fruchtbarkeit davon profitiert. Stress gilt als einer der stärksten Faktoren, die dazu führen können, dass eine Schwangerschaft nicht bestehen bleibt. Das Resultat überraschte selbst die Forscher: Die künstliche Befruchtung und Implantation des Embryos war in 36,4 Prozent der Fälle erfolgreich, in einer nicht bespaßten Kontrollgruppe waren es dagegen nur 20,2 Prozent – was in etwa der normalen Erfolgsquote künstlicher Befruchtungen entspricht. Und das trotz der Kürze der ohnehin nur vierzehntägigen »Clowntherapie«-Einheiten – das Lachen hatte tatsächlich einen Langzeiteffekt auf die Fruchtbarkeit!

Damit nicht genug, Lachen hat noch mehr ganz handfeste medizinische Wirkungen. Es erhöht die Durchblutung im Körper so stark, als wären wir eine Runde Joggen gegangen. Und, wie schon Norman Cousins feststellte, kann es Schmerzen besser zum Verschwinden bringen als Morphium. Es aktiviert zudem die T-Lymphozyten – eine bestimmte Gruppe weißer Blutzellen – im Blut. Die T-Lymphozyten sind ein wichtiger Bestandteil unseres Immunsystems. Sie spielen bei der körpereigenen Bekämpfung von tumorartigen Zellveränderungen eine wichtige Rolle, ebenso bei der Eindämmung von Infektionen mit Viren und Bakterien. Ein Indikator dafür ist, dass beim Lachen die Produktion von Gamma-Interferon steigt, das ist ein Gewebshormon, das für die immunstimulierende Wirkung der T-Zellen mitverantwortlich ist. Außerdem erhöht Lachen die Produktion des Wachstumshormons Somatropin. Das ist unter anderem wichtig für gesunde Knochen und sorgt dafür, dass wir nicht zu viel des im Übermaß ungesunden viszeralen Bauchfetts zwischen den inneren Organen ansetzen, das, wie wir vorhin gesehen haben, vor allem bei Stress entsteht. Falls dieses in größeren Mengen extrem ungesunde Fett schon da ist, wirkt Somatropin lipolytisch: Es löst Fett aus dem Gewebe – am Bauch und anderswo.

Sie sehen: Lachen ist nicht nur in der Lage, Stress unmittelbar zu stoppen, sondern auch alle ungesunden Auswirkungen des Stresses umzukehren. Es ist also ein wahrer Schutzengel! Es gibt damit jede Menge gute Gründe, mehr zu lachen. Weil Lachen aber gemeinsam noch schöner ist als allein, möchte ich Ihnen nach dem Lachritual noch ein kleines Spiel ans Herz legen, das jeden geselligen Abend mit Freunden oder der Familie zum großen Spaß macht.

Das Spiel ist nicht nur sehr lustig, es nutzt auch gezielt die heilsamen Wirkungen der Vokale, die beim Lachen entstehen. Im Yoga sind ihnen wohltuende Wirkungen auf die unterschiedlichen Chakren zugeordnet. Auch im Qigong oder der Chirophonetik schreibt man ihnen positive Auswirkungen auf Körper und Geist zu. Diese Heilwirkungen wurden im asiatischen Raum über Jahrhunderte beobachtet. Einige davon sind aber auch mittels moderner Wissenschaft untersucht und bewiesen. Diese Wirkungen ergeben sich vor allem daraus, wo im Körper der Laut am stärksten vibriert und damit umliegende Organe stimuliert oder beruhigt:

- Das »e« wirkt ausgleichend auf die Funktion der Schilddrüse, des Immunsystems und die Stimmung.
- Das »o« entspannt und lüftet die Atemorgane.
- Das »a« stärkt das Herz und nimmt Angst.
- Das »i« macht wach und froh, klärt die Gedanken und stimuliert das Gehirn.
- Das »u« beruhigt, löst Krämpfe im Unterleib und reguliert die Verdauung.

WER HAT DA GELACHT?

Dieses Spiel funktioniert ab zwei Mitspielern und macht auch Kindern viel Freude – vorausgesetzt, sie können schon einigermaßen flüssig lesen. Als Spielmaterial benötigen Sie ein Buch. Nicht unbedingt ein Telefonbuch, aber ein Roman oder auch ein Sachbuch wie dieses funktionieren ausgezeichnet. Bei jugendlichen Mitspielern empfiehlt sich ein Kinderbuch, allerdings sollte es kein reines Bilderbuch sein. Außerdem benötigen Sie einen Würfel und einen Zettel, auf dem Sie den Spielstand notieren.

Den Zahlen des Würfels sind die Buchstaben zugeordnet:
A = 1, E = 2, I = 3, O = 4, U = 5. Würfelt man die 6, darf
man sich einen Vokal aussuchen.

Dann geht's los:

- Legen Sie zunächst fest, wie viele Runden Sie spielen möchten. Ich empfehle, mit zwei Runden anzufangen.
- Der erste Spieler schlägt das Buch willkürlich auf einer beliebigen Seite auf. Die Seite sollte Text enthalten, tut sie das nicht, weil es sich zum Beispiel um eine Übergangsseite handelt, muss eine andere Seite aufgeschlagen werden.
- Nun würfelt der Spieler und legt damit einen zu verwendenden Vokal fest.
- Anschließend liest derselbe Spieler die aufgeschlagene Seite vor und tauscht beim Lesen jeden Vokal (a, e, i, o, u) und Umlaut (ä, ü, ö) gegen den zuvor festgelegten Buchstaben aus. Aus dem vorstehenden Satz würde zum Beispiel mit dem Buchstaben »i«:

Inschliißind liist dirsilbi Spiilir dii iifgischligini Siite vir ind tiischt biim Lisin jidin Vikil ind Imliit gigin din zivir fistgiligtin Bichstibin iis.

Dabei darf der lesende Spieler auf gar keinen Fall lachen – die anderen dürfen nicht nur, sie sollen sogar, so viel sie möchten! Sobald der Leser sich nicht mehr beherrschen kann und loslacht, ist der nächste dran. Schafft er es, die Seite ohne Lachen und Gekicher zu lesen, bekommt er einen Punkt.

Gewinner ist, wer nach der festgelegten Anzahl Runden die meisten Punkte hat. Gibt es Spieler mit gleicher Punktzahl, kommt es zum Golden Laugh: Sie spielen gegeneinander, bis einer einen Punkt mehr hat.

Kapitel 2

Wer hätte das gedacht: Wie Ihnen Lachen die Welt der Hypnose eröffnen kann, Sie gute Laune portabel machen und sie in eine hocheffektive Hypnose verwandeln können

Das ist die Welt, das bin ich und das ist meine Seele.
Und alles, was meine Seele belastet, werfe ich weg.
Lachyoga-Mantra

Nachdem ich das Lachyoga zum ersten Mal ausprobiert hatte, war ich nicht nur bester Laune – ich war plötzlich auch total aufgeregt. Mir war nämlich unmittelbar klar: Das hier ist Hypnose! Mir war sofort bewusst, dass ich etwas mit Riesenpotenzial entdeckt hatte. Etwas, das sich eignete, um auch Menschen, die sich für nicht hypnotisierbar oder Hypnose für zu kompliziert halten, das faszinierende Werkzeug der Selbsthypnose nahezubringen. Nun haben Sie sich vielleicht schon im vorigen Kapitel gefragt, was denn – bitte schön – Lachen mit Hypnose zu tun haben soll. Ich gebe zu, auf den ersten Blick scheint hier keine der Vorstellungen, die viele von uns zum Thema Hypnose im Kopf mit sich herumtragen, zu passen. Niemand zählt beim Lachen rückwärts, niemand schwingt ein Pendel oder leitet einen zu hypnotisierenden Menschen zumindest mittels seiner Stimme in einen meditativen Zustand. Und doch ist Lachen – ob nun ausgelöst durch Lachyoga, eine lustige Alltagssituation oder einen Spitzenwitz – Hypnose. Am Lachen lässt sich sogar das, worauf es bei einer Hyp-

41

nose ankommt, wunderbar erklären. Haben Sie verstanden, was beim Lachen passiert, wissen Sie auch, wie eine Hypnose funktioniert.

Stellen Sie sich einen ganz normalen Mann vor. Einen Mann, der zum Beispiel drüber grübelt, warum ihm ausgerechnet heute früh jemand an der Ampel auf die Stoßstange fahren musste, wo er doch nächste Woche mit dem Wagen in Urlaub fahren möchte. Der sich nun fragt, ob man trotzdem mit dem kleinen Schaden fahren darf, ob vielleicht der Rahmen verzogen und die nächste TÜV-Plakette gefährdet ist. Der sich fragt, wie viel Zeit die Reparatur wohl in Anspruch nimmt und ob die Versicherung den Schaden wirklich übernimmt, was der Vorfall mit dem Wiederverkaufswert des Wagens macht und wie lange es doch dauert, mit dem Bus zur Arbeit zu fahren.

Oder denken Sie an eine ganz normale Frau: Sie denkt über das Meeting nach, aus dem sie gerade kommt, sie fragt sich, wie sie die vielen Projekte schaffen soll, die in den nächsten Monaten mal wieder anstehen, und ob sie nicht doch lieber den Job wechseln soll. Ob sie überhaupt einen fände und wenn ja, wo – und ob sie dann wohl umziehen muss und ob ihr Mann mitkommen könnte oder sie plötzlich eine Fernbeziehung führen müssten.

Zwei Menschen mit ganz normalen alltäglichen Gedanken eben, bei denen, bildlich gesprochen, ein Gedanke dem nächsten die Klinke in die Hand gibt. Ein schier unaufhörliches Kommen und Gehen wie durch die Tür eines großen Bahnhofes. Nur dass sich dieser wimmelige Riesenbahnhof im Kopf befindet.

Dann haben diese beiden Menschen plötzlich Anlass zum Lachen.

Und von einer Sekunde auf die andere ist die hektische Welt angehalten. Autosorgen und Jobgrübeleien sind vergessen. Weder er noch sie denken an irgendetwas außer der Sache, die sie zum Lachen bringt. Es ist völlig egal, was das ist. Das kann ein Sketch sein, ein Witz, eine komische Situation oder eines der berühmt-berüchtigten Katzenvideos in sozialen Netzwerken. Oder auch das Lachen selbst, wie im beschriebenen Lachritual. Jemand, der lacht, ist völlig davon ausgefüllt. Wer herzhaft lacht, ist vollkommen im Hier und Jetzt. Hier liegt der zentrale Unterschied vom Lachen zum Lächeln: Wir können ein Lächeln auf unser Gesicht legen – und anschließend etwas tun, was nichts mit dem Lächeln zu tun hat. Etwa eine Mail schreiben, ein Buch lesen, staubsaugen oder das Wochenende planen. Mit dem Lächeln würzen wir diese Tätigkeit mit positiven Emotionen und unterstützen den Fokus auf das, was wir tun.

Das ist bereits wunderbar, aber beim Lachen ist es noch besser.

Lachen *ist* nämlich bereits hundertprozentiger Fokus auf eine Sache.

Damit ist Lachen nichts anderes als eine Trance:

Trance, die eine Hypnose erst möglich macht, erwächst aus der vollkommenen Fokussierung auf eine Sache. Immer, wenn das geschieht, gleiten wir auch im Alltag in einen Zustand, in dem wir die Zeit und alles um uns herum vergessen und nur von dem ausgefüllt werden, was wir gerade tun. Wir blenden alles andere aus und tauchen allein in unsere Tätigkeit ein. Etwa beim konzentrierten Lesen. Beim Schreiben eines Briefes, wenn die Worte nur so aus uns herauszufließen scheinen. Beim Schauen eines Films. Beim Lauschen eines Hörbuchs. Oder eben beim Lachen. In der gezielten Arbeit mit Hypnose und in der Meditation nutzt man häufig die Fokussierung auf den Atem, auf einen gedachten oder tatsächlichen Punkt, auf gleichförmige Geräusche oder auf eine bestimmte, plastische Vorstellung, um in eine Trance zu gelangen.

Probieren Sie einfach mal, bei einem richtigen Lachanfall etwas anderes zu tun, und sei es nur so etwas Einfaches, wie den Tisch abzuwischen oder Kaffee zu kochen. Sie werden merken, dass Sie immer wieder pausieren müssen, weil das Lachen Ihre Aufmerksamkeit – und zwar nicht nur Ihre mentale Aufmerksamkeit, sondern die Ihres ganzen Körpers – zurück zu sich und dem Auslöser des Lachanfalls zieht.

Das ist noch eine Besonderheit: Lachen vereint Körper und Geist unmittelbar. Wir müssen nicht warten, bis der Geist dem Körper mit einer leichten Verzögerung folgt, wie das etwa bei einer eher traditionellen Entspannungsübung der Fall ist: Da entspannt zuerst der Körper und daraufhin beruhigen sich auch unsere Gedanken. Beim Lachen passiert das simultan. Wir werden von Lachsalven geschüttelt und unser ganzer Körper wird in eine zutiefst heilsame Bewegung versetzt, genau wie unsere Psyche.

Dass eine positive Wandlung vonstattengegangen ist, merken Sie daran, wie Sie sich nach dem Lachen fühlen: Nach einem Lachanfall ist man vollkommen entspannt. Die zuvor vielleicht noch aufgewühlte Seele liegt auf einmal da wie ein klarer, ruhiger See bei völliger Windstille. Die Gedankenlawine, die uns eben noch von der Vergangenheit (Der Auffahrunfall! Das Meeting!) in die Zukunft (Die Reparatur des Wagens! Der hypothetische neue Job in einer anderen Stadt!) und durch jede Menge »Was wäre, wenn«-Szenarien hat trudeln lassen, ist nicht nur gestoppt, sie hat sich in Luft aufgelöst.

Die Trance macht das Lachen zu einer unmittelbar wirksamen Gute-Laune-Hypnose, die den Auslöser unseres Lachanfalls tief ins Unterbewusstsein sinken lässt. Darum können wir uns auch noch Jahrzehnte später plastisch daran erinnern, wie wir uns als Kind zum Beispiel über das »Tier« aus der Muppet Show kringelig gelacht haben.

Das ist bereits wunderbar, aber Sie können das Lachen auch nutzen, um andere erwünschte Inhalte in Ihr Unterbewusstsein zu »schmuggeln«. Durch das Lachen werden wir hoch-suggestiv, das heißt: empfänglich für Suggestionen.

Suggestionen sind Botschaften und Ideen an das Unterbewusstsein. Wenn wir sie bewusst einsetzen, können wir eine neue Idee in das Unterbewusstsein eingeben, um einen erwünschten Zustand herbeizuführen. Das kann etwa Entspannung sein, aber auch ein Zustand großer Energie oder besonderer Kraft. Um nur drei Möglichkeiten von unendlich vielen zu nennen. Sie können mit gezielten Suggestionen dem Unterbewusstsein auch den Auftrag geben, alles dafür zu tun, einen Herzenswunsch zu verfolgen – und ihn damit Wirklichkeit werden zu lassen. Suggestionen können verbale Botschaften sein, also Worte oder Sätze. Möglich sind aber auch bildliche Vorstellungen eines zukünftigen Zustandes, sogenannte Visualisierungen. Suggestionen haben bereits beim flüchtigen Lesen, Betrachten oder Hören eine Wirkung, die sich mit der Wiederholung verstärkt. Werbung arbeitet sehr viel damit, darum sind die unzählige Male wiederholten Werbeslogans unserer Kindheit auch fest in unserem Gedächtnis gespeichert. Ein weiterer wichtiger, die Suggestion verstärkender Faktor sind Konzentration und daraus folgende Trance. Der Begriff »Suggestion« kommt vom lateinischen Verb suggerere, was so viel bedeutet wie »unterschieben« oder »eingeben«. Von diesem Ursprung leitet sich auch der englische Begriff »suggestion« – »Vorschlag« – ab. Ich bevorzuge in der Hypnose den letztgenannten Terminus, denn ein Vorschlag enthält die Möglichkeit des Ablehnens. Nimmt man den Vorschlag – die Suggestion – an, so sollte das freiwillig geschehen.

Wünsch dir was — in der Instant-Hypnose des Lachens

Die Trance des Lachens können wir uns also zunutze machen, um eine positive hypnotische Botschaft in unserem Unterbewusstsein zu platzieren. In puncto Suggestionen ist das Lachritual dem spontanen, unwillkürlichen Lachen sogar überlegen, denn es ist noch nicht mit einem konkreten Inhalt gefüllt wie beispielsweise das Lachen über einen tollen Sketch. Aber auch dieses eignet sich als Nährboden für Suggestionen. Warten Sie einfach, bis Sie in den kontemplativen, entspannten Zustand nach dem Sturm des Lachens gleiten.

Das ist *der* Moment.

Sie können sich diesen Augenblick vorstellen wie die kleine Mulde, die Sie mit dem Daumen in die Erde des Blumentopfs gedrückt haben, um sie für den Samen einer schönen Pflanze vorzubereiten. Sie können jetzt, genau wie Sie den Samen in die Erde des Blumentopfs drücken würden, eine Suggestion in Ihr Unterbewusstsein pflanzen. Diese Suggestion bekommt vom ersten Augenblick an reichen Dünger durch die positiven Emotionen mit, die das Lachen im Überfluss bereitstellt.

Ihr Unterbewusstsein wird alles daransetzen, das, was Sie sich suggerieren, so schnell und gut wie möglich wahr werden zu lassen. Mit einer Ausnahme: Negative Suggestionen kommen gegen die geballte positive Emotion, die mit dem Lachen einhergeht, nicht an. Natürlich würde niemand auf die Idee kommen, bewusst eine ungünstige Suggestion in eine Hypnose einzubauen, aber sehr leicht graben sich zu oft gewälzte sorgenvolle Gedanken – etwa »Immer geht alles schief« oder »Ich bin einfach zu stoffelig« – in unser Unterbewusstsein ein und sabotieren unser Dasein, ohne dass wir es merken. Beim Lachen kann das nicht passieren. Wer von Herzen lacht, kann in diesem Moment gar nichts Ungünstiges denken. Und auch direkt danach ist die Biochemie unseres Gehirns noch so auf Euphorie gepolt, dass schädliche Gedanken einfach nicht den Weg in unsere Gehirnwindungen finden.

Ich werde noch dazu kommen, wie Sie sich am besten gewinnbringende Suggestionen nach Ihren Wünschen bauen und zusammenstellen – denn nicht jede Suggestion wirkt bei jedem gleich gut. Es gibt aber auch Suggestionen, die nahezu universal wirksam sind.

Ich habe mit dem Lachritual in einer Situation begonnen, in der ich mich nach einer schweren Krankheit langsam erholte, und habe den im Ritual entstehenden hypnotischen Zustand mit verschiedenen Suggestionen gefüllt. Meine wichtigste lautete dabei:

Mit jedem Tag geht es mir besser und besser!

Meine Wortwahl ist dabei stark angelehnt an eine Formulierung des Wegbereiters der Autosuggestion, Émile Coué. Dessen berühmteste Suggestion lautet: »Jeden Tag geht es mir in jeder Hinsicht immer besser und besser!« Sie ist deshalb so bekannt und wird nach wie vor gern eingesetzt, weil sie so umfassend ist und doch die konkrete Sprache spricht, die unser Unterbewusstsein versteht. Sie ist vage formuliert und suggeriert mit »besser und besser« eine langsame, aber stetige Änderung zum Positiven. So wird sie auch von kritischen Menschen akzeptiert. Die würden sich zum Beispiel instinktiv gegen eine Formulierung wie »Mir geht es super!« sperren, weil sie spontan dächten: »Veräppeln kann ich mich selber! Wenn es mir super ginge, würde ich diese Übung ja gar nicht machen!« Aber dagegen, dass man sich morgen etwas »besser« fühlen kann als heute und übermorgen etwas »besser« als morgen und so weiter, dagegen können auch kritische Geister wenig vorbringen, eine Besserung ist immer möglich.

So kann diese Suggestion tatsächlich jeden Lebensbereich

zum Guten verändern, von der Gesundheit über den Beruf bis hin zu den Beziehungen zu anderen Menschen. Sie ist wie ein Multiadapter, der einen Kontakt zwischen unseren verborgenen Baustellen und den heilenden, transformierenden Kräften unseres Unterbewusstseins herstellt.

Émile Coué lebte Ende des 19. und Anfang des 20. Jahrhunderts im französischen Troyes. Eigentlich hatte der junge Émile Chemie studieren wollen, da seinen Eltern aber das nötige Kleingeld fehlte, ergriff er die Gelegenheit beim Schopf, als ihm eine Apotheker-Lehre angeboten wurde. Schon mit Mitte zwanzig übernahm er die Apotheke. Bald beobachtete er, dass Kunden, denen er mit ihrer Arznei einen ermutigenden Spruch mit nach Hause gab – etwa »Damit wird es Ihnen schnell besser gehen« – sehr viel eher wieder auf die Beine zu kommen schienen als diejenigen, bei denen er dies versäumte. Begeistert berichteten die mit einer positiven Suggestion bedachten Kunden ihm später von der sagenhaften Medizin.

Nach einigen Jahren hatte Coué als Apotheker so viel Geld verdient, dass er es sich leisten konnte zu studieren. Allerdings war er mittlerweile nicht mehr so sehr an Chemie interessiert – zum Glück, muss ich sagen, denn sonst wäre die Welt um seine wertvollen Einsichten ärmer. Statt Chemie studierte er Psychologie und ging seinen in der Apotheke gemachten Beobachtungen auf den Grund. Er kam zur Überzeugung, dass unsere Gedanken unsere Wirklichkeit formen, weil unser Unterbewusstsein bestrebt ist, das, was wir denken, wahr zu machen. Und er erkannte, dass uns mit dem bewussten Modellieren unserer Gedanken ein mächtiges Werkzeug zur Gestaltung unseres Lebens zur Verfügung steht.

Suggestionen sind nichts anderes als gezielt formulierte und eingesetzte Gedanken. Und die wirken besonders gut und schnell, wenn wir sie in einem tiefenentspannten Zustand vom Bewusstsein ins Unterbewusstsein schleusen – wie nach dem Lachen.

Wie wäre es? Probieren Sie das Lachritual aus dem ersten Kapitel doch einmal mit Coués Universal-Suggestion aus. Ich weiß aus Erfahrung, dass sie hält, was sie verspricht.

DAS LACHWUNDER À LA COUÉ

Machen Sie das Lachritual so lange, bis Sie sich vor Lachen den Bauch halten. Warten Sie den entspannten Zustand danach ab und sagen Sie nun sieben Mal laut und lächelnd:

Mit jedem Tag geht es mir in jeder Hinsicht immer besser und besser!

Anschließend wiederholen Sie noch einmal das Lachritual, um die Suggestion noch tiefer in Ihr Unterbewusstsein sinken zu lassen. Falls Sie ein konkretes Ziel oder einen bestimmten Wunsch haben – ob das nun Abnehmen, das Bestehen einer Prüfung, für die Sie viel lernen müssen, guter Nachtschlaf oder Gelassenheit in Stresssituationen ist –, können Sie Coués Suggestion auch als Schablone benutzen und Ihr konkretes Ziel einfügen. Solche Suggestionen könnten zum Beispiel so aussehen:

An jedem Morgen erwache ich schlanker und schöner!
(Wenn Sie abnehmen wollen)[6]
Mit jedem Tag wachsen meine Konzentration und mein Wissen!
(Wenn Sie viel lernen müssen)
Mit jeder Nacht schlafe ich tiefer und besser!
(Wenn Sie Schlafstörungen haben)
Mit jedem Tag werde ich gelassener und souveräner!
(Wenn Sie sich schnell aufregen und zu Stress neigen)

---

[6] In meinem Buch »Du kannst schlank sein, wenn du willst« erkläre ich Ihnen, wie Sie Selbsthypnose gezielt zum Erreichen Ihres Wunschgewichts einsetzen können.

Probieren Sie ruhig ein wenig herum, die Formulierung sollte sich für Sie griffig und angenehm anfühlen.

Stecken Sie das Lachen in die Tasche – und holen Sie es hervor, wann immer Sie es brauchen

Nun können wir natürlich nicht in jeder Lebenssituation mal eben das Hehehe-hohoho-hahaha-hihihi durchexerzieren. Zum Glück können wir aber die positiven Effekte des Lachens konservieren und jederzeit abrufbar machen. Wie? Indem wir uns einen Gute-Laune-Anker basteln!

Anker nennt man in der Hypnose Reize, die zum Beispiel mit einem absichtlich hervorgerufenen Gefühl – etwa Freude – oder wünschenswerten Zustand – zum Beispiel Entspannung – verknüpft werden. Dazu werden die Reize gesetzt, während sich das Gefühl auf seinem Höhepunkt befindet. Oft ist ein solcher Reiz eine Fingerstellung, aber jede andere klar fürs Gehirn erkennbare Körperpose oder Bewegung, zum Beispiel ein Fingerschnippen, funktionieren ebenfalls. Ein Anker kann auch ein bestimmter Duft oder die Berührung eines Gegenstandes – zum Beispiel eines Schmuckstücks – sein, der damit zu einer Art Talisman mit bestimmter Wirkung wird. Da man Talismane verlieren oder vergessen kann, sind Finger- oder Körperstellungen zuverlässigere Begleiter.

Man kann Anker ebenfalls bewusst dann setzen, wenn man sich *ohne* Hypnose in einem erstrebenswerten Zustand befindet. Die Verknüpfung funktioniert auch auf diese Weise.

Für einen Gute-Laune-Anker pressen Sie einfach jedes Mal nach dem Lachritual Mittelfinger und Daumen zusammen:

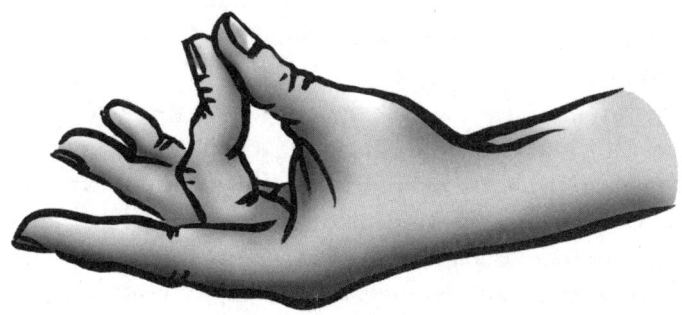

Wenn wir immer nach dem Lachritual – oder auch in allen anderen Situationen, in denen wir lachen, kichern und albern sind – nur ganz kurz diese Fingerübung machen, lernen unser Körper und unser Gehirn: Diese Fingerstellung steht für gute Laune. Je häufiger wir das tun, umso stärker werden die neuronalen Pfade der Verknüpfung zwischen der Geste und den biochemischen Vorgängen, die unsere gute Laune in Gehirn und im restlichen Körper begleiten. Wir verwandeln sie in eine wahre Zaubergeste. Sobald wir die Finger zusammenpressen, ist das für unsere Psyche das Signal, gute Laune auszulösen, mit allen damit verbundenen wundersamen Wirkungen.

So können Sie Ihr Lachen buchstäblich in die Tasche stecken und mitnehmen! Das heißt, Sie können sogar dann, wenn Sie gerade im Bus sitzen, im langweiligen Seminar oder auf dem Zahnarztstuhl, auf Fingerdruck froh und gelöst sein und Stress effektiv stoppen. Der Körper wirkt auf den Geist und der Geist wirkt auf den Körper. Es ist egal, wo wir anfangen. Wir lösen immer eine positive Spirale aus.

Im Prinzip funktioniert jeder sinnlich klar wahrnehmbare Reiz als Anker. Sie können sich auch in die Nase kneifen oder am Ohrläppchen ziehen. Doch es hat einen Grund, dass ich gerade diese einfache Fingerstellung – der Mittelfinger presst gegen den Daumen – vorgeschlagen habe. Sie unterstützt uns noch auf einer weiteren Ebene: Auf der Daumenspitze liegt ein Akupressurpunkt, der der Aktivierung der Zirbeldrüse zugeordnet ist.

Vielleicht wissen Sie, dass die Zirbeldrüse den Schlaf reguliert. Sie produziert in Abhängigkeit vom Tagesrhythmus das schlafanstoßende Hormon Melatonin. Das ist der bekanntere Aspekt. Zum anderen wurde und wird die Zirbeldrüse aber in vielen Kulturen auch als das Organ betrachtet, das uns ein Fenster zu höheren, spirituellen Erfahrungen öffnet. Im Veda, den heiligen Schriften des Hinduismus, ist die Zirbeldrüse der Sitz des siebten Chakras – das Tor zur Erleuchtung. Bei den alten Chinesen hieß sie » Himmelsauge« und sogar der eigentlich für seinen Rationalismus bekannte René Descartes vermutete, dass sich unsere Seele über die Zirbeldrüse ausdrückt.

Inzwischen häufen sich die Hinweise, dass die menschliche Zirbeldrüse in bestimmten Situationen – etwa in den tiefen Phasen einer Meditation, des Schlafs oder auch der Hypnose – eine Substanz namens N,N-Dimethyltryptamin (DMT), ins Gehirn abgibt. Dabei handelt es sich um einen Stoff, der zunächst als starke psychedelische Droge wie LSD oder Meskalin bekannt wurde. Wird DMT als Droge konsumiert, erweitert es das Bewusstsein und lässt den Konsumenten andere Wirklichkeiten als völlig real erleben. Das Besondere dabei ist, dass Personen, die unter DMT stehen, trotz ihres surrealen Erlebens völlig klar im Kopf bleiben – ähnlich, wie es auch bei der Hypnose der Fall ist. Man kann davon ausgehen, dass die Erlebnisse unter DMT – ob nun künstlich zugeführt oder vom Körper selbst hergestellt – Projektionen unseres Unterbewusstseins sind. DMT baut außerdem keine Toleranzen auf. Das heißt, die Konsumenten müssen die Dosis nicht nach und nach erhöhen, um den gleichen Effekt zu erzielen wie zunächst mit einer kleinen Menge. Für mich deuten diese Eigenschaften darauf hin, dass wir es hier mit einem Stoff zu tun haben, den unser Körper sehr gut kennt und auf den unser Gehirn vorbereitet ist. Und stellt unser Körper diese bewusstseinserweiternde Substanz selbst her, dürfen wir darauf vertrauen, dass er die optimale Dosis kennt – was bei künstlicher Zufuhr häufig nicht der Fall ist.

Nun werden Sie vom Drücken eines Punktes am Daumen natürlich nicht gleich high, aber Sie unterstützen mit diesem Anker ganz nebenbei die gesunde Funktion der Zirbeldrüse und damit die körperlichen Prozesse, die mit einer Meditation oder Hypnose einhergehen. Doch nicht nur über den Daumen wirkt diese Fingerstellung positiv. Auf dem Mittelfinger liegen die Endpunkte des Kreislaufmeridians und des Gallenblasenmeridians. Stimulieren Sie diese Punkte, bringt das Energie und Tatendrang für alles, was Sie vorhaben.

Mit Sicherheit viel Spaß – im Lachraum Ihres Unterbewusstseins

Mir hat das Lachen bei meiner Genesung von einer schweren Erkrankung enorm geholfen, ohne wäre ich vermutlich nicht so schnell auf die Beine gekommen – das sehe ich ähnlich wie Norman Cousins. Ermutigt von diesem Erfolg wollte ich Lächeln und Lachen noch stärker in mein Leben und meine Arbeit einbauen. Also habe ich überlegt, wie ich – über das Lachritual hinaus – Cousins Idee der Lachtherapie in eine Übung übersetzen könnte.

Und plötzlich fiel mir der Sicherheitsraum ein, mit dem in der Hypnose und Selbsthypnose oft gearbeitet wird. Dabei handelt es sich um einen auf einer Fantasiereise selbst geschaffenen inneren Raum, in dem man sich wohlfühlt und in den man sich immer zurückziehen kann, wenn es einem nicht gut geht. Der Sicherheitsraum ist besonders wichtig bei Rückführungen oder in der Aufarbeitung von Traumata, bei denen man in Trance über eine Zeitachse bis zu einem belastenden Moment »zurückreist«. Immer, wenn dabei das Gefühl auftaucht: »Das, was mir da begegnet, ist nicht auszuhalten«, kann man sofort Zuflucht im Sicherheitsraum suchen. Der Sicherheitsraum kann aber auch mit einem Anker versehen werden und so jederzeit in Alltagssituationen als virtueller Rückzugsraum zur Verfügung stehen.

Ich habe diesen Sicherheitsraum weiterentwickelt und ihn in einen Lachraum umgebaut. Das ist ein virtueller Raum, in dem sich nur Lustiges befindet, ja, alles Witzige, was ich je erlebt habe. Da sind echte Begebenheiten. Lustige Sketche. Filme. Witze. Zitate. Verrückte Tiervideos. Alte Streiche mit der versteckten Kamera, die mich als Kind zum Lachen gebracht haben. Ich bin in diesem Raum nicht nur in Sicherheit, sondern ich lächele oder lache sogar herzhaft. Eine echte Zuflucht in Zeiten, in denen es uns nicht so gut geht. Ein Zimmer, in dem wir wieder Kraft tanken können.

Auch Sie können sich einen Lachraum einrichten, den Sie nach und nach mit immer mehr lustigen Requisiten ausstatten können. Das braucht etwas Muße, ist aber ganz einfach und macht großen Spaß.

BAUANLEITUNG FÜR IHREN PERSÖNLICHEN LACHRAUM

1.) In einem ersten Schritt überlegen Sie, was Sie alles zum Lachen und Schmunzeln bringt – und schreiben eine Liste.
Darauf können lustige Bücher stehen, wie zum Beispiel »Mieses Karma« von David Safier oder »Per Anhalter durch die Galaxis« von Douglas Adams. Auch Sketche und ganze Filme wie die von Monty Python und Loriot oder Serien wie »My

Name is Earl« sind denkbar. Natürlich können Sie auch Witze-sammlungen nach Perlen durchforsten.

Was ebenfalls nicht fehlen darf, sind lustige persönliche Erlebnisse. Denken Sie zum Beispiel daran, was Sie in Ihrer Kindheit zum Lachen und Schmunzeln gebracht hat, ob nun Ernie und Bert, Didi Hallervorden, ALF, Streiche mit Ihren Geschwistern oder ungewollte Tollpatschigkeit Ihrer Eltern. Jede Erinnerung, die Sie zum Lachen bringt, gehört in Ihren Lachraum.

2.) Nun besorgen Sie diese lustigen Dinge, um die Erinnerung daran aufzufrischen.
Norman Cousins musste sich einen Filmprojektor ins Kran-kenzimmer stellen lassen und schwere Filmrollen besorgen, die obendrein nach jeder Rolle gewechselt werden mussten.

Wir haben es da heute einfacher: Filme und Sketche können wir uns als DVD kaufen oder als Videoclips im Internet finden. Um lustige gemeinsame Erinnerungen aufzufrischen, können Sie alte Freunde oder Familienmitglieder anrufen. Die haben vielleicht Aspekte beizutragen, die Ihnen mittlerweile entfal-len sind. Möglicherweise lachen Sie ja dabei schon so viel, dass selbst das Telefongespräch zu einer brandneuen lustigen Erin-nerung wird.

Und keine Angst, Sie müssen nicht warten, bis Sie alle Lach-requisiten beisammen haben: Sobald Sie eine erste »Lach-nummer«, zum Beispiel einen Sketch oder eine lebhafte Erin-nerung, zu Ihrer Verfügung haben, können Sie direkt loslegen. Der Rest der »Einrichtung« folgt dann nach und nach, wann immer Sie möchten. Genauso wie eine Wohnung selten von einem Tag auf den anderen eingerichtet ist, statten Sie auch Ihren Lachraum peu à peu aus.

3.) Lesen Sie jetzt folgendes Skript ein bis zwei Mal. Lernen Sie es kennen, nicht auswendig (es sei denn, Sie möchten das).

Es kommt hier *nicht* darauf an, dass Sie jede Formulierung auswendig aufsagen können. Wichtig ist lediglich, sich das Gesagte in inneren Bildern vorstellen zu können: die Treppe, die Sie langsam hinaufschreiten, das warme Licht und schließlich den Raum, der zu Ihrem Lachraum werden soll. Erinnern Sie sich an Coués Erkenntnis: Jeder Gedanke ist ein Befehl an unser Unterbewusstsein.

DAS ALLERHEILIGSTE DES LACHENS
Du schließt die Augen.[7]
Du atmest einmal tief durch die Nase ein.
Durch den Mund aus.

Ein zweites Mal tief durch die Nase ein.
Durch den Mund aus.
Und ein drittes Mal.
Du fühlst, wie du entspannst.

Du stellst dir nun eine Wendeltreppe vor.
Sie führt nach oben.
Du betrittst die erste Stufe.
Dann die zweite.
Du gehst langsam die Treppe hinauf.

---

[7] Wundern Sie sich nicht, wenn ich in den Skripts zum »Du« übergehe, das soll keine Respektlosigkeit sein – in Trance würde sich ein »Sie« für Ihr Unterbewusstsein nur merkwürdig distanziert anfühlen. Sie können eigene Suggestionen aber auch in der Ichform verfassen. Bei Skripts gilt: Skripts sollen grundsätzlich auch vorgelesen oder aufgenommen werden können und wenn jemand anders oder Ihre Aufnahmestimme in der Ichform spricht, würde Ihr Unterbewusstsein mit Verwirrung reagieren.

Mit jeder Stufe, die du betrittst, entspannst du dich mehr.
Fühlst dich leichter und heiterer.
Leichter und leichter.
Heiterer und heiterer.

Mit jeder Stufe, die du betrittst, wird es heller.
Heller und Heller.
Immer mehr angenehmes, warmes Licht flutet in das
Treppenhaus.
Am Ende der Treppe siehst du eine Tür.
Sie sieht hell und einladend aus.
Du nimmst die letzten Stufen.

Du öffnest die Tür.
Sie schwingt auf.
Dahinter liegt ein großes, lichtdurchflutetes Zimmer.
Es strahlt Geborgenheit aus.

Es gibt gemütliche Sitzgelegenheiten, Sofas, Sessel.
Vielleicht gibt es auch ein großes, kuscheliges Bett.
Du fühlst dich hier wohl.
Dieses Zimmer ist für alles da, was dich in deinem Leben
zum Lachen bringt.

Dafür ist alles vorbereitet:
Es gibt einen großen Bildschirm, auf dem du die lustigsten
Szenen deiner Lieblingsfilme, Lieblingssketche und lustigen
Erlebnisse ansehen kannst.
Es gibt ein Regal für lustige Bücher.
Einen Player für Hörspiele oder Witze.
Viel Platz für Gegenstände, die dich an lustige Ereignisse
erinnern.
Und an der Wand ist Platz für Bilder mit Cartoons oder
Szenen aus deinem Leben.

Skripts sind kleine, aus vielen kurzen Suggestionen zusammengesetzte Geschichten, die es erleichtern, eine bestimmte Vorstellung zu entwickeln. Sie können Skripts auch aus Suggestionen selbst gestalten (siehe auch Kapitel 11). Skripts wirken bereits beim Lesen, je konzentrierter wir darauf sind, umso stärker – in diesem Fall muss logischerweise das Schließen der Augen übersprungen werden. Verstärkt wird der Effekt, wenn das Skript bei geschlossenen Augen als Fantasiereise visualisiert wird, da das Schließen der Augen eine Veränderung der Gehirnwellen vom aktiven Betazustand zum entspannten Alphazustand zur Folge hat. Ebenfalls unterstützend wirkt es, wenn Sie das Skript in flackerndem Kerzenschein lesen oder ganz leise klassische Musik, insbesondere Mozart, hören. In Untersuchungen hat man herausgefunden, dass dies die Alphawellen auch bei geöffneten Augen stimuliert.

Hypnotiseure setzen Skripts in der Trance ein – das ist auch in Selbsthypnose möglich. Trance verstärkt die Wirksamkeit ein weiteres Mal. Sie können sich Skripts auch vorlesen lassen oder selbst aufnehmen. Dabei sollten Sie sich das Gelesene innerlich plastisch vorstellen, um genügend Pausen zu machen.

Personalisierte Skripts:
Sie haben die Lizenz zum Ändern!

Scheuen Sie sich bitte nicht, Änderungen am Skript vorzunehmen. Ein Skript ist lediglich ein Vorschlag für Ihre Fantasie. Aber jeder Mensch verbindet etwas andere Vorstellungen mit einzelnen Worten und Formulierungen, je nachdem, in welchem Zusammenhang er sie gelernt hat. Wenn Sie aus irgendeinem Grund eine Abneigung gegen Wendeltreppen haben, stellen Sie sich eben eine gerade Treppe vor. Oder auch gar keine Treppe, sondern einen Weg, der einen Berg hinauf- (oder, wenn sich das zu anstrengend anfühlt, auch hinab-) führt, zu einer schönen Hütte, in der sich Ihr Lachraum befindet.

Nehmen Sie es ernst, wenn Ihr Unterbewusstsein sich bei einem Bild sträubt, und suchen Sie sich stattdessen eines, das Ihnen gefällt. Ihr Lachraum kann Panoramafenster zum Meer haben, zu einer Alpenlandschaft oder zu einem Wald. Er kann ein hutzeliges Hexenhäuschen mit offenem Kamin sein oder ein fensterloser Kinosaal. Er kann weiße, gelbe oder orangefarben gestrichene Wände haben oder auch rohe Holzbretter – weil er aussieht wie das Baumhaus aus Ihrer Kindheit, das sich nur über eine Leiter erreichen ließ. Das ist völlig gleich, entscheidend ist Ihr gutes Gefühl.

Das gilt übrigens auch für alle anderen Skripts und Suggestionen in diesem Buch: Ändern Sie, was Sie möchten, Ihr Wohlgefühl ist der Leitfaden!

4.) *Wenn Sie den Eindruck haben, sich den Weg zu Ihrem Lachraum und den Lachraum selbst gut vorstellen zu können, bereiten Sie alles vor:* Suchen Sie sich einen ruhigen Ort, an dem Sie eine Weile ungestört sind. Machen Sie es sich dort genauso gemütlich, wie Sie es auch im Lachraum haben möchten. Vielleicht zünden Sie eine Kerze an oder legen kuschelige Kissen zurecht.

Sollte Ihr erster lustiger »Einrichtungsgegenstand« ein Film oder Sketch sein, legen Sie die DVD schon einmal ein oder rufen Sie die entsprechende Internetseite auf. Überspringen Sie nach dem Ladevorgang den Vorspann, sodass Sie mit nur einem Klick den Film an der gewünschten Stelle in Gang setzen können. Wollen Sie ein Buch lesen, schlagen Sie es an der Stelle auf, die Sie lesen möchten – und so weiter.

5.) Machen Sie jetzt das Lachritual von S. 19. So lange, bis Sie körperlich und geistig ganz gelöst sind und Ihre Atmung vertieft ist.

6.) Anschließend widmen Sie sich sofort ganz Ihrem lustigen Detail. Schauen Sie den ganzen Film oder nur Ihre Lieblingsszenen, kreischen Sie über Ihren Lieblingssketch, lesen Sie das lustige Buch oder rufen Sie sich komische Erlebnisse vor Augen. Nehmen Sie sich so viel Zeit, wie Sie möchten und brauchen. Schwelgen Sie im lustigen Gefühl, kichern und gackern Sie nach Herzenslust.

7.) Wenn Sie fertig sind, bringen Sie die erste Lachrequisite in Ihren Lachraum: Schließen Sie dazu die Augen und gehen Sie die Treppe (oder den Weg oder die Leiter) dorthin. Lassen Sie dort den spaßigen Inhalt noch einmal Revue passieren. Spüren Sie, wie sich mit dem Gegenstand der Lachraum mit positiver, lebensbejahender Energie auflädt, die auch Sie selbst durchflutet: Das Lustige, das Sie in den Lachraum gebracht haben, steht Ihnen in Zukunft jederzeit zur Verfügung!

8.) Nun machen Sie die Tür des Lachraums hinter sich zu – in dem Bewusstsein, ihn jederzeit wieder aufsuchen zu können. Schreiten Sie langsam die Treppe hinunter und schlagen Sie die Augen auf. Spüren Sie, wie das gelöste, positive Gefühl Ihren Körper durchflutet.

Auf diese Weise wird Ihr Lachraum nach und nach zu einer vollständigen Bibliothek der lustigen Dinge Ihres Lebens. Ob Sie von nun an täglich ein »Lachobjekt« hineinbringen oder auch nur einmal die Woche, das ist völlig unerheblich. Sie können auch jedes Mal, wenn Sie Grund zum Lachen haben, Ihr neues Requisit im Lachraum sammeln.

Sie lachen nicht gerne alleine? Dann steht es Ihnen frei,

Ihren Lachraum zu bevölkern. Zum Beispiel mit Comicstars oder berühmten komischen Figuren. Daffy Duck ist genauso denkbar wie Dick und Doof, Pan Tau oder der Shrek. Oder wie wäre es mit einem Wiedersehen mit Ihrer leider verstorbenen, aber zu Lebzeiten immer lustigen, lebensweisen und optimistischen Lieblingsgroßtante? Erwecken Sie sie in Ihrer Fantasie zum Leben und lassen Sie sie im Lachraum residieren – dann können Sie mit ihr gemeinsam über Sketche kichern oder sich in kniffligen Lebenssituationen sogar einen Rat abholen. Das funktioniert – probieren Sie es aus!

Ihr Unterbewusstsein ist unendlich weise – und wird Ihrer Tante die richtigen Worte in den Mund legen.

Kapitel 3

Schlüsselerlebnisse: Wie Hypnose auch kritische Geister überzeugt – und in welchem Augenblick der Funke überspringt, der uns zum Gestalter unseres Lebens macht

> Das Wunder ist des Augenblicks Geschöpf.
> *Johann Wolfgang von Goethe*

In der Fernsehsendung »DAS!« habe ich mit dem Moderator Hinnerk Baumgarten ein Experiment gemacht: Ich habe ihm einen altmodischen großen Schlüssel mit ausladendem Griff und langem Bart auf die flache Hand gelegt. Dann habe ich ihn gebeten, sich im Geiste vorzustellen, wie sich der Schlüssel langsam auf der Hand um seine Achse dreht. Und siehe da: Der Schlüssel gehorchte Hinnerks Gedanken und wälzte sich langsam in Richtung seiner Fingerspitzen.

Nach dieser Sendung bekam ich viele begeisterte Kommentare auf meiner Facebook-Seite. Auch nach meinen Shows kommen immer wieder Menschen zu mir, die erzählen, dass der Schlüssel für sie tatsächlich ein Schlüsselerlebnis war: Sie hatten die Sache daheim ausprobiert und waren völlig begeistert, dass das Ganze tatsächlich klappte. Daraufhin haben Sie sich ein Buch von mir besorgt und ihr Leben peu à peu nach ihren eigenen Vorstellungen umgekrempelt. Ein kleines hypnotisches »Kunststück« wurde für diese Leute zu nicht weniger als einem echten Wendepunkt, einem Glücksbringer.

Das ist für mich immer wieder faszinierend.

Diese Menschen haben mit Erstaunen erlebt, welchen Einfluss der Geist auf unseren Körper hat. Wenn wir in so einem Aha-Moment begreifen, was kraft unserer Vorstellung schon in ein paar Minuten machbar ist, schwingt in diesem einzigen Augenblick eine Tür auf. Eine Tür, hinter der das, was wir uns von Herzen wünschen, verheißungsvoll und endlich in greifbarer Nähe glitzert. Ungefähr wie damals, als wir als Kind ins Weihnachtszimmer gerufen wurden und wir an den Konturen der Geschenke schon ahnten, dass es genau das ist, was bisher nur auf unserer Wunschliste existierte.

Auf einmal ist die Erkenntnis da, dass eine Veränderung möglich ist, weil wir die Wirklichkeit mit unseren Gedanken formen. Selbst wenn jemand sich gewohnheitsmäßig noch dagegen sträubt, dass so etwas wie Hypnose funktioniert, so hat er oder sie ja mit eigenen Augen gesehen und am eigenen Leib gemerkt, dass seine Vorstellung etwas ganz Konkretes in der Außenwelt bewirkt hat. Und mit dem Glauben an die transformierende Kraft unserer Gedanken ist die Voraussetzung geschaffen, dass Hypnose wirkt.

Jemand, der nach solch einem Aha-Erlebnis beginnt, gezielt mit Suggestionen zu experimentieren, kann sehr schnell Erfolge mit Selbsthypnose erzielen.

Hin und wieder gibt es aber auch andere Reaktionen.

Wie die Dame, die mich kürzlich ausgerechnet im Supermarkt ansprach. Sie sagte: »Herr Becker, wissen Sie, das hört sich alles so toll an, aber für mich selbst funktioniert *das alles* ja nicht.« Ich fragte nach, was sie mit »das alles« meinte, und fand heraus, dass sie eines meiner Bücher gekauft hatte. In diesem Fall war es »Du kannst schlank sein, wenn du willst«.

Während ich neben ihr vor der Käsetheke wartete, beschrieb sie, wie sie sich ein bestimmtes Skript weiter hinten im Buch vorgenommen hatte. »Und das hat nicht funktioniert!«, schimpfte sie plötzlich so laut, dass die Käseverkäuferin hinter der Schneidemaschine aufschaute. »Das war alles viel zu lang, ich weiß überhaupt nicht, wie man sich das merken soll!«

Nun habe ich das von ihr erwähnte Skript bewusst weiter hinten im erwähnten Buch platziert, weil ich dort langsam, Schritt für Schritt, an die Arbeit mit umfangreicheren Hypnoseskripts heranführe. Ich biete zunächst besonders einfache, dabei aber sehr effektive Übungen an, um sicherzugehen, dass jeder Leser sein persönliches Aha-Erlebnis, sein persönliches Türöffner-Ritual findet. Eben genau jenes, das Zugang zum unendlichen Raum der Möglichkeiten gibt – und damit den Boden für die gewünschte Veränderung bereitet. Meistens braucht es eine »große Selbsthypnose« dann gar nicht mehr unbedingt, weil jedes der Rituale für sich hochwirksam ist. So ein Türöffner-Ritual kann zum Beispiel das Lachwunder sein.

Darum erklärte ich: »Dann war dieses Skript für den Einstieg nicht die richtige Übung für Sie. Welche anderen Rituale haben Sie denn ausprobiert? Vielleicht die Jubelpose?« Bei dieser wirkungsvollen Übung, zu der ich später noch ausführlicher komme, weil sie in meinem Leben eine wichtige Rolle gespielt hat, tut man so, als hätte man etwas zu feiern und Grund zum Jubeln – und fühlt sich plötzlich tatsächlich, als sei gerade etwas ganz Fantastisches passiert. Die Jubelpose ist einfach durchzuführen und funktioniert immer. Aber dazu muss man sie natürlich erst einmal machen. Mein Gegenüber meinte allerdings mit leichtem Naserümpfen: »Nein, also so albern herumhüpfen, das ist wirklich nicht mein Ding.«

Es stellte sich heraus, dass die Dame mehr als zwei Drittel des Buches nur überflogen hatte, um »schnell zur Sache« zu kommen, wie sie es ausdrückte. Ausprobiert hatte sie nur das angesprochene Skript, aber auch das nur halbherzig. Anschließend hatte sie direkt aufgegeben, weil sie meinte, Selbsthypnose sei wohl nicht ihr »Ding«.

Die wichtigste Voraussetzung für das Gelingen von Meditation und (Selbst)Hypnose: Neugier

So kann das natürlich nicht klappen.

Ich schlug vor: »Wenn Sie Lust haben, probieren wir jetzt mal was.«

Sie nickte und ich bat: »Drücken Sie doch bitte mal den Daumen und Ringfinger einer Hand zusammen.«[8]

Die Dame hob bereitwillig ihre rechte Hand und machte mit. Daraufhin löste ich ihre beiden Finger voneinander, was mich zwar einige Kraft kostete, aber doch relativ gut möglich war.

Nun sagte ich: »Und nun drücken Sie wieder Daumen und Ringfinger zusammen, während Sie ganz fest an jemanden denken, den Sie sehr lieben.«

Wieder tat sie, wie ihr geheißen. Nun hatte ich keine Chance, die beiden Finger voneinander zu lösen. So profan das klingt, aber Liebe gibt Menschen unglaubliche Kraft.

Zum Schluss bat ich: »Und nun pressen Sie wieder die Finger aufeinander, denken dabei aber an jemanden, den Sie überhaupt nicht mögen und den Sie am liebsten auf den Mond schießen würden.«

Im letzten Fall war es absolut kein Problem, die Finger auseinanderzuziehen, denn unsere Gedanken an schwierige Mitmenschen machen uns das Leben schwer. Wichtig: Es sind nicht unserer Mitmenschen, sondern unsere Gedanken, die uns im Wortsinne Kraft rauben.

Mein Gegenüber stand verblüfft da und murmelte: »Das ist ja unglaublich!« Sie hatte gerade einen Aha-Moment gehabt, das sah ich ihr an.

---

[8] Der Ringfinger hat, im Vergleich mit den anderen Fingern, relativ wenig Kraft, darum kann man ihn gut nutzen, um gedanklich initiierten Kraftzuwachs zu demonstrieren.

»Sie haben gemerkt: Ihr Unterbewusstsein reagiert sofort auf das, was Sie denken«, sagte ich zu meiner Kritikerin. »So ist das auch beim Abnehmen. Vielleicht geben Sie der Sache ja doch noch mal eine Chance.« Ich riet ihr, noch mal von vorne mit Lesen anzufangen und dabei alle Rituale und Übungen zu probieren – wenigstens jeweils einmal, denn nur dann kann man wirklich beurteilen, ob man mit etwas nichts anfangen kann.

Leider ist gerade beim Thema Abnehmen die Ungeduld der Menschen groß, die Pfunde sollen am liebsten bereits gestern geschmolzen sein – aber, wie überall, gibt es hier einen Weg der zurückgelegt werden muss, Schritt für Schritt. Anders gesagt: Wenn man in Castrop-Rauxel auf dem Bahnhof steht (im Fall der Dame: Kleidergröße 46 trägt) und nach New York will (im Fall der Dame: gerne in Kleidergröße 42 passen würde), kann man sich grünärgern, dass man noch nicht auf dem JFK-Flughafen ist und noch einen so »langen« Weg vor sich hat. Solange das Beamen nicht erfunden ist, muss man trotzdem in Castrop-Rauxel in den Zug zum Flughafen steigen. Zwar können Meditation und (Selbst-)Hypnose das Erreichen vieler Ziele erleichtern und enorm beschleunigen – so ähnlich wie man heute nicht mehr mit einem Dampfschiff über den großen Teich muss, um nach New York zu kommen. Trotzdem ist es unumgänglich, sich auf den Weg zu machen und den ersten Schritt zu tun. Und im hinteren Teil eines Sachbuches einzusteigen und sich dann zu wundern, dass man das dort Beschriebene nicht umsetzen kann, ist ungefähr so, als würde man erwarten, dass der Bahnhof in Castrop-Rauxel über Beamer nach New York verfügt.[9]

---

[9] Liebe Menschen in Castrop-Rauxel, ich habe nichts gegen Ihre Stadt, im Gegenteil, ich habe Castrop-Rauxel als sehr sympathische, schöne Stadt im Ruhrgebiet kennengelernt. Ich hätte auch jede beliebige andere, mittelgroße Stadt in Deutschland oder an-

Ein weiteres Hindernis kann sein, dass fast jeder eine Vorstellung von Hypnose hat, egal, ob er sie schon einmal erlebt hat oder nicht. Viele Menschen glauben, sie müssten in irgendwelche Parallelsphären entschweben oder völlig weggetreten sein, wenn sie mit Selbsthypnose arbeiten. Das Gegenteil ist der Fall (siehe folgenden Kasten). Andere sind der Ansicht, man müsse bei einer Hypnose immer von einem Hypnotherapeuten zu Fantasiereisen angeleitet werden, die eine gewisse Zeit dauern und immer mit geschlossenen Augen durchgeführt werden. Selbstverständlich gibt es Therapeuten, die ihre Klienten bei geschlossenen Augen zu Fantasiereisen anleiten – auch ich mache das gerne –, aber das ist nur eine Facette der vielschichtigen und schillernden Welt der Hypnose.

Dass so etwas wie Lachen zu einer gezielten Hypnose werden kann, wenn man es mit einer Suggestion anreichert – und das, obwohl die Augen dabei geöffnet sind –, an diesen Gedanken müssen sich viele erst einmal gewöhnen. Die Idee von ganz normalen Alltagsaktivitäten mit hypnotischen Wirkungen muss auch erst einmal sacken. Um Missverständnisse zu vermeiden, habe ich für Sie noch einmal meine aktuelle Definition von Hypnose zusammengefasst:

derswo erwähnen können. Die meisten haben nur nicht solch prägnante, klingende Namen. Ich habe auch nichts gegen mittelgroße Städte, es geht hier nur darum, zu verbildlichen, dass zwischen einem angestrebten Ziel – in diesem Beispiel: das Reiseziel New York – und einem Ausgangspunkt immer ein mehr oder weniger langer Weg liegt, auf den man sich machen muss. Nicht mehr und nicht weniger.

Hypnose ist – im Kern – eine Trance, die mit gezielten neuen Ideen und Suggestionen in eine Botschaft ans Unterbewusstsein verwandelt wird.

Trance + Suggestion = Hypnose

Die Trance (siehe auch S. 43) entsteht durch die vollständige Fokussierung auf eine Sache, beispielsweise einen Punkt an der Wand, eine Kerzenflamme oder auch eine konzentriert ausgeführte Tätigkeit – das kann sogar Gemüseschneiden oder Autofahren sein. Eine Trance wird uns oft nicht bewusst.

Die Bezeichnung »Hypnose« ist leider sehr irreführend, denn sie leitet sich vom griechischen »hypnos« ab, was »Schlaf« bedeutet. Dabei schläft man in der Hypnose nicht, das haben Hirnforscher der Uni Genf 2009 mittels funktioneller Magnetresonanztomografie endlich eindeutig bewiesen: Unter Hypnose ist man hellwach und extrem aufmerksam. Das zeigt unter anderem die starke Aktivität des Precuneus – ein Hirnareal, das nur im Wachzustand aktiv ist. Wissenschaftler sind der Ansicht, dass der Precuneus eine der Hirnregionen ist, die für unser Gedächtnis wichtig sind, besonders, was persönliche Erinnerungen betrifft. Außerdem ist der Precuneus in unsere Vorstellung von uns selbst – unser Selbstbild – involviert, ihm kommt große Bedeutung bei unserer bildlich-räumlichen Vorstellungskraft und beim Lernen zu. All das ist auch in der Hypnose wichtig.

Der Hypnose-Pionier James Braid, der im 19. Jahrhundert lebte, war mit seiner Bezeichnung *Monoideismus* für die Hypnose viel näher am Kern der Sache. Der Terminus leitet sich ab vom griechischen »mono«, was »einzig« bedeutet, und dem altgriechischen »idéa« für »Gestalt«.

Letzteres ist inhaltlich direkt verwandt mit unserem heutigen Wort »Idee«: ein Gebilde – oder eben eine Gestalt – in unserer Vorstellung.

Man könnte auch sagen: Unter Hypnose sind wir auf eine einzige Vorstellung, die Suggestion (siehe auch S. 45), ausgerichtet, alles andere wird ausgeblendet. Das Unterbewusstsein nimmt diese Suggestion als Anweisung und tut alles, um sie in die Tat umzusetzen. Je nachdem, wie die Suggestion formuliert wird, geschieht diese Umsetzung entweder lediglich im Hypnosezustand oder auch darüber hinaus.

All das gilt nicht nur für die durch einen Hypnotiseur geführte Hypnose, sondern genauso für die **Selbsthypnose**. Der Unterschied besteht lediglich darin, dass man sich in der Selbsthypnose selbst die Anweisungen gibt. Jede Hypnose ist im Kern ohnehin eine Selbsthypnose: Niemand wird per »Fernbedienung« neu programmiert, der zu Hypnotisierende muss die gezielten neuen Ideen und Suggestionen annehmen, die dadurch zu Autosuggestionen werden.

Die Induktion – eine Vertrauen sichernde Maßnahme

Um erfolgreich mit Hypnose/Selbsthypnose zu arbeiten, müssen Sie zunächst noch nicht überzeugt sein, dass Hypnose Ihnen bei der Verwirklichung Ihrer Ziele helfen kann. Ja, Sie dürfen durchaus kritisch sein. Es gibt nur zwei Minimalbedingungen, die erfüllt sein müssen. Sie sollten, erstens, zumindest die Möglichkeit zulassen, dass die Hypnose wirken *könnte*, um sich dann, zweitens, wenigstens einmal darauf einzulassen.

Ich habe manchmal mit Menschen zu tun, die sich zunächst bereit erklären, bei einem hypnotischen Experiment mitzumachen, aber sich dann mit aller Kraft dagegen wehren. Die Gründe dafür sind unterschiedlich. Manche wollen sich oder mir beweisen, dass Hypnose angeblich Humbug ist. Andere verlässt der Mut, wenn es so weit ist, sie haben Angst, die Kontrolle zu verlieren oder vorgeführt zu werden. Diese Personen verhalten sich wie ein Patient, der sich zwar entschlossen hat, zum Zahnarzt zu gehen, der aber dann verkrampft auf dem Behandlungsstuhl sitzt und den Mund nicht aufmacht. Der Zahnarzt hat in so einem Fall keine Möglichkeit, dem Patienten zu helfen und ihn von seinem Können zu überzeugen. Wer aber zumindest die Hoffnung hat, dass der Zahnarzt ihn von Schmerzen befreien könnte, wird auch den Mund aufmachen, um den Mediziner seinen Job tun zu lassen.

Der Glauben an die Möglichkeit der Veränderung und das Vertrauen darauf ist auch bei der Hypnose der erste Schritt. Er bringt uns dazu, uns neugierig auf eine Hypnoseübung einzulassen. Die Übung selbst hat aber nicht nur die Aufgabe, uns zu helfen, sondern sie muss uns – oder besser gesagt: unser kritisches Bewusstsein – schnell davon überzeugen, dass das, was da passiert, kein Quatsch oder gar gefährlich ist. Gerade bei Hypnoseanfängern steht das kritische Bewusstsein zu Beginn oft noch mit Argusaugen daneben wie Eltern, die einen neuen Babysitter engagiert haben und sich überzeugen wollen, dass dieser auch keinen Unfug mit ihrem Sprössling anstellt. Erst wenn sie den Eindruck haben, dass das Kind in guten Händen ist, wagen sie es, sich zu entfernen. Oder wir möchten uns, um beim Zahnarztbeispiel zu bleiben, erst überzeugen, dass der Doktor vertrauenswürdig ist und nicht plötzlich mit einer Hannibal-Lecter-Maske und einer rostigen Zange um die Ecke kommt, mit der man zuletzt vor hundertfünfzig Jahren auf Jahrmärkten Zähne gezogen hat. In diesem Fall möchte man verständlicherweise die Möglichkeit haben, schnell das Weite

zu suchen. Wenn aber statt Hannibal Lecter eine nette Zahn-
ärztin das Behandlungszimmer betritt, die uns freundlich die
Hand reicht, verspricht, dass sie ganz vorsichtig sein wird und
dass sie uns jeden Schritt erklären und nichts tun wird, dem
wir nicht zustimmen, beginnen wir uns zu entspannen – und
statt wegzurennen, machen wir den Mund auf.

Nun hat Hypnose mit einem Zahnarztbesuch ansonsten
nicht viel gemein, niemand fummelt uns dabei im Mund
herum und wir müssen nicht einmal den Pieks einer Betäubungsspritze über uns ergehen lassen. Trotzdem möchten wir
uns zu Recht vergewissern, dass hier nichts potenziell Gefähr-
liches geschieht.

Die Überzeugungsarbeit leistet – im Falle einer bewusst
herbeigeführten Trance und Hypnose – die sogenannte Induktion:

Die **Induktion** – vom lateinischen Verb »inducere«, »hineinführen« – ist das Hineinführen in eine Trance und
damit in die Hypnose. Dazu werden sehr einfache prä-
hypnotische Suggestionen (das sind Suggestionen vor –
lateinisch *pre* – der eigentlichen Hypnose) verwendet,
die aber noch nicht die eigentliche hypnotische Botschaft
enthalten, sondern dazu dienen, den zu Hypnotisierenden zu entspannen und zu fokussieren. Außerdem haben
die Suggestionen der Induktion die Aufgabe, das kritische
Bewusstsein davon zu überzeugen, dass in der Hypnose
alles mit rechten Dingen zugeht. Das ist wichtig, damit
sich dieses zurückzieht und die Trance nicht mit kritischen Einwürfen torpediert und damit die Hypnose verhindert. Die Induktion wird entweder von einem außen-
stehenden Hypnotiseur oder dem zu Hypnotisierenden
selbst durchgeführt.

Um das Bewusstsein zu überzeugen, konstruieren Induktions-
suggestionen einen sich bestätigenden Loop. Dazu werden oft
Anweisungen verwendet, die sich auf die Atmung beziehen.
Wenn ich etwa sage:

»Schließ die Augen« *(Suggestion eins)*,

»du atmest tief durch die Nase in den Bauch ein« *(Suggestion zwei)*

»und wieder aus« *(Suggestion drei)*,

»ein« *(Suggestion vier)*

»und aus« *(Suggestion fünf)*,

»du spürst, wie der Atem fließt« *(Suggestion sechs)*

»und spürst, wie du mehr und mehr entspannst« *(Suggestion sieben)*, geschehen gleichzeitig oder in schneller Folge
mehrere Dinge.

Erstens werden optische Ablenkungen durch das Schließen
der Augen ausgeschaltet. Dadurch verändern sich die Gehirnwellen von Betawellen, die einen aktiven Zustand begleiten, hin
zu den Alphawellen, die einen entspannten Zustand kennzeichnen. Bereits das Schließen der Augen sorgt also für erste Entspannung – jedenfalls dann, wenn nicht gleichzeitig aufwüh-
lende oder intellektuell fordernde Gedanken gewälzt werden.

Zweitens wird die Aufmerksamkeit auf die Atmung und Vor-
gänge im Körper gelenkt, die Fokussierung beginnt.

Drittens beschreiben die Suggestionen zwei bis sechs einen
natürlichen Vorgang, den wir ohnehin erleben: unsere Atmung.
Wir müssen atmen, dieser Vorgang ist lebenswichtig.

Viertens stellt das beobachtende Bewusstsein bereits jetzt
fest, dass das, was hier behauptet wird – zum Beispiel »Du
atmest ...« –, der Wahrheit entspricht, und legt bereits ein
wenig von seiner Skepsis ab.

Fünftens wird bei der tiefen Bauchatmung die durch das
Schließen der Augen eingeleitete Entspannung vertieft, da
diese Atmung automatisch eine direkte physiologische Reaktion im Körper auslöst: Das vegetative Nervensystem beruhigt

sich, der Blutdruck sinkt, wir entspannen. Die entspannende Auswirkung der Bauchatmung ist sofort sehr deutlich im ganzen Körper wahrnehmbar.

Sechstens bemerkt das beobachtende Bewusstsein auch dies, und stellt erstaunt fest, dass die in Suggestion sieben versprochene Änderung (»Du entspannst ...«) tatsächlich sofort eingetreten ist.

Et voilà: In den meisten Fällen hat die Hypnose nun den Test bereits bestanden, der Funke ist übergesprungen. Das Bewusstsein geht jetzt davon aus, dass auch die kommenden Suggestionen glaubwürdig sind – und macht den Weg zum Unterbewusstsein frei.

Bei Übungen wie dem Lachritual ist die Induktion das Hehehe-hohoho-hahaha-hihihi, das die volle Aufmerksamkeit erfordert. Die Anweisung geschieht dabei nicht verbal, sondern über das simulierte Lachen, welches uns die nonverbale Botschaft einflüstert: »Du hast gute Laune«. Das kritische Bewusstsein wird in dem Moment überzeugt, in dem das simulierte Lachen in echtes Lachen übergeht und die gute Laune im ganzen Körper spürbar wird. Suggestionen, die nun gesetzt werden, haben alle Chancen, direkt ins Unterbewusstsein zu sinken.

Eine Induktion, die wegen ihrer schnellen Wirksamkeit seit vielen Jahren bekannt ist und sich immer noch großer Beliebtheit erfreut, ist die Elman-Induktion – sie wird zum Beispiel gerne von Zahnärzten eingesetzt (da sind wir wieder!), um auf eine Betäubungsspritze verzichten zu können. Sie geht auf Dave Elman zurück, der in den Vierziger- und Fünfzigerjahren des vorigen Jahrhunderts ein bekannter Radiomoderator in den USA war. Elman hatte ein starkes Privatinteresse in Hypnose, da er als kleiner Junge miterlebt hatte, wie ein Hypnotiseur seinen krebskranken Vater von starken Schmerzen befreien konnte. Ähnlich wie ich selbst hatte er von Kindesbeinen an alles Geschriebene, was er über Hypnose finden konnte, verschlungen und sich die Grundlagen angeeignet. Eines Tages, ausgerechnet bei einer großen Benefizveranstaltung des Radiosenders, fiel ein Studiogast aus. Spontan probierte es Elman mit einer Showhypnose – der Auftritt wurde ein sensationeller Erfolg. Da bei der Veranstaltung viele Ärzte zugegen waren, wurde Elman anschließend bestürmt: Sie wollten, dass er ihnen beibrachte, wie sie die Hypnose in ihren Praxen einsetzen konnten.

Die Elman-Induktion ist ein sehr schnell zu erlernender Klassiker, den auch Sie einsetzen können. Wenn Sie diese Übung ohne zusätzliche Suggestionen verwenden, wirkt sie bereits sehr gut gegen Stress. Sie beruhigt die Gedanken und entspannt, vom Gesicht ausgehend, den ganzen Körper.

DIE ELMAN-INDUKTION

Schließ deine Augen.
All die winzigen Muskeln um deine Augen herum entspannen sich absolut.
Sämtliche Anspannung weicht aus den Muskeln.
Du spürst das, weich und angenehm.
Die Muskeln um deine Augen sind nun maximal entspannt.
So entspannt, dass du die Augen nicht öffnen kannst.
Sogar dann, wenn du es gleich versuchst.
Du gehst in der Vorstellung der unendlichen Entspannung auf.
Nun versuche, die Augenlider zu heben.

Der Effekt ist frappierend und beruht auf dem kleinen Trick, dass das Gehirn nicht gleichzeitig die Befehle »alle Muskeln um die Augen entspannen« und »Augen öffnen« ausführen kann. Der misslingende Versuch, die Augendeckel zu heben, liefert den Beweis fürs kritische Bewusstsein, dass die Hypnose funktioniert. Darum macht diese Induktion so suggestibel, also empfänglich für Suggestionen.

Und keine Angst: Selbstverständlich können Sie die Augen sofort wieder öffnen, wenn Sie es möchten oder die Situation es erfordert. Nur eben nicht solange Sie sich intensiv vorstellen, wie alle Muskeln ums Auge völlig entspannt sind. Klingelt es plötzlich an der Tür, werden Sie aber augenblicklich die Konzentration auf die Augenmuskel-Entspannung vergessen, Ihre Augenlider klappen hoch.

Ich werde später noch auf die vielfältigen Einsatzmöglichkeiten der Elman-Induktion zurückkommen, fürs Erste können Sie sie solo als effektive Entspannungsübung einsetzen oder mit Coués Suggestion – beziehungsweise deren Abwandlungen – kombinieren.

GRÜNE ZETTEL

Wenn jemand zu mir kommt und sagt, dass Hypnose ja ein ausgemachter Humbug sei, entgegne ich oft: »Wenn das Ihre Meinung ist, dann macht es Ihnen sicher nichts aus, mir das grüne Papierstück zu geben, das in Ihrem Geldbeutel steckt. Ist ja nur Papier!« In diesem Moment schütteln die meisten Leute den Kopf oder zeigen mir einen Vogel: »Was? Den Hundert-Euro-Schein? Das würde Ihnen so passen, ich bin doch nicht verrückt!« Darauf sage ich: »Sehen Sie? Dass das Papierstück in Ihrem Portemonnaie etwas wert ist, ist im Grunde das Ergebnis einer Hypnose.«

Vielleicht erscheint Ihnen der Gedanke im ersten Augenblick verrückt, aber eigentlich ist die Idee, die hinter Geld steckt, noch viel verrückter: Wir alle haben uns auf eine bestimmte Idee geeinigt, dass ein Geldschein, ein in festgelegter Weise bedruckter Zettel, einen bestimmten Wert hat und verhalten uns danach. Wir *glauben*, dass er etwas wert ist, und darum ist das auch so. Wenn wir mit unserem grünen Zettel in ein Geschäft gehen, können wir ihn gegen Dinge eintauschen und der Geschäftsmann kann mit dem so erhaltenen Zettel das Gleiche tun.

Hätten Sie aber eine Zeitmaschine und würden Sie mit Ihrem Zettel ins Jahr 1995 zurückreisen, könnten Sie damit herumwedeln, wie Sie wollten. Dann wäre Ihr grüner Zettel tatsächlich nur ein grüner Zettel. Völlig wertlos. Damals gab es noch keinen Euro und damit auch noch keine Übereinkunft, dass Ihr grüner Zettel mehr wert ist als das Papier, aus dem er besteht. Damals galt eine andere Massenhypnose namens »Deutsche Mark« und die Zettel, auf die man sich als Zahlungsmittel geeinigt hatte, sahen völlig anders aus.

Der Wert von Geld ist rein imaginär. In dem Moment, in dem alle aufhören, daran zu glauben, dass ein bestimmter Zettel soundso viel wert ist, in genau diesem Moment ist das auch nicht mehr so. Exakt dies passierte am ersten Januar 2002, als der Euro in weiten Teilen Europas als Barzahlungsmittel eingeführt wurde. Mit diesem Augenblick waren die alten Zettel, die zuvor noch jeder freudig als Tauschmittel akzeptiert hatte, nur noch das: Zettel.

Zurück auf Los: Wenn es uns von den Füßen kegelt

Dass Hypnose wirkt, muss mir natürlich niemand mehr beweisen. Ich praktiziere sie – genau wie Dave Elman – seit meiner Kindheit. Nicht nur, indem ich andere hypnotisiere, sondern auch zu meinem ganz persönlichen Nutzen. Ich verwende Selbsthypnose in zahlreichen Situationen meines Alltags. Zum Beispiel, wenn ich mich entspannen möchte, bei Lampenfieber, wenn ich nicht schlafen kann oder wenn ich bestimmte Ziele erreichen möchte. Ich kenne unzählige Rituale, Skripts und Übungen und von jedem Einzelnen weiß ich, dass es funktioniert, weil ich es selbst etliche Male erlebt habe.

Trotzdem fand ich mich vor nicht allzu langer Zeit in einer Situation wieder, in der selbst ich, der erfahrene Hypnotiseur, einen neuen Zugang zur Selbsthypnose finden musste, weil einfach nichts mehr wie gewohnt funktionierte. Ich war zurückgeworfen auf die Position eines Hypnose-Anfängers und brauchte selbst einen neuen Aha-Moment, einen neuen Funken.

Doch der Reihe nach:

Ich war im Frühjahr 2017 mit meiner Live-Show »Wünsch dir was« unterwegs. Dabei werden bis zu tausend Leute gleichzeitig hypnotisiert. Jeder Zuschauer bekommt vor der Show einen Kopfhörer und ich spreche – sozusagen – jedem Einzelnen persönlich ins Ohr. Der Titel des Events ist Programm: Die Besucher sind eingeladen, an diesem Abend etwas Unerwünschtes abzugeben und etwas wunderbares Neues in ihrem Unterbewusstsein zu installieren, das zur Erfüllung eines Herzenswunsches führt. Ich möchte den Zuschauern – allen Zuschauern – an diesem Abend helfen, ihr Leben auf zauberhafte Weise zum Positiven zu wenden. Um das zu erreichen, versetze ich die Leute in Trance und schicke sie auf unterschiedliche, meditative Reisen. Sie können zum Beispiel einen Urahnen treffen und von ihm Rat bekommen. Ich bringe sie dazu, im Turbotempo Selbstbewusstsein aufzubauen, und ich führe die Menschen zu ihrem inneren Schatz, der die Antwort auf ihre drängenden Fragen kennt. Um nur ein paar Beispiele zu nennen.

Dieses spezielle Konzept der Live-Hypnose war neu für mich, ich habe es selbst entwickelt. Ein unglaublich spannender und inspirierender Prozess. Die neue Idee bedeutete aber auch, dass ich mich bei keinem Kollegen oder Lehrmeister vorher erkundigen konnte, wie ich die Sache am besten angehe. Niemand hat mir Tipps gegeben, worauf ich achten muss, wenn ich mit tausend Leuten über mehrere Stunden energetisch arbeite. Niemand hat mich gewarnt, dass ich vorsichtig an die Sache herangehen sollte. Bei vorherigen Veranstaltungen waren manchmal bis zu zwanzig Leute auf der Bühne und das war immer sehr anstrengend. Als ich mir die neue Show ausdachte, hatte ich mich insgeheim darauf eingestellt, dass die Sache diesmal wohl deutlich entspannter sein würde. Schließlich saß ich ja »nur« auf der Bühne, während das Publikum unten auf seinen Plätzen blieb.

Ich hätte mich nicht mehr irren können!

Auf einmal waren da tausend Menschen physisch anwesend und alle waren auf das, was ich sagte und tat, vollständig fokussiert. Und zwar nicht nur kurz, wie es zum Beispiel der Fall war, als ich etwa einmal auf dem Potsdamer Platz in Berlin mindestens so viele Menschen in Trance versetzt habe, sondern über den gesamten Abend. Hinzu kam, dass von diesen tausend Personen jeder sein eigenes Päckchen mitgebracht hatte: seine individuellen Ängste und Erfahrungen, seine Träume, seine Wünsche, seine Hoffnungen. Jeder Einzelne koppelte sich mit diesem Päckchen an meine Energie an, nicht nur eine Handvoll Menschen auf der Bühne. Die Anstrengung hatte sich für mich vertausendfacht. Ich war in diesem Moment das Kraftwerk für alle, denn ich muss mich bei einer Hypnose absolut öffnen, sonst funktioniert es nicht. Ich gebe tatsächlich alles. Das ist extrem aufregend, aber es hat mich so ausgelaugt, dass nach der Show eigentlich nur noch meine Hülle von der Bühne gegangen ist.

Wäre ich ein Akku, ich hätte rot geblinkt.

Nun hätte ich auch diese besondere Stresssituation vermutlich gut weggesteckt, wäre nicht mein Leben bereits in den vorhergehenden Monaten stetig stressiger geworden. Ich brachte es einfach nicht über mich, zu den vielen spannenden neuen Angeboten für Projekte, Seminare, Kooperationen, TV-Experimente und Gastauftritte, die mit meiner wachsenden Bekanntheit eintrudelten, irgendwann auch mal Nein zu sagen. Schließlich hatte ich mir so einen Zustand früher immer herbeigesehnt. Und so verdrängten immer mehr Termine immer kürzere Zeiten der Erholung, die ich sonst regelmäßig bewusst genossen hatte. Urlaube wurden kürzer, Wochenenden fielen mit »schöner« Regelmäßigkeit aus, mein Schlaf wurde weniger und meine Ernährung ungesünder – zu fett, zu süß, zu wenig Vitamine – weil es oft schnell gehen musste.

Vielleicht wäre der Stress der neuen Show auch an mir abgeperlt, hätte ich die Zeit danach für aktive Entspannung genutzt, wie ich das bei meinen früheren Touren immer getan habe. Doch diesmal war es anders und auch das lag daran, dass das Konzept so neu war: Ich schaltete nicht ab, um neue Energie zu tanken, ich war ehrgeizig. Ich habe mir nonstop Gedanken gemacht, was gut funktioniert hat und was weniger, damit ich es in der nächsten Show am nächsten Tag direkt umsetzen konnte. Ohne es richtig zu merken, befand ich mich in einer Dauerschleife aus extremer Anspannung.

Statt meine innere Batterie wieder aufzuladen, habe ich mich mit mehr Stress gefüllt. Es gab keine Ruhemomente. Und das, obwohl ich doch so viele tolle Entspannungsübungen kenne. Ich habe mir schlicht die Zeit dafür nicht genommen. Gehabt hätte ich sie, denn Entspannung muss nicht viel Zeit »kosten«. Unbewusst bin ich wohl davon ausgegangen, dass ich gegen Stress gefeit bin – ich, der Wundermacher. Der, der jeden anderen in Tiefenentspannung und Trance versetzen kann. So einer wie ich hat die Entspannung doch in jeder Körperzelle. All das habe ich nicht bewusst gedacht, aber im Rückblick wird mir klar, dass ich das wohl insgeheim vorausgesetzt habe.

Fünf Tage hat es gedauert.

Fünf Tage, bis es mich umgehauen hat.

Am Mittag nach dem fünften Showabend bekam ich plötzlich Schmerzen. Erst dachte ich noch, dass ich etwas Falsches gegessen hatte, doch die Symptome passten nicht. Der Schmerz nahm stetig zu, bis er so unerträglich wurde, dass ich nur noch stöhnte. Der Krankenwagen wurde gerufen und ich in die Notaufnahme eingeliefert. Damit, dass ich das Krankenhaus über Wochen nicht würde verlassen können, rechnete ich da noch nicht. Doch dann sah ich die besorgten Mienen der Ärzte, die erklärten, dass sie erst einige Tests durchführen müssten. Bald war klar: Es war ernst, richtig ernst. Die Ärzte vermuteten, dass Gallensteine in den Ausgang meiner Bauchspeicheldrüse gewandert waren und ihn blockiert hatten. So hatte die Bauchspeicheldrüse begonnen, sich selbst zu verdauen. Von einem Augenblick auf den nächsten war mein Leben in Gefahr. Nicht zu Hause in Berlin, sondern in Kiel, weit weg von meiner Familie. Nach den Anstrengungen der letzten Zeit hatte ich sozusagen den Stress-»Jackpot« geknackt: Schwere Krankheit und vor allem Schmerzen sind nämlich nicht nur an sich schon eine körperliche Belastung, sondern sie lösen obendrein extremen Stress für die Psyche aus. Stress, der die Genesung mindestens behindert – oder gar vollständig blockieren kann.

Nun erkennen Sie daran, dass ich diese Zeilen schreibe, dass ich nicht auf dem Friedhof gelandet bin. Ich hatte Glück und habe aus dieser brenzligen Erfahrung, die mit rechtzeitiger Stressvermeidung mit großer Wahrscheinlichkeit gar nicht eingetreten wäre, sehr viel gelernt. Ich habe Erkenntnisse gewonnen, die ich Ihnen weitergeben möchte.

Erstens, damit Sie nicht den gleichen, potenziell tödlichen Fehler machen wie ich: den Stress zu unterschätzen.

Zweitens, weil meine Erfahrung wunderbar verdeutlicht, dass man an jedem Punkt seines Lebens, ganz egal, wie schlecht es einem geht, die Möglichkeit hat, aus dem tiefen Tal wieder herauszukommen. Stück für Stück, Schritt für Schritt.

Und drittens, weil sie obendrein zeigt, dass man für einen Zugang zur Selbsthypnose und damit zu einem Leben, in dem man (wieder) entspannt seine Ziele verfolgt und die größten Wünsche wahr macht, die persönliche Türöffner-Übung manchmal erst noch – oder wieder – finden muss. Vielleicht ist Ihre ja genau dieselbe wie meine? Und, nein, es war nicht das Lachritual, das habe ich erst kurz darauf kennengelernt.

Kapitel 4

»Los« ist überall: Warum der ideale Startpunkt in ein entspanntes Leben voller Wunder genau da ist, wo Sie sich jetzt befinden — auch wenn das vielleicht ganz unten ist

> Der Ausgangspunkt für die großartigsten Unternehmungen
> liegt oft in kaum wahrnehmbaren Gelegenheiten.
> *Demosthenes*

Damit ich aus meinem persönlichen tiefen Tal herausklettern konnte, musste ich erst mal anerkennen, dass ich gerade in diesem tiefen Tal bin. Und das fiel mir in der ersten Zeit im Krankenhaus schwer. Innerlich rebellierte ich dagegen, dass es mir wirklich so schlecht gehen sollte. Mir, dem Optimisten. Ich wollte nicht ganz unten von vorn anfangen, ich wollte schnell wieder auf den Beinen sein. Ich wollte mit meiner Show weitermachen. Und am Wochenende nach Hause fahren, wie es geplant war.

Mein Trotz änderte selbstverständlich nichts. Ich war da, wo ich war – von hier aus musste ich mich auf den Weg machen. Um noch einmal auf das Bild aus dem vorigen Kapitel zurückzukommen: Wenn ich in Castrop-Rauxel auf dem Bahnhof stehe (in diesem Fall: in Kiel im Krankenhaus liege), kann ich nicht aus dem Haupteingang rausgehen und erwarten, dass ich den New Yorker Broadway finde (in diesem Fall: zu Hause in Berlin gesund und munter durch die Gegend laufe). Doch zwischen mir und dieser Erkenntnis lagen noch Wochen. Wochen, in denen ich in meinem Krankenbett lag und täglich mehr verzweifelte.

Als ich gerade eingeliefert worden war und trotz hoch dosierter Schmerzmittel vor körperlicher Qual fast an die Decke ging, versuchte ich, mir mit einer Übung, die ich schon Hunderte Male gemacht habe, den Schmerz zu nehmen. Dabei geht man gedanklich zunächst mitten in den quälenden Schmerz hinein, spürt ihn ganz bewusst und wählt dann ein mentales Bild dafür. Das kann zum Beispiel eine grelle Farbe sein oder die unharmonische Kakofonie eines Instrumente stimmenden Orchesters. Ich habe mir den Schmerz als ein loderndes Feuer vorgestellt, denn genauso fühlte er sich an. Als Erstes habe ich versucht, das Feuer einzudämmen, es zu verkleinern. Das klappte aber nicht, der Schmerz war zu stark, das Feuer blieb, wie es war. Also wählte ich die andere Richtung: Ich verstärkte es. Ließ es sich ausbreiten wie ein Buschfeuer. Dabei habe ich tatsächlich gespürt, wie der Schmerz noch stärker wird.

Bei Schmerz ist das immer so: Es ist zunächst einfacher, ihn zu verstärken, als ihn abzustellen. Und genau dieses Verstärken hat mir den Zugriff ermöglicht – jetzt hatte ich den Schmerzregler tatsächlich in der Hand und konnte das Feuer Schritt für Schritt verkleinern. So lange, bis es nur noch eine Kerzenflamme war, die natürlich auch noch wehtut, aber nur punktuell. Diese kleine Kerzenflamme habe ich dann durch meinen Körper wandern lassen, hoch über meine Schulter in den linken Arm hinein bis in die Spitze meines kleinen Fingers. Ich habe den Finger ein bisschen abgespreizt und habe mir vorgestellt, wie aus der Fingerspitze eine kleine Flamme herauskommt – wie aus einem Feuerzeug. Das hat mir eine enorme Entspannung gebracht, denn in diesem Moment hatte ich keinen Schmerz mehr in meinem restlichen Körper. Leider währte die Entspannung nur ganz kurz, eine halbe Minute vielleicht, länger konnte ich die Visualisierung nicht halten.

Ich stürzte zurück in den Schmerz und war viel zu erschöpft, es noch einmal zu probieren.[10]

Im Nachhinein ist mir klar, dass all die in meinem Körper kursierenden Medikamente und Schmerzmittel meine Fähigkeit zur Selbsthypnose beeinträchtigt hatten – ich war einfach nicht klar genug im Kopf dafür. Falls Sie Selbsthypnose-Übungen in einer ähnlichen Situation ausprobieren, sollten Sie das im Hinterkopf behalten.

In diesem Moment konnte ich darüber nicht reflektieren. Mein Scheitern mit dieser eigentlich leichten Übung, die mir schon oft geholfen hatte, war eine unglaubliche Enttäuschung, die mich extrem nach unten zog. Ich dachte: Verdammt, was ist denn jetzt los? Natürlich stand ich nicht nur unter Medikamenten, sondern auch unter dem Druck der hohen Erwartung an mich selbst: Wenn jemand diese Techniken erfolgreich anwenden kann, dann ja wohl ich! Mit diesem Erwartungsdruck und dieser Enttäuschung über mich selbst machte ich mich fertig. Noch mehr Stress! Ich fluchte nur noch und dachte: Was erzähle ich den Leuten eigentlich ständig? Das funktioniert doch alles gar nicht! Dass ich mich mit der Übung in der gegenwärtigen Situation schlicht überfordert, also den Broadway in Castrop-Rauxel gesucht hatte, fiel mir nicht ein.

Ich schien mich in einer Abwärtsspirale zu befinden. Meine Hoffnung, dass es mir bestimmt bald besser gehen würde, wurde ständig aufs Neue zerschlagen. Immer wieder tauchte eine neue Komplikation auf. Zum Beispiel erwischte mich ein gegen alle gängigen Antibiotika resistenter Krankenhauskeim. Nichts konnte ich alleine machen. Meine Frau kam mich in Kiel besuchen, so oft sie konnte, und blieb ein paar Tage – zumindest, wenn sie es hinbekommen hatte, dass Oma und Opa in Berlin unseren Sohn in der Zeit betreuten.

---

[10] In meinem Buch »Du kannst schaffen, was du willst« erlernen Sie auch verschiedene hypnotische Übungen gegen Schmerzen.

Wenn sie da war, wusch sie mich, denn sogar das konnte ich nicht selbst, ich war tatsächlich komplett pflegebedürftig. Wenn sie wieder abreisen musste, grübelte ich fieberhaft, suchte nach einem Ausweg. Nach etwas, das ich aktiv tun konnte, um mich aus dieser Misere zu befreien. Ich wollte nicht nur dort liegen und dieser Krankheit auf Gedeih und Verderb ausgeliefert sein. Ich wollte nicht mehr in Kiel sein, weit weg von meinem Zuhause in Berlin, transportunfähig. Vor allem aber wollte ich diesen fürchterlichen Schmerz loswerden – ohne dafür sterben zu müssen.

Auf Los geht's los: Die persönliche Türöffner-Übung

Man kennt ja die Geschichten von Menschen, die nach einem Unfall wieder ganz neu laufen lernen müssen. Oder sprechen. Etwas eben, das zuvor selbstverständlich gewesen war. Ich war – für den Moment – zurückgeworfen in die Lage eines Hypnoseanfängers. Das musste ich genauso akzeptieren wie alles andere an meiner Situation. Und ich brauchte, genau wie die Menschen, die zu meinen Seminaren kommen oder meine Bücher lesen, eine Türöffner-Übung, um wieder Zugang zur Hypnose zu bekommen.

Plötzlich fiel mir die Jubelpose ein, die ich in meinen Seminaren oft mit den Teilnehmern mache. Das ist jene Pose, über welche die im vorigen Kapitel erwähnte Dame die Nase gerümpft hatte, weil sie das »Herumhüpfen« so »albern« fand. Als ich vor Jahren einmal bei der Aufzeichnung einer Talkshow dabei war, gab es dort einen Anheizer, in schönstem Denglisch »Warm-upper« genannt. Dieser Mann erzählte lustige Geschichten und übte mit allen Zuschauern donnernden Applaus, die La-Ola-Welle und Willkommensjubel für den Talkmaster ein, bevor die Sendung überhaupt losging. Während der Anheizer vor den Zuschauerreihen lustige Geschichten zum Besten gab, den Talkmaster imitierte und das Publikum immer und immer wieder dazu brachte, völlig auszurasten, konnte ich die Zuschauer vom Backstagebereich aus beobachten: Einige waren zunächst zögerlich, man konnte ihnen ansehen, dass ihnen dieses »Auf Kommando in Ekstase verfallen« widerstrebte. Doch nach wenigen Minuten ging eine Veränderung mit diesen Menschen vor, sie wurden von der allgemeinen Stimmung mitgetragen, ihre Gesichter waren völlig gelöst, entspannt und gut gelaunt. Mit jedem Mal des Hochreißens der Arme zur »Welle« verstärkte sich dieser Effekt.

Diese Beobachtung hatte mich auf die Idee mit der Jubelpose gebracht. Ich probierte sie zunächst im stillen Kämmerlein an mir selbst aus und weil mich der Effekt überzeugte, begann ich, damit zu arbeiten. Zunächst vornehmlich, um Teilnehmer eines Seminars ein bisschen aufzutauen und sie für die vermittelten Inhalte offener zu machen – immer mit großem Erfolg. Dass in dieser simplen Übung aber noch viel mehr Potenzial steckt als »nur« relativ kurzfristig die Laune zu verbessern und meine Klienten wach und locker zu machen, wurde mir erst mit der Zeit klar.

Doch bevor ich Ihnen berichte, was für eine mirakulöse Wirkung die Jubelpose in der schlimmsten Lage meines bisherigen Lebens entfaltet hat, möchte ich Sie zunächst einladen, dieses Experiment einmal mitzumachen, damit Sie sich vorstellen können, wovon ich spreche. Sie können dabei zwar, müssen aber nicht ohne Grund jubeln. Es ist absolut erlaubt, *mit* Grund zu jubeln und damit gleichzeitig schon einmal eine visuelle Suggestion, eine sogenannte Visualisierung, zu testen: Wartet in der nächsten Zeit eine Herausforderung auf Sie? Müssen Sie eine Prüfung schaffen, einen Vortrag halten oder für Ihre kritischen Schwiegereltern kochen? Gesund werden? Renovieren? Sehr gut! Stellen Sie sich den Moment vor, in dem Sie die Sache schon hinter sich und wunderbar gemeistert haben. Mit dieser Visualisierung geben Sie dem Erreichen Ihres Ziels extra Schwung. Alternativ können Sie sich auch vorstellen, dass der Sommer, die Weihnachtsferien oder das Wochenende bereits begonnen haben.

Dann suchen Sie sich einen Ort, an dem Sie ein paar Minuten ungestört sind. Das ist schon die ganze Vorbereitung.

Nun kann es losgehen:

DAS JUBELWUNDER

Stellen Sie sich zunächst locker hin, die Beine hüftbreit auseinander und die Füße stabil auf dem Boden. Schütteln Sie Arme und Beine aus, kreisen Sie ein bisschen mit den Schultern, bis Sie sich locker fühlen.

Dann beginnen Sie zu lächeln, richtig zu lächeln. Ja, grinsen Sie wie ein Honigkuchenpferd. Lassen Sie dieses Lächeln größer werden, immer größer. Vielleicht beginnen Sie zu kichern oder zu glucksen.

Recken Sie nun die Arme nach oben, breiten Sie sie aus, als wären Sie gerade Weltmeister geworden. Werfen Sie den Kopf in den Nacken wie ein Fußballspieler nach dem verwandelten Elfmeter.

Vielleicht bleiben Sie einfach so in Siegerpose stehen. Vielleicht fangen Sie jetzt auch an zu hüpfen, auf der Stelle oder im Raum herum. Vielleicht rufen Sie »Juhu« oder »Yeah!«, oder Sie singen »Oléoléoléolé« oder von mir aus auch »Tschakatschaka«! Vielleicht machen Sie auch die Becker-Faust, mit der Boris Becker seine Turniersiege in den Achtzigerjahren markierte. Möglicherweise tänzeln Sie auch einfach vor Freude und wackeln mit den Hüften. Oder Sie wiegen sich mit hochgereckten Armen hin und her und singen »I am the champion«. Kurz: Tun Sie einfach das, was Sie bei großer Freude tun würden, so albern Ihnen das zunächst noch scheinen mag. Tun Sie das zwei bis fünf Minuten lang – oder auch länger, wenn Sie wollen.

Nach einer Weile spüren Sie, wie es im Bauch vor Freude zu kribbeln beginnt und sich dieses Kribbeln im ganzen Körper ausbreitet.

Na, ausprobiert? Und? Wie fühlen Sie sich jetzt? Haben Sie gemerkt, wie sich die Freude in jeder Zelle ausgebreitet hat? Der Optimismus? Ist das nicht magisch?

In meiner Lage im Krankenhaus war Hüpfen natürlich nicht drin. Ich war viel zu schwach. Ich konnte auch nicht mit den Hüften wackeln oder mit den Armen herumfuchteln. Aber die Arme hochzuheben und zu lächeln, das bekam ich in meinem Krankenbett gerade so hin. Was ich außerdem probieren konnte: mir so gut wie möglich vorzustellen – zu visualisieren –, dass ich gerade vom Chefarzt die Nachricht bekommen hatte, wieder so gesund zu sein, dass ich nach Hause konnte.

Und das tat ich.

Ein winziger Schritt.

Der einzige, den ich in diesem Moment tun konnte.

Zunächst wartete ich einfach.

Ich weiß nicht, wie lange ich dasaß, mit geschlossenen Augen, von Kissen gestützt, lächelnd, mit nach oben und außen gereckten Armen, den Kopf in den Nacken gelegt. Drei Minuten? Fünf? Zehn? Ich dachte an die Tür des Krankenzimmers. Malte mir aus, wie sich die Klinke nach unten bewegen und »mein« Arzt mit einem Lächeln im Gesicht das Zimmer betreten würde. Wie er begänne: »Herr Becker, es gibt gute Neuigkeiten ...« Ich stellte mir vor, wie wundervoll ich mich in dem Moment fühlen würde, in dem ich erführe, dass ich endlich zu meiner Familie zurückkonnte. Wie großartig es sein würde, zu hören, dass ich schon fast gesund war.

Zunächst passierte nicht viel. Doch dann begann etwas in mir zu fließen, erst ganz langsam, dann immer mehr. Ich spürte es als Erstes hinterm Solarplexus. Ganz zart nur, aber es war da. Ein warmes, leichtes, lichtes Gefühl. Wie ein erster warmer Sonnenstrahl im Frühling. Die Schmerzen waren zwar noch da, aber sie wurden leiser, dahinter veränderte sich etwas. Das zarte Gefühl wurde stärker und breitete sich langsam in meinem Körper aus. Parallel dazu wurde meine Vorstellung davon, wie ich die frohe Botschaft hörte, plastischer. Farbiger. Lebendiger. Dann sah ich mich zu Hause mit meiner Frau durch die Eingangstür unserer Wohnung treten und meinen kleinen Sohn auf mich zustürmen. Die Vorstellung war so intensiv, dass sich Tränen der Freude in meinen Augen sammelten. Ich merkte, wie sich ein vorsichtiges Vertrauen in die Zukunft in mir breitmachte: Auch wenn ich jetzt noch nicht gesund war, ich würde es werden! Dieser erste Schritt, den ich gerade machte, ging in die richtige Richtung, das spürte ich. Es war der erste heraus aus dem tiefen Tal.

Im Nachhinein darf ich das bestätigen: Von diesem Moment an ging es tatsächlich mit mir wieder bergauf. Langsam, aber stetig.

Was war passiert?

Mehr Platz, mehr Erfolg, weniger Stress: Wie sich unsere Haltung auf Körper und Geist auswirkt

Sozialpsychologen haben beobachtet, dass das Hauptmerkmal »meiner« Jubelpose, das Recken der Arme nach oben und außen nach einem Sieg, offenbar angeboren ist. Blinde Sportler reißen nach einem Turniersieg genauso die Arme auf diese Weise hoch wie sehende. Sie machen sich groß, breiten sich aus, sie zeigen: Hier bin ich, der Sieger.

Genau wie das Lachen und Lächeln ist so eine Siegerpose also ein Anker, den die Evolution für uns gesetzt hat: Solch eine Pose aktiviert ein in unseren Genen archiviertes Gefühl des Erfolgs, des Glücks und des unerschütterlichen Selbstbewusstseins – bereits ganz unabhängig davon, ob wir in unserer persönlichen Geschichte solch eine Körperhaltung bisher eingenommen haben oder nicht.

Primaten zeigen hier ähnliches Verhalten wie wir Menschen: Wenn sie in einer Machtposition sind, nehmen sie mehr Platz ein, sie recken sich, breiten die Arme aus, machen sich groß. Wenn sie sich dagegen weit unten in der sozialen Hierarchie befinden, machen sie sich klein, falten sich zusammen und nehmen so wenig Raum wie möglich ein. Parallel dazu hat man festgestellt, dass Alphatiere, also die Chefs in

Primatenhierarchien, hohe Testosteronwerte haben, was ihre Dominanz spiegelt. Interessant ist, dass sie gleichzeitig geringere Niveaus des Stresshormons Cortisol aufweisen. Je mehr Macht sie in der Gruppe haben, umso entspannter sind sie. Und: Menschenaffen, die plötzlich in der sozialen Hierarchie aufsteigen, haben nach kurzer Zeit deutlich höhere Testosteronspiegel und deutlich niedrigere Cortisolniveaus als zuvor.

Solche Beobachtungen brachten die Sozialpsychologin Amy Cuddy von der Universität Harvard auf die Idee für ein spannendes Experiment. Sie ließ Studenten unterschiedliche Haltungen einnehmen und jeweils zwei Minuten halten. Die erste Gruppe breitete sich bei ihren Posen körperlich aus – ähnlich, wie ich es in der Jubelpose getan habe. Die Teilnehmer verschränkten zum Beispiel die Arme hinter dem Kopf, standen breitbeinig mit in die Hüften gestemmten Händen da oder waren mit ausgebreiteten Armen auf einen Tisch gestützt wie ein Chef in einer Konferenz. Die zweite Gruppe sank dagegen in sich zusammen, kauerte auf einem Stuhl oder schlang die Arme schützend um den Körper.

Anschließend hatten alle Studenten die Möglichkeit, an einem Glücksspiel teilzunehmen. Dabei zeigte sich, dass 86 Prozent der ersten Gruppe dazu Lust hatten, aber nur 60 Prozent der zweiten Gruppe. Die ausgedehnten Posen hatten die Probanden risikofreudiger gemacht: Sie hatten das Gefühl, das heute ihr Tag war – ihr Selbstvertrauen war gestiegen. Auch wenn das natürlich keinen Einfluss auf den Ausgang des Glücksspiels hatte, glaubten sie, es sich leisten zu können, das Risiko einzugehen. Sie hatten keine Sorge, eventuell zu verlieren, denn sie fühlten sich stark und hatten das Gefühl, alles unter Kontrolle zu haben.

Noch interessanter wurde es, als die Hormonwerte aller Probanden im Speichel gemessen wurden. Diese wurden mit einer Probe verglichen, die vor dem Experiment entnommen worden war. In der ersten Gruppe war das Testosteron im

Schnitt um 20 Prozent gestiegen, das Cortisol war dagegen um ein Viertel des ursprünglichen Wertes gefallen, die Teilnehmer waren also deutlich entspannter. In der zweiten Gruppe war es genau umgekehrt: Das Testosteron war um zehn Prozent gefallen, das Cortisol, das für Stress steht, um 15 Prozent gestiegen. Die Körperhaltungen hatten einen direkten Effekt auf die Körperchemie gezeigt – und das nach nur zwei Minuten und völlig ohne zusätzliche verbale Suggestionen.

Der Effekt betraf dabei Männer genauso wie Frauen. Falls Sie das wundert, weil Sie Testosteron bisher nur als Hormon der Männlichkeit kennen: Auch im Körper von Frauen wird Testosteron produziert – zum Beispiel in den Eierstöcken und in der Nebennierenrinde. Wie bei Männern hat es im weiblichen Körper viele Funktionen. Es sorgt bei beiden Geschlechtern für Libido, Antrieb und Energie, aber überraschenderweise auch für Fairness und Großzügigkeit. Die beiden letzteren Eigenschaften zeigen Menschen mit höherem Status häufiger: Wer mehr Macht hat, kann es sich leisten, großzügig zu sein. Frauen haben im Vergleich zu Männern zwar nur etwa ein Zehntel der Testosteronmenge im Körper, reagieren aber empfindlicher auf das Hormon. Im Versuch wurden außerdem immer die Vorher-Spiegel der Hormone mit den Nachher-Spiegeln verglichen. Es kam also nicht auf die absoluten Werte an, sondern auf das Verhältnis.

Beflügelt von den Ergebnissen ihres Experiments wiederholte Cuddy mit ihrem Team den Versuch, allerdings mit einer kleinen Änderung. Wieder sollten die Studenten zunächst in den jeweiligen Posen zwei Minuten verharren. Danach wurde den Probanden mitgeteilt, dass sie eine kleine, improvisierte Rede halten sollten. Ihre Aufgabe war es, sich selbst und ihre Vorzüge für eine fiktive Stelle zu präsentieren. Bevor es so weit war, hatten sie noch einmal fünf Minuten Zeit, sich gedanklich vorzubereiten. Während dieser Zeit nahmen sie erneut die ihnen zugewiesenen Posen ein. Insgesamt verharrten sie also sieben Minuten entweder in den raumgreifenden oder den zusammengekauerten Posen. Während ihrer anschließenden Selbstpräsentation erhielten die Studenten von ihrem Gegenüber keinerlei nonverbales Feedback, der Interviewer war angewiesen, ein Pokerface zu bewahren. Im Normalfall ist das eine extrem stresserzeugende Situation.

Die Studenten wurden während ihrer Selbstpräsentation gefilmt – und diese Aufzeichnungen zeigte man später einer Jury, die alle Probanden beurteilen sollte. Die Jurymitglieder hatten keine Ahnung, dass die Studenten sich zuvor in unterschiedliche Posen geworfen hatten. Sie sollten nach dem Betrachten der Aufzeichnungen verraten, wen sie als Boss eines Unternehmens am ehesten einstellen würden. Es stellte sich heraus, dass die Mitglieder der Jury spontan all die Studenten beschäftigen wollten, die zuvor die ausladenden Posen geübt hatten – und zwar ausschließlich die. Diese Studenten waren gelassener, souveräner und damit kompetenter rübergekommen und hatten sich vom Pokerface des Interviewers nicht aus der Ruhe bringen lassen. Dabei hatten sie inhaltlich nicht viel anderes erzählt als ihre Kommilitonen, die sich vorher körperlich kleingemacht hatten.[11]

---

[11] Amy Cuddy und ihr Team wurden einige Zeit nach der Veröffentlichung der aufsehenerregenden Ergebnisse angegriffen, weil ihre Studienergebnisse angeblich nicht gut genug reproduzierbar seien. Das betraf vor allem die Ergebnisse bezüglich des Testosteronlevels. Cuddy reagierte auf die Vorwürfe und wies in Interviews und Artikeln unter anderem darauf hin, dass keine der späteren Studien ihre eigenen zu hundert Prozent kopiert habe. Außerdem erwähnte sie das Problem der noch fehlenden Standardisierung der vielfältigen Messmethoden von Hormonen, die kaum miteinander vergleichbar sind. Die meisten Effekte des *Postural Feedback* konnten trotz der Kritik in etlichen Studien bestätigt werden, so zum Beispiel die psychologische Komponente, dass ausladende Posen zum Gefühl von

Instant-Hypnosen durch Hyp-Posen

Zusammengefasst: Bewusst eingenommene Körperhaltungen, die unserem Körper und Geist Überlegenheit und Erfolg signalisieren, können in einer sozialen Situation wie einem Bewerbungsgespräch sofort zu mehr Erfolg führen. Wer hingegen vor einem wichtigen Termin zusammengesunken über seinem Mobiltelefon kauert, programmiert sich möglicherweise auf Misserfolg. Das lässt sich natürlich auch auf viele andere Situationen übertragen, wie etwa Rendezvous, Gehaltsgespräche, Diskussionen, Referate, Auftritte, Präsentationen, Verkaufsgespräche, Interviews, Vorträge und und und.

Nicht nur Amy Cuddy und ihr Team, auch viele andere Forscher haben die Wirkung bewusst eingenommener Posen untersucht. Falls Sie Yoga machen, wird Sie vermutlich besonders eine Studie der Universität St. Petersburg interessieren: Sportwissenschaftler hatten dort die Yogapose »Kobra« unter die Lupe genommen. Auch diese Stellung ist sehr expansiv:

deutlich mehr Selbstwirksamkeit führen, was wiederum etliche positive Effekte nach sich zieht wie etwa gesteigerten Optimismus. Das sind nun aber Effekte, von denen man bereits weiß, dass sie langfristig auch Auswirkungen auf die Physiologie – also den Körper – haben, wie zum Beispiel ein besser arbeitendes Immunsystem. Selbst wenn keine so deutliche sofortige Änderung des hormonellen Status eintreten sollte, wie Cuddy sie in ihren Experimenten gesehen hat, so ist doch meiner Meinung und Erfahrung nach langfristig eine Änderung zu erwarten. Insbesondere, wenn man mit der Arbeit an der Körperhaltung fortfährt. Ein Statement von Cuddy ist zum Beispiel hier zu finden: https://www.linkedin.com/pulse/my-overview-state-science-postural-feedback-power-posing-amy-cuddy/ Ein Interview mit ihr gibt es hier: https://ideas.ted.com/inside-the-debate-about-power-posing-a-q-a-with-amy-cuddy/

sind unterhalb der Schultern aufgestützt. Dann drücken sie sich mit den Armen hoch und richten den Oberkörper auf. Die Pose wurde im Versuch etwa fünf Minuten gehalten. Vorher und hinterher wurden den Yogi Blutproben entnommen, die noch etwas verlässlicher sind als Speichelproben. Es zeigte sich, dass auch hier die Testosteronspiegel signifikant angestiegen waren, während gleichzeitig die Cortisolniveaus deutlich gesunken waren.

Analog zum bereits angesprochenen *Facial Feedback*, bei dem die Mimik auf die Stimmung und Hormone wirkt, nennen Forscher solche Effekte *Postural Feedback*.

Expansive Posen, also Haltungen, bei denen wir unseren Körper bewusst ausdehnen und/oder selbstbewusst aufrichten, gehen aber nicht nur mit kurzfristigen physiologischen Veränderungen einher, die sich in Speichel oder Blut messen lassen. Sie haben auch eine direkte Wirkung auf die Psyche – sie wirken wie eine Instant-Hypnose. Man könnte auch sagen, sie sind *Hyp-Posen*, hypnotisch wirksame Posen. Menschen, die Platz beanspruchen, ganz konkret und räumlich, strahlen nicht nur auf andere Menschen Stärke, Kompetenz und Selbstbewusstsein aus. Sie senden auch eine nonverbale Botschaft an ihr Unterbewusstsein und die lautet: »Ich bin stark, gesund und erfolgreich. Mir steht der Platz zu, den ich einnehme.« Diese Botschaft wird sofort psychisch umgesetzt: Die Menschen fühlen sich unmittelbar stärker, optimistischer und Herausforderungen besser gewachsen.

Außerdem wirkt unsere Körperhaltung direkt darauf ein, wie glücklich oder unglücklich wir uns fühlen – und darauf, ob und wie viel Stress wir empfinden. Aus diesem Grund sind alle Sportarten und Techniken, die eine selbstbewusste, aufrechte Körperhaltung fördern, nicht nur gut für unseren Körper, sondern sie können unser ganzes Leben transformieren. Dazu gehören fernöstliche Lehren und Praktiken wie Yoga, Tai Chi und Qigong, Kampfkünste wie Karate, Aikido oder Judo, aber auch Trainingsmethoden wie Pilates oder die Alexandertechnik.

Auch ich arbeite sehr viel mit Ritualen, deren Bestandteil ausladende Körperhaltungen sind. Ich erlebe bei meinen Klienten ständig diese unmittelbare, wunderbare Wandlung – obwohl ich natürlich nicht mit einem Speichelproben-Set oder einer Blutabnahme-Spritze danebenstehe, um zu überprüfen, wie sich diese Wandlung in die Körperchemie übersetzt. Auch meine Klienten haben plötzlich das Gefühl, ihr Schicksal in der Hand zu haben und dem Leben nicht einfach ausgeliefert zu sein. Solch ein Gefühl von Selbstwirksamkeit hat sehr viele positive Effekte. Es macht tatsächlich aktiver und kreativer. Außerdem hat Optimismus sehr positive Effekte auf das Immunsystem. Infekte und ungünstige Zellveränderungen, die sich zu Krebs entwickeln könnten, werden effektiver bekämpft, und das Herz-Kreislauf-System profitiert.

Menschen, die das Gefühl haben, etwas bewirken zu können, trauen sich etwas, denn sie fürchten sich nicht vorm Scheitern. Das wiederum ist eine ganz wichtige Voraussetzung für langfristiges Glück und Erfolg. Denn nur wer aktiv wird, kann auch etwas erreichen. Nur wer den ersten Schritt tut und dann noch einen und noch einen und so weiter, kommt irgendwann an seinem Ziel an. Dabei meine ich nicht nur »große« Ziele wie das erfolgreiche Absolvieren eines Bewerbungsgesprächs, das Laufen eines Marathons, das Erlernen einer neuen Sprache oder vielleicht auch das Schreiben einer Doktorarbeit. Ich meine auch vermeintlich banale Tätigkeiten wie das Kochen eines Abendessens oder das Aufräumen des Schreibtisches, die kleinsten Bestandteile unseres Alltags. Manchmal geht es ganz einfach darum, aufzustehen, zu duschen, sich anzuziehen und das Haus zu verlassen, um Freunde zu treffen. Mit solchen vermeintlich »simplen« Dingen können Menschen, die unter einer Depression leiden, völlig überfordert sein. Und wenn sie es das erste Mal wieder schaffen, ist das ein Triumph, der ein erster Schritt aus dem Tal sein kann.

Um genau diesen ersten wichtigen Schritt gehen zu können, kann die Jubelpose eine Initialzündung sein – und in unzähligen anderen Situationen auch.

Für mich war sie eine.

Mein persönlicher Rocky-Moment

Meine Ziele im Krankenhaus waren klar umrissen: Erstens, die Schmerzen so weit loswerden, dass sie mich nicht mehr in den Wahnsinn treiben. Zweitens, gesund genug werden, um nach Hause zu kommen. Drittens, völlig gesund werden.

In genau dieser Reihenfolge.

Dass ich sie erreichen würde, daran hatte ich auf einmal nicht mehr den geringsten Zweifel. Die Jubelpose und die Visualisierung meines Ziels hatten meinem Unterbewusstsein eine klare Anweisung gegeben: Den Chef, also mich, gesund machen! So hatte sich mir die Tür zum Heilungsprozess geöffnet. Die Jubelpose hat mir aber nicht nur das Vertrauen in meine Genesung, sondern auch den Zugriff auf mein Gehirn und meinen Körper zurückgegeben. Sie war meine persönliche Türöffner-Übung in einer ganz speziellen Lage!

Schon nach einigen Tagen wurden die Medikamente und Schmerzmittel von den Ärzten schrittweise zurückgefahren. Damit kehrte auch nach und nach mein Konzentrationsvermögen zurück und meine Fähigkeit, andere hypnotische Übungen zu machen. Etwa die zuvor beschriebene, in der ich den Schmerz von einem lodernden Buschfeuer auf eine kleine Kerzenflamme reduzierte. Es dauerte allerdings noch eine Weile, bis ich wieder alleine aufstehen konnte. Selbstverständlichkeiten wie Gehen musste ich erst wieder üben. Zwar waren meine Beine gesund, ich war aber so geschwächt, dass ich auch hier den Eindruck hatte, von vorn anfangen zu müssen. Und so kam ich mir vor wie Rocky Balboa, der Boxer, den Sylvester Stallone im berühmten »Rocky«-Film spielt, wenn ich – in Jogginghose, mit hochgereckten Armen und in Zeitlupe – eine Runde über den Gang geschafft hatte. Der Flur vor meinem Zimmer war nicht lang, nur etwa zwanzig Meter. Trotzdem musste ich mich danach wieder hinlegen und ausruhen. Das kurze Stückchen über das Krankenhaus-Linoleum war für mich wie ein Marathonlauf. Und ich trainierte wie ein Marathonläufer! Das Gehen auf dem Gang funktionierte von Mal zu Mal besser, denn ich war motivierter, wesentlich entspannter und konnte besser mit der Situation umgehen als zuvor. Ein absolutes Highlight war für mich der Moment, als ich zum ersten Mal wieder selbst duschen konnte. Auch dort habe ich die Arme nach oben genommen, den Kopf in den Nacken gelegt und gelächelt. Die Pose hat das Glück, duschen zu dürfen, noch um ein Vielfaches verstärkt.

Gut eine Woche nach diesem Glückserlebnis, einen ganzen Monat nach meiner Einlieferung, erklärten die Ärzte, dass ich über den Berg sei und sie mich guten Gewissens entlassen könnten.

Natürlich ist es theoretisch möglich, dass es mir auch ohne die Jubelpose irgendwann besser gegangen wäre. Ich kann zumindest nicht beweisen, dass sie es war, die mich über den Berg befördert hat. Niemand hat gemessen, was in meinem Körper vor sich ging, unmittelbar bevor und nachdem ich die Arme in die Höhe gerissen und gelächelt hatte. Aber wenn man sich vor Augen führt, dass auch die beste Medizin und der beste Arzt dem Körper immer nur helfen können, sich selbst zu heilen, dann bin ich davon überzeugt, dass diese Übung einen – den – entscheidenden Impuls zur Besserung gegeben hat.

Nehmen wir den multiresistenten Keim, der in meinem Körper eine Sepsis, eine Blutvergiftung, verursacht hatte. Dagegen konnten meine sehr guten Ärzte mit ihren Mitteln definitiv nichts, aber auch gar nichts tun. Alle Antibiotika versagten. Dieses Bakterium musste mein Körper ganz allein bekämpfen. Und hier vermute ich eine direkte Verbindung: Es ist nachgewiesen, dass über längere Zeit anhaltender Stress die Aktivität des Immunsystems unterdrückt. Und anhaltenden Stress hatte ich spätestens von dem Augenblick an, in dem ich krank wurde, denn Schmerz und Angst sind enorme Stressfaktoren. Erst die Jubelpose hat mich entspannt und mir Zuversicht vermittelt. Dadurch sanken aller Wahrscheinlichkeit nach die Spiegel meiner Stresshormone im Blut, und meine Immunabwehr konnte ihre Arbeit wieder tun. Ja, vielleicht hat mir die Jubelei das Leben gerettet, denn die Sepsis ist heute eine der häufigsten Todesursachen in Deutschland.

Und dann durfte ich endlich den Zug von Kiel nach Berlin besteigen. Vier Stunden dauerte die Zugfahrt zurück in mein Leben. Vier Stunden, die ich noch anderthalb Wochen zuvor möglicherweise nicht überlebt hätte! Es war genauso wunderbar wie in meiner Vorstellung, als ich zum ersten Mal im Krankenhaus die Jubelpose gemacht hatte.

Natürlich dauerte es noch eine ganze Zeit, bis ich wieder ganz hergestellt war. Zunächst erlitt ich einen kleinen Rückschlag – vor lauter Glück, nach Hause zu kommen und endlich wieder bei den Menschen zu sein, die ich liebe, wurde ich unvorsichtig. Ich dachte nicht mehr daran, dass auch das Gesundwerden aus vielen kleinen Schritten besteht, und wagte einen zu großen Sprung: Plötzlich hatte ich einen solchen Appetit, dass ich den ganzen Topf Hühnersuppe geleert habe, den meine Schwiegermutter zu meiner Rückkehr zubereitet hatte. Das war natürlich viel zu viel für meinen Organismus, nachdem ich wochenlang nicht richtig gegessen hatte.

Und ich bekam prompt die Quittung: Mein Körper reagierte mit einer Schmerzattacke. Wäre ich in einer anderen Gemütsverfassung gewesen, hätte mich das vielleicht wieder aus der

Bahn geworfen. Doch ich war weiter zuversichtlich. Ich habe nicht wieder mit den Schmerzmitteln begonnen, sondern mich allein auf die Selbsthypnose verlassen. Nach einer weiteren Woche war der Schmerz endlich ganz weg – dank der Selbstheilungskräfte meines Körpers. In den folgenden Wochen ließ ich es ruhig angehen und las sehr viel, dabei stieß ich auf so phänomenale Übungen wie das Lachritual, das Sie ja schon kennen. Ich hatte viel Zeit zum Nachdenken darüber, wie schnell man unmerklich in eine Stressfalle schlittern kann. Und darüber, wie man dort wieder herauskommt und wie man in Zukunft vermeidet, überhaupt hineinzugeraten. Daraus wurde dieses Buch.

DIE KÖNIGSROBE UND DIE ENGELSFLÜGEL

Eine subtile Alternative zur Jubelpose ist die folgende Visualisierung: Wenn Sie das nächste Mal ein Café, einen Seminarraum oder einen Laden betreten, stellen Sie sich vor, dass Sie eine edle Königsrobe aus schwerem Stoff tragen, die hinter Ihnen über den Boden schleift. Außerdem sitzt eine funkelnde Krone auf Ihrem Kopf.

Diese simple Vorstellung hat einen unmittelbaren Effekt auf Ihr Selbstgefühl, Ihre Haltung und Ihre Ausstrahlung. Mit einer solch schweren Robe können Sie logischerweise nicht wie ein schüchternes Mäuschen ins Zimmer huschen. Sie braucht Platz, verlangsamt Ihre Bewegungen und macht sie majestätisch. Die Krone gibt Ihnen eine gerade, selbstbewusste Körperhaltung. Sie werden sofort bemerken, dass Sie sich präsenter fühlen und sich Köpfe zu Ihnen umdrehen. Man wird Sie anders wahrnehmen und respektvoller behandeln – und das, obwohl Robe und Krone nur in Ihrer Vorstellung existieren.

Falls Sie mit Royalem nicht so gut zurechtkommen, können Sie sich auch vorstellen, dass Sie ein Paar riesige, glitzernde

Engelsflügel auf dem Rücken haben, die Sie aufrichten und – im wahrsten Sinne – erheben.

Den Effekt von Königsrobe und Engelsflügeln können Sie sogar auf Fotos sehen! Bitten Sie einen Freund, Sie zu fotografieren – einmal vor und einmal während Sie sich auf die Visualisierung konzentrieren. Sie werden verblüfft sein.

Nachdem wir bis hierher vor allem gesehen haben, wie wir mit gezieltem Einsatz unseres Körpers unsere Stimmung, unsere Wahrnehmung und sogar unsere Gesundheit beeinflussen können, möchte ich jetzt ein bisschen genauer darauf eingehen, welche Macht Worte und sich daraus formende Gedanken über unser Leben haben *können*, wenn wir sie lassen – und damit auch darauf, ob und wie wir Stress erleben und ob wir entspannt oder gehetzt durch unseren Alltag gehen.

Kapitel 5

Zauberhaft: Wie Sie mit Wortmagie zu Ihrer Mitte finden, Ihr persönliches Anti-Stress-Mantra entdecken — und mit reiner Gedankenkraft Muskeln aufbauen

> Worte und Zauber waren ursprünglich ein und dasselbe.
> Auch heute besitzt das Wort eine starke magische Kraft.
>
> *Sigmund Freud*

Es gibt Worte, die lassen fast niemanden kalt, einfach, weil sie eine mystische Aura umgibt. Dazu gehört die Zauberformel

ABRAKADABRA.

Was geht Ihnen durch den Kopf, wenn Sie diese uralte Beschwörung lesen? Denken Sie an die Zauberer und Hexen aus den alten Märchen, die Ihre Eltern Ihnen als Kind vorgelesen haben? Oder erscheint vor Ihrem inneren Auge ein Magier in weitem Mantel, der geheimnisvolle Rituale mit Weihrauch und Myrrhe vollführt? Möglicherweise denken Sie auch lächelnd an Ihren alten Zauberkasten, mit dessen Hilfe Sie früher die Erwachsenen an der Nase herumgeführt haben. Für mich ist »Abrakadabra« all das und noch viel mehr. »Abrakadabra« fasst mein Leben in elf Buchstaben zusammen – darum habe ich es mir vor einiger Zeit auf den Brustkorb tätowieren lassen.

Die genaue Herkunft des Zauberwortes ist unklar, aber jeder

der möglichen etymologischen Erklärungen wohnt eine eigene Magie inne. Wahrscheinlich stammt es aus dem Aramäischen, das ist die Sprache, die zu Jesu Zeiten in Palästina gesprochen wurde. »Abra« stammte in diesem Fall vom aramäischen *bra*, was »schaffen« bedeutet, *ka* heißt »während« und *dabra* lässt sich mit »ich spreche« übersetzen. Daraus ergeben sich mehrere mögliche Übersetzungen. »Ich werde erschaffen, während ich spreche« ist ebenso denkbar wie »Ich erschaffe, während ich spreche«. Egal, ob diese Übersetzungen letztlich stimmen, ihre Aussage ist wahr, sie ist nicht weniger als die Essenz unserer Wirklichkeit: Das, was wir uns selbst und anderen über die Dinge erzählen, formt unsere persönliche Welt und bestimmt unser Erleben.

Abrakadabra könnte auch mit »Es vergeht wie das Wort« übersetzt werden, was als magische Formel zur Heilung von Krankheiten eine Bedeutung gehabt haben könnte. Genauso denkbar ist es, dass es eigentlich aus dem Hebräischen stammt und ursprünglich *ha-bracha dab'ra* lautete: »Sprich die Segnung«. Mit einem Fluch hätten wir es wiederum zu tun, wenn Abrakadabra auf den arabischen Zauberspruch *abreq ad habra* zurückginge: »Donner, der tötet«. Möglich ist auch, dass Abrakadabra mit den ersten vier Buchstaben unseres lateinischen Alphabets spielt. Ein Verweis auf den Zauber der Worte, mit denen sich alles erschaffen lässt, was man nur will. Ich glaube, dass in all diesen Herleitungen Wahrheit steckt.

Der gemeinsame Nenner dieser Erklärungen ist die unglaubliche Macht der Sprache. Um Ihnen diese vor Augen zu führen, möchte ich mit Ihnen ein kleines Experiment machen, das außerdem eine großartige Entspannungsübung ist. Es funktioniert, wo immer Sie sind. Am Familienfrühstückstisch, unter der Dusche, im Büro, in der Bahn, beim Spazierengehen oder beim Radfahren.

EINMAL GANZ ZU SICH KOMMEN

Ihre Aufgabe ist es,

ein Wort für etwa zwei Minuten –

oder, wenn Sie möchten, auch länger –

in Ihren Gedanken zu halten.

Vielleicht stellen Sie sich vor,

wie das Wort vor Ihrem inneren Auge leuchtet,

in einer Farbe, die Sie mögen.

Vielleicht auch hinter Ihrer Stirn,

in Ihrem Herzen oder Ihrem Solarplexus.

Sie können die Augen schließen,

wenn Sie möchten, oder geöffnet lassen,

das ist ganz egal.

Sind Sie bereit?

Das Wort lautet:

HIER

Und? Wie ist es Ihnen in den zwei Minuten ergangen? Haben Sie gemerkt, wie sich Ihre Wahrnehmung verschoben hat? Ihr Fokus? Vielleicht haben Sie vor dem Experiment noch darüber nachgedacht, was Sie später einkaufen wollen. Darüber gegrübelt, was Sie bloß zum Geburtstag Ihrer Tante besorgen. Oder ob es etwas zu bedeuten hat, dass ein Freund sich auf Ihre letzte E-Mail noch nicht zurückgemeldet hat. Was es auch war, die Wahrscheinlichkeit ist hoch, dass sich in irgendeiner Form ein Gedankenstrom durch Ihren Kopf wälzte.

Doch mit dem Wort »Hier« haben sich Ihre Gedanken verändert.

Das Wort hat Sie mit seinen vier Buchstaben automatisch nach innen geführt, in Ihr Inneres, Ihren Körper, Ihren Geist, Ihre Mitte. Es hat Sie geerdet, denn Ihr persönliches Hier, das ist nicht nur der Ort, an dem Sie sich befinden. Das sind Sie selbst, in genau diesem Augenblick. Sie sind hier, mit Ihrem Körper, Ihren Emotionen. Ihre Gedanken haben sich beruhigt, Ihr Blick für die Details in Ihrer Umgebung hat sich geschärft. Vielleicht sind Sie der Geräusche gewahr geworden, die Sie umgeben. Haben das leise Rauschen der Heizung gehört oder das entfernte Brummen des Straßenverkehrs. Das Rascheln der Blätter vor dem Fenster. Vielleicht haben Sie die Augen geschlossen und Ihren Herzschlag gespürt. Vielleicht haben Sie sich auch aufmerksam umgeschaut, Ihren Partner betrachtet, die Lachfältchen, die Sie so zauberhaft finden. Das angebissene Brötchen vor Ihnen auf dem Teller. Das zarte Grün des Baumes vor dem Fenster. Oder Sie haben dieses Buch angesehen, Ihre Hände, die es umfassen. Möglicherweise sind Sie Ihres Atems gewahr geworden, haben sein Fließen verfolgt. Kurz: Sie sind sich Ihrer selbst und der Umgebung, in der Sie sich befinden, für einen Augenblick bewusster geworden.

Damit hat dieses unscheinbare, kurze Wörtchen *Hier* Sie automatisch nicht nur zu sich selbst geführt, sondern auch in den gegenwärtigen Moment, ins Jetzt. Das Jetzt wird – zu Recht – sehr oft gemeinsam mit dem Hier erwähnt, so, als wären Hier und Jetzt ein und dasselbe. Das sind sie nicht, das Hier bezieht sich natürlich auf den Raum, das Jetzt auf die Zeit. Aber die Begriffe sind Zwillinge, das eine ist ohne das andere nicht denkbar, sie kommen Hand in Hand. Sie können das Experiment noch einmal mit dem Wort *Jetzt* wiederholen und Sie werden sehen, was ich meine.

Wichtig ist: Sie waren in beiden Fällen vollständig in der Gegenwart, jeweils kraft eines einzigen Wortes.

Worte – die Gestalter unserer Wirklichkeit

Ein Wort ist also nicht einfach nur eine Buchstabenfolge. Tatsächlich wohnen allen – nicht nur »Hier« und »Jetzt« oder »Abrakadabra« – besondere Kräfte inne.

Nicht immer nur gute.

So haben zum Beispiel die Nazis die Macht der Worte gezielt genutzt, um ihre unmenschlichen Ideen durchzusetzen. Sie haben unter anderem eigentlich neutrale Begriffe neu besetzt und missbraucht, etwa Termini aus der Elektrotechnik, wie »Gleichschaltung« oder »Anschluss«. Und sie haben hoch assoziative, aber eigentlich völlig unsinnige Begriffe wie »Blutreinheit« verwendet, um den Weg für ihre dunklen Pläne zu ebnen. Ich habe einen Armreif, in dem der Satz »Sprache ist mehr als Blut« eingraviert ist. Der Ausspruch stammt vom jüdischen Religionswissenschaftler Franz Rosenzweig. Berühmt wurde der Satz, weil der jüdischstämmige Romanist Victor Klemperer, der den Nazis nur knapp entkam, ihn in seinem Meisterwerk »Lingua Tertii Imperii« (»Die Sprache des Dritten Reiches«) zu seinem Leitfaden gemacht hat: Es war die Sprache, die den Erfolg der Nazis begründete, nicht ihre eingebildete Überlegenheit als Angehörige einer bestimmten ethnischen Gruppe.

Sie sehen: Es ist wichtig, sich der Macht der Worte bewusst zu sein und sie weise einzusetzen. Worte können verletzen. Wenn ein Kind zu hören bekommt, dass es etwas Bestimmtes nicht kann – ob das nun Mathematik ist, Eislaufen oder Lesen –, kann so ein unbedachter Spruch diesen Menschen wie ein Fluch das ganze Leben über verfolgen. Die richtigen Worte dagegen können uns Flügel verleihen und uns durchs Leben tragen. Wenn unsere Eltern es schaffen, uns mit ihren Worten zu vermitteln »Du bist ein liebenswerter und wertvoller Mensch, du hast es verdient, glücklich zu sein, und du hast das Zeug dazu, alle Schwierigkeiten, die dir begegnen, zu meistern«, haben sie bereits die Weichen für ein gutes, erfüllendes Leben gestellt.

MACHEN SIE MAL EINEN PUNKT

Wenn Ihnen das nächste Mal unerwünschte Gedanken im Kopf herumschwirren, Sätze, die Ihnen nicht gut tun, etwa »Das kann ich nicht!« oder »Das schaffe ich nie!«, können Sie damit schnell Schluss machen: Fixieren Sie mit dem Blick einen unbeweglichen Punkt. Den Fenstergriff. Den Kugelschreiber, der vor Ihnen liegt. Irgendeinen imaginären Punkt auf der Wand. Sie werden merken, wie Ihre Gedanken augenblicklich zur Ruhe kommen. Wenn wir unseren Blick auf etwas heften, halten wir unser Gedankenkarussell an. Diesen Umstand nutzt man auch, um in der Meditation oder auch in der Hypnose schnell in eine Trance zu kommen.

Worte sind Tasten auf der Klaviatur unserer Erinnerungen

Jedes Wort ist erst einmal eine Taste auf der Klaviatur unserer Erinnerungen und bringt eine andere Saite in uns zum Schwingen. Schließlich lernen wir *jedes* einzelne Wort im Laufe unseres Lebens immer im Zusammenhang mit einer Bedeutung. Diese Bedeutung ist samt Assoziationen als Erinnerung – also als Bild, als Emotion, als Vorstellung, körperliche Empfindung, als Impuls oder Idee oder alles zusammen – in unserem Unterbewusstsein gespeichert. Ich stelle mir das Unterbewusstsein wie ein riesiges Archiv vor, in dem ein kleiner Mann, den ich den »Inneren Bibliothekar« nenne, arbeitet. Dieser fleißige Mitarbeiter wuselt herum, verstaut Erinnerungen, kategorisiert, verwaltet und holt etwas hervor, wenn er die Anweisung dazu bekommt. Letzteres tut er zum Beispiel immer, wenn wir ein Wort lesen, hören oder denken. Werfe ich Ihnen nun die Worte *Eiffelturm*, *Giraffe* oder *Apfelkuchen* zu, aktiviert der Innere Bibliothekar in Ihrem Gehirn unmittelbar Erinnerungsspuren. Drei Bilder aus dem Archiv werden eingeblendet. Hintereinander oder auch zusammen – spätestens jetzt, nachdem ich Sie mit meinen Worten auf die Möglichkeit hingewiesen habe, die drei Begriffe in einem Bild zu kombinieren.

Oder nehmen wir das Wort *Weihnachtsbaum*. Das löst für die meisten von uns ein wahres Feuerwerk an Erinnerungen und Assoziationen aus. Bei *Weihnachtsbaum* denken wir nicht einfach nur an eine Tanne mit Kerzen und Christbaumschmuck. Die Vorstellung ist untrennbar mit einer bestimmten Szenerie verknüpft: der Weihnachtszeit mit Geschenken, Familientreffen, Kerzen, Düften, Liedern, besonderem Essen und Gebäck. Das Wort *Weihnachtsbaum* ist darüber hinaus mit bestimmten Stimmungen, etwa Festlichkeit, Geborgenheit und Zusammengehörigkeit, verbunden. Oder auch mit dem Stress, die Tanne

rechtzeitig vor dem Fest zu besorgen, sie in den Christbaum-
ständer zu wuchten und danach ständig die rieselnden Nadeln
wegsaugen zu müssen.

Der Innere Bibliothekar unseres Unterbewusstseins verstaut dabei nicht die unzähligen Weihnachtsbäume, denen wir
im Laufe unseres bisherigen Lebens zu Hause, bei Freunden
und Verwandten, im Einkaufszentrum, auf Marktplätzen,
Christkindlmärkten und so weiter begegnet sind, einzeln.
Stattdessen legt sich jede Weihnachtsbaumerinnerung mit all
ihren Verknüpfungen über die vorherige – der Innere Bibliothekar macht jedes Mal ein winziges Update der Datei »Weihnachtsbaum«. Extra abgelegt werden nur einzelne Weihnachts-
baumerinnerungen, die sozusagen aus dem Standardgrün
herausstechen – etwa, weil die Bäume besonders groß, klein,
krumm oder ausnahmsweise aus Plastik waren. Oder weil die
Familienkatze die Tanne beim Schmücken umgeworfen oder
der Hund daran gepinkelt hat. Oder weil der Baum in Brand
geraten ist und gelöscht werden musste.

Worte triggern jedoch nicht nur bestimmte Erinnerungen
und steuern damit unsere innere Wahrnehmung. Sie lenken
auch unsere aktuelle Wahrnehmung, wie Sie das vorhin mit
dem Wort *Hier* erlebt haben. Das funktioniert natürlich auch
mit anderen Begriffen. Halten wir für eine Weile die alltägliche
Bezeichnung *Lampe* im Kopf, steigt der »Lampen-Content« in
unserer Wahrnehmung sprunghaft an. Unser Blick wandert zu
allen Lampen in unserer Umgebung. Wir sehen den nackten
Anschluss im Wohnzimmer, der seit dem Umzug auf eine passende Lampe wartet. Wir bekommen den Impuls, eine kaputte
Glühbirne durch eine LED auszutauschen. Wir überlegen, wie
eigentlich die Deckenlampen an unserer Arbeitsstelle aussehen, und betrachten die Straßenlaternen draußen einmal genauer. Alles andere nehmen wir für eine Weile zweitrangig
wahr, unsere Wahrnehmung wird selektiv.

Was all diese Fälle gemein haben: Es passiert etwas mit

unseren Gedanken. Sie nehmen durch den Einfluss der Worte eine bestimmte Gestalt an. Gestalt, da war doch was? Genau, James Braids Bezeichnung für Hypnose, *Monoideismus*, die Konzentration auf eine »einzige Gestalt« – hier haben wir sie wieder. Aus hypnotischer Perspektive sind Worte immer auch Suggestionen, die aus den Millionen von Reizen, die jede Sekunde auf unsere Sinnesorgane treffen, eine bewusste Wahrnehmung hervortreten lassen.

Mit dieser magischen Kraft spielt die Übung des täglichen Mantras. Ein Mantra ist ein Wort – oder auch eine Silbe –, auf das man seine Aufmerksamkeit richtet. Das bekannteste Mantra ist wohl das »Om«, das im Sanskrit für die göttliche Kraft, die alles durchdringt, steht. Ein Mantra dient in der Meditation dazu, die Gedanken zu beruhigen und die Aufmerksamkeit zu bündeln, um in einen Trancezustand zu gelangen. Im weiteren Sinn kann ein Mantra auch eine Erinnerungsstütze im Alltag sein. Ein Wort oder auch ein Spruch oder Satz, die zurück auf einen gewählten Kurs bringen, Ruhe vermitteln und helfen, die Klippen des Alltags souverän zu umschiffen. Ein Wort, das der Brille, durch die wir die Erlebnisse des Tages betrachten, einen Schliff verleiht, und unseren Blick auf die Wunder des Lebens lenkt.

Als besonders hilfreich erweisen sich Mantras, die aus der unendlichen Weisheit, die uns allen innewohnt, emporsteigen. Um solch ein Mantra für genau diesen Tag zu erhalten, gibt es eine wunderschöne kurze Entspannungs-Selbsthypnose. Der innere Talisman, den Sie daraus mit in den Tag nehmen, weist den bestmöglichen Weg durch die kommenden 24 Stunden.

Lesen Sie zunächst das folgende Skript ein bis zwei Mal aufmerksam, damit Sie wissen, was Sie zu tun haben. Es kommt wieder nicht auf die genauen Worte an, wichtig ist die Vorstellung. Sie können sich als Erinnerungsstütze für jeden Schritt in großer Schrift ein Stichwort notieren (Atmung – Füße – Hände – Laute etc.) und bei den ersten Durchgängen diesen

Spickzettel an die Wand gegenüber heften. Falls Sie auch das zu schwierig finden, können Sie sich das Skript von einem Freund oder Ihrem Partner vorlesen lassen oder den Text selbst sprechen und aufnehmen. Wichtig ist es in diesem Fall, innerlich mitzugehen. Nur so machen Sie beim Sprechen genügend Pausen. Bei jedem Körperteil verharren Sie mindestens 30 Sekunden, bevor es weitergeht.

DAS MANTRA FÜR DEN TAG

Setz dich bequem und gerade hin.
Deine Füße stehen hüftbreit auseinander fest auf dem Boden.
Deine Hände liegen auf den Oberschenkeln.
Fixiere nun einen Punkt auf der gegenüberliegenden Wand.

Spüre in dich hinein: Wie fühlt sich deine Atmung an?
Wie fühlt sich das Einatmen an?
Wie das Ausatmen?
Spürst du einen Temperaturunterschied?
Konzentriere dich einige Atemzüge nur auf deine Atmung.
Fixiere weiter den Punkt an der Wand.

Richte nun deine Aufmerksamkeit auf deine Füße.
Wie fühlen sie sich an?
Deine Fußsohlen?
Die einzelnen Zehen?
Der Fußrücken?
Der Knöchel?

Richte nun deinen Fokus auf deine Hände.
Wie fühlen sie sich an?
Welche Temperatur haben sie?
Wie fühlt sich die Luft um sie herum an?

Richte nun die Aufmerksamkeit auf die Geräusche in der Umgebung.
Was hörst du?
Machst du selbst Geräusche?
Was dringt von weiter weg an dein Ohr?
Den Punkt an der Wand hast du dabei fest im Blick.

Richte nun deine Aufmerksamkeit auf deine Augen.
Schließe sie.
Spüre das Gefühl der Entspannung, das sich in deinen Augen und um sie herum ausbreitet.
Spüre, wie sich die Entspannung weiter im Kopf fortsetzt, bis dein ganzer Kopf völlig entspannt ist.
Von hier aus breitet sich die Entspannung weiter aus.
Sie strömt durch deinen Hals in den Oberkörper.
Von dort in die Arme.
In die Hände.
In den Bauch.
In die Beine.
Und schließlich in die Füße.
Wenn du die Entspannung in jeder Zelle spürst, frage die unendliche Weisheit, die alles durchdringt:

Wie soll ich dem heutigen Tag begegnen?
Wie soll ich den heutigen Tag empfangen?
In welcher Schwingung?
In welcher Vibration?

Horche auf die Antwort, die nun kommt.
Das kann ein Wort sein.
Ein Satz.
Ein Bild.
Ein Gefühl.
Dies ist dein Mantra für den Tag.

Merke dir dein Mantra.

Öffne die Augen.

Spüre noch einmal der Entspannung hinterher, aus der dein Mantra aufgestiegen ist, und nimm es mit in deinen Tag.

Besuchen Sie http://www.jan-becker.com/schaffen, um dieses Mantra von Jan Becker vorgelesen zu bekommen.

So ein Mantra kann ein Wort sein wie »Liebe«, »Mut«, »Konzentration« oder »Gelassenheit«. Es kann auch ein Symbol sein wie »Baum«, »Vogel« oder »Wolke« – mit allen Assoziationen, die Sie dazu haben. Ein Baum ist zum Beispiel fest verwurzelt, steht unerschütterlich in der Erde und lässt sich von Wind und Wetter nicht aus der Ruhe bringen. Ein Vogel ist flink, wendig und kann davonschweben, wann immer er möchte. Eine Wolke zieht gelassen dahin und kennt keine Hindernisse. Vielleicht erscheint vor Ihrem inneren Auge aber auch ein ganzer Satz. Vielleicht ein Spruch wie »Immer mit der Ruhe« oder »Dem Mutigen gehört die Welt« oder auch ein Satzfragment wie »Ich kann«. Ein begleitendes Gefühl könnte Dankbarkeit sein oder Liebe, vielleicht auch Glück, Ruhe oder Energie.

Am besten schreiben Sie sich Ihr Mantra auf einen Zettel. Handelt es sich um ein Bild oder ein Gefühl, beschreiben Sie es mit einem Stichwort, das Ihrer Erinnerung auf die Sprünge hilft. Stecken Sie den Zettel dann in Ihre Tasche und holen Sie ihn immer dann hervor, wenn Sie sich heute Unterstützung wünschen, nicht mehr weiterwissen, einen Moment der Ruhe brauchen oder wissen wollen, wie Sie am besten weiter verfahren. Sagen Sie sich dann das Mantra innerlich oder auch laut sieben Mal hintereinander auf. Wenn es sich um ein Gefühl oder ein Bild handelt, spüren Sie in dieses Bild hinein.

Falls eine besondere Aufgabe oder Herausforderung an diesem Tag auf Sie wartet – von einer Operation über einen Zahnarztbesuch, einen Geschäftstermin bis zu einer Prüfung –, können Sie diese in Ihre kleine Meditation integrieren. Handelt es sich zum Beispiel um eine Prüfung, fragen Sie: Wie soll ich der Prüfung begegnen? Wie soll ich sie empfangen? In welcher Schwingung? In welcher Vibration?

Ihr tägliches Mantra hilft Ihnen, jede Situation selbstbewusst zu meistern und sich nicht von den Umständen bestimmen zu lassen.

Sprache erzeugt Bilder – und die wirken auf den Körper

Worte und damit verbundene Vorstellungen können aber noch viel mehr: Sie sind sogar in der Lage, physiologische Prozesse auszulösen. In meinen Seminaren zeige ich meinen Teilnehmern zum Beispiel, wie man sich mittels einer über gezielte Worte erzeugten Visualisierung warme Füße oder Hände »herbeidenken« kann.[12] Gerade die weiblichen Teilnehmer, die tendenziell häufiger unter kalten Gliedmaßen leiden als die Männer, sind von dieser Übung immer sehr angetan. Den wärmenden oder kühlenden Effekt mancher Wörter können Sie ganz schnell testen. Schauen Sie doch einfach einmal, was mit Ihnen geschieht, wenn Sie – so, wie Sie eben »Hier« gedacht haben – intensiv einige Minuten an Wörter wie »Sonnenbad«, »Badewanne«, »Sauna« oder »Kaminfeuer« denken. Testen

---

[12] Die Anleitung dazu und das entsprechende Skript finden Sie in meinem Buch »Du kannst schaffen, was du willst«.

Sie anschließend, wie Sie sich fühlen, wenn Sie sich konzentriert die Worte »Eis«, »Schnee« oder »Frost« durch den Kopf gehen lassen. Merken Sie den Unterschied? Sinniere ich eine Weile über »kalten« Wörtern, spüre ich bald einen kühlen Hauch auf der Haut – eine große Erleichterung, wenn sich, wie jedes Jahr, die Großstadthitze im Sommer über Berlin legt. Bei mit Wärme assoziierten Wörtern habe ich hingegen nach einer Weile meist den Impuls, mir den Pulli ausziehen zu wollen.

Der Zusammenhang zwischen Gedanken und dem Temperaturempfinden wurde wissenschaftlich untersucht: Die Forscher Tim Wildschut von der englischen Universität Southampton und Xinyue Zhou von der Universität Sun Yat-sen in Guangzhou in China haben Studentinnen in einen mit 16 Grad relativ kühlen Raum gesetzt und sie daraufhin gebeten, sich gezielt »herzerwärmende« Gedanken in Form nostalgischer Erinnerungen zu machen. Was die Teilnehmerinnen genau dachten, war ihnen überlassen. Neben den Nostalgikerinnen gab es eine Kontrollgruppe, die neutralen Gedanken nachhängen sollte. Nach einer Weile wurden alle jungen Frauen gebeten, die Temperatur des Raumes, in dem sie saßen, einzuschätzen. Und siehe da: Die Frauen, die sich an »warmen« Erinnerungen erfreut hatten, schätzten die Umgebungstemperatur deutlich höher ein als die Studentinnen der Kontrollgruppe. In einem anderen Versuch hielten Nostalgikerinnen länger durch, wenn es darum ging, die Hände in sehr kaltes Wasser zu tauchen. Ob die Körpertemperatur der Probandinnen tatsächlich gestiegen war oder ob sie die Temperatur »nur« subjektiv höher empfanden, wurde leider nicht untersucht.

Dass gezielte Gedanken tatsächlich die Körpertemperatur beeinflussen können, wies die Soziologin Maria Kozhevnikov mit ihrem Team von der Universität Singapur nach. Sie untersuchten tibetische Nonnen bei einer speziellen Form der Meditation, der g-Tummo-Meditation. Dabei sind die Nonnen in der Lage, nasse Kleidung trotz einer Umgebungstemperatur von minus 25 Grad Celsius an ihrem Körper zu trocknen. Die Meditation fußt auf einer speziellen Atemtechnik, der Vasenatmung, die von bestimmten Vorstellungen begleitet ist: Man stellt sich etwa den unteren Bauchraum als Gefäß vor, an dessen Grund sich in Nähe der Wirbelsäule eine Flamme befindet. Mit der Atmung erhält die Flamme Nahrung. Diese Flamme wächst und erzeugt warme Luft, die sich vom unteren Bauchraum nach und nach im Körper ausbreitet. Ein kurzes Anhalten der Atmung wird gedanklich von der Silbe »Ah« begleitet, die als rot visualisiert wird, bei der Ausatmung stellt man sich blauen Rauch vor. Solche inneren Bilder – die zunächst durch Worte vermittelt werden – sind ein zentraler Teil des Meditationsrituals. Mit dieser Meditation waren die Frauen in der Lage, ihre Körperkerntemperatur von normalen Werten auf bis zu 38,3 Grad Celsius zu steigern – eine Temperatur wie Fieber. Nach ihren Beobachtungen in Tibet brachte Maria Kozhevnikov die Vasenatmung – minus der Visualisierungen – einer Reihe von westlichen Testpersonen bei. Auch diese Kontrollgruppe war in der Lage, die Körpertemperatur zu kontrollieren, allerdings in geringerem Umfang. Forscherin Kozhevnikov folgerte, dass die Atemtechnik nur für einen Teil des Temperaturanstiegs, den sie bei den Nonnen gemessen hatte, verantwortlich war – den Rest erledigten die bildlichen Vorstellungen. Auch sie bestätigt damit: Es gibt also tatsächlich »warme Gedanken«!

Ein anderes Beispiel dafür, wie unsere Vorstellungskraft auf unseren Körper wirkt, ist der sogenannte Carpenter-Effekt, der oft auch ideomotorischer Effekt genannt wird. Der englische Naturforscher und Arzt William Benjamin Carpenter hatte Mitte des 19. Jahrhunderts entdeckt, dass die Vorstellung einer Bewegung tatsächlich die daran beteiligten Muskeln aktiviert, auch wenn die Bewegung nicht ausgeführt wird. Mittlerweile ist der Carpenter-Effekt eine der Säulen der Sportmedizin und der Rehabilitation. Menschen, die durch einen Gips lahmgelegt sind, können mit seiner Hilfe dem Schrumpfen der Muskeln vorbeugen, die Durchblutung steigern und so die Heilung beschleunigen. Sportler, die wegen einer Verletzung zum Pausieren gezwungen sind, können tatsächlich weitertrainieren. Es ist sogar möglich, an der Technik zu feilen, indem die Verletzten Videos hervorragender Sportler schauen und die Bewegungen mental nachvollziehen. Und wer nicht verletzt ist, kann durch zusätzliche Fokussierung auf die Bewegung während des Übens den Trainingseffekt noch einmal deutlich steigern.

Wenn Sie nun glauben, dass die Wirkung auf den Muskel bei mentalem Training ja nur minimal sein kann, irren Sie. Eine Studie der Universität Iowa verglich drei Gruppen, von denen die eine Krafttraining an Geräten absolvierte, eine zweite lediglich gedankliches Krafttraining durchführte und eine dritte nichts von beidem tat. Nach vier Wochen war die Kraft in der ersten Gruppe, die tatsächlich an Geräten Gewichte stemmte, im Schnitt um 30 Prozent angestiegen. In der nicht trainierenden Gruppe war erwartungsgemäß kein Kraftzuwachs zu verzeichnen. Die Überraschung war die mental trainierende Gruppe: Hier war die Kraft um sensationelle 22 Prozent gestiegen. Auch wenn die tatsächlichen und die mentalen Gewichtestemmer in der Untersuchung Anfänger waren und darum ein größerer Muskelzuwachs möglich war als bei Profis, die seit Jahren an ihre Grenzen gehen, sind diese Ergebnisse beeindruckend.

Der Carpenter-Effekt kann nicht nur durch Anschauen einer Bewegung ausgelöst werden, es reichen bloße Worte. Wenn ich Sie jetzt bitte, sich vorzustellen, wie Sie das rechte Bein und den linken Arm heben, könnte man in den Muskeln der entsprechenden Extremitäten elektrische Impulse messen. Als Folge des Carpenter-Effekts bewegt sich zum Beispiel der Schlüssel auf der Hand im Experiment, das ich mit Hinnerk

Baumgarten getestet habe. Ein weiteres Beispiel ist das folgende kleine Ritual, das ich immer dann mache, wenn ich mich nicht entscheiden kann. Denn ich weiß, mein Unterbewusstsein kennt mich besser als ich mich selbst und wird mir die Antwort präsentieren.

DAS PENDEL-ORAKEL

Dieses Orakel lässt Sie nicht nur das ideomotorische Prinzip live erleben, sondern es enthüllt auch, was Sie wirklich wollen. Sie benötigen dazu einen Bindfaden, eine Büroklammer, einen Stift und einen Zettel. Binden Sie zunächst die Büroklammer an den Faden, sodass der Faden noch etwa 20 Zentimeter lang ist. Falten Sie den noch leeren Zettel zwei Mal zusammen und stecken Sie ihn an die Büroklammer. Das ist Ihr Pendel.[13]

Setzen Sie sich an einen Tisch. Halten Sie den Faden am oberen Ende zwischen Daumen und Zeigefinger. Stützen Sie den Ellenbogen auf, sodass Sie im Handgelenk locker sind. Nicken Sie nun ein paarmal mit dem Kopf. Stellen Sie sich nur vor, wie das Pendel vor und zurück schwingt. Es wird sehr bald damit anfangen. Das ist Ihr »Ja«.

Nun denken Sie »Nein« und bewegen Sie den Kopf wie beim Kopfschütteln von rechts nach links. Stellen Sie sich dabei vor, wie das Pendel von links nach rechts schwingt. Auch diese Bewegung wird das Pendel bald umsetzen.

Denken Sie nun an eine Kreisbewegung und stellen Sie sich vor, wie das Pendel im Kreis schwingt. Diese Bewegung wird ebenfalls bald verwirklicht. Das ist Ihr »Vielleicht«.

---

[13] Da dieses selbst gebaute Pendel sehr leicht ist, wird es unter Umständen nicht sehr ausladende Schwünge machen. Falls Sie sich etwas mehr Schwere wünschen, können Sie, zusätzlich zur Büroklammer, noch einen Metallring oder eine Schraubenmutter daran befestigen, das verleiht ihm mehr Stabilität.

Nehmen Sie nun den Zettel wieder von der Büroklammer und falten Sie ihn auseinander. So weit zu den Vorbereitungen.

Jetzt geht es los: Schreiben Sie Ihre Frage auf den Zettel. Falten Sie den Zettel wieder zusammen und stecken Sie ihn an die Büroklammer. Stützen Sie den Ellenbogen auf den Tisch und halten Sie das Pendel wieder locker zwischen Daumen und Zeigefinger. Denken oder sprechen Sie die folgende Formel:

Ich empfange die Liebe des Universums,
lasse sie durch meinen Körper fließen
und stelle die folgende Frage:
(Ihre Frage)

Beobachten Sie nun das Pendel genau. Es wird Ihnen die Antwort direkt aus Ihrem Unterbewusstsein liefern.

Und bitte seien Sie sich bewusst: Es geht hier um persönliche Entscheidungsfindung – nicht um Zukunftsvorhersage. Anders gesagt: Erwarten Sie nicht, dass Sie Ihrem Unterbewusstsein die Lottozahlen der nächsten Woche entlocken können, auch wenn Sie sorgfältig mit »Ja« und »Nein« alle abfragen. Und falls Sie es doch versuchen: Sagen Sie bitte nicht, ich hätte Sie nicht gewarnt.

Kapitel 6

Wirkstoff Wort: Wie Sie mit den richtigen Worten Glück, Gesundheit und Gelassenheit einladen — und wie diese falschen Stress erzeugen und sogar töten können

Ein ausgeprochnes Wort fordert sich selbst wieder.
Johann Wolfgang von Goethe

Worte haben also bereits eine Auswirkung auf uns, wenn wir sie nur kurz hören oder lesen. Oder wenn wir sie uns vorstellen. Je intensiver, konzentrierter und engagierter wir uns dabei mit bestimmten Worten beschäftigen, umso stärker ist auch ihre Wirkung.

Lesen Sie ein Buch, entstehen mit den Sätzen nicht nur Bilder, sondern auch Gefühle in Ihnen. Vergraben Sie sich zum Beispiel in einen spannenden Krimi, vermögen Worte Ihnen heftiges Herzklopfen zu bescheren. Schmökern Sie in einer romantischen Familiensaga, können in Ihnen Tränen der Rührung aufsteigen. Vertiefen Sie sich dagegen in ein Buch über die Mechanismen der globalen Finanzmärkte, entzünden die Worte vielleicht Ihre Wut. Ein Nebeneffekt Ihrer Emotionen ist, dass Sie sich das Gelesene besser merken können, denn Gefühle versehen Erinnerungen mit dem Marker »wichtig«. Und was einmal Eingang in Ihre Gehirnwindungen geschafft hat, formt wiederum Ihre zukünftige Wahrnehmung und damit Ihre tägliche Wirklichkeit. Geht es im Krimi um die italienische Mafia, werden Sie – zumindest für eine Weile –

sensibler auf Nachrichten reagieren, die mit diesem Thema zu tun haben. Die Familiensaga verändert vielleicht den Blick auf Ihre eigene Familie. Und das Buch über die Finanzmärkte stürzt Sie möglicherweise in eine hitzige Diskussion mit einem Kollegen, die Sie ohne Ihre Lektüre nie angestoßen hätten.

Wie sich Worte unser Vertrauen erschleichen

Auch in anderen Zusammenhängen locken Worte Gefühle hervor und beeinflussen unser Leben, manchmal ganz subtil. Gelingt es dem Produkt in einer Werbekampagne, Ihre Aufmerksamkeit zu erlangen – ein kurzer Blick auf ein Plakat, während Sie an der Ampel auf Grün warten, genügt dafür manchmal schon –, sind Sie später eher geneigt, diese Ware im Supermarkt in Ihren Einkaufswagen zu legen als ein Konkurrenzprodukt, von dem Sie noch nie gehört haben. Die Wahrscheinlichkeit für einen Kauf steigt noch einmal, wenn das entsprechende Produkt erfolgreich mit für Sie positiv aufgeladenen Worten wie zum Beispiel »Liebe«, »Glück« oder »Spaß« verknüpft wurde.[14]

Außerdem gilt: Begegnet uns ein Wort öfter, sind wir ihm mit der Zeit immer positiver gegenüber eingestellt. Dabei ist der sogenannte Mere-Exposure-Effekt am Werk, den der Sozialpsychologe Robert Zajonic im Jahr 1968 entdeckte. Übersetzt bedeutet »mere exposure« so viel wie »bloßer Kontakt«. Der Effekt besagt, dass wir etwas umso lieber mögen, je häufi-

---

[14] In meinem Buch »Du wirst tun, was ich will« erfahren Sie mehr über die manipulativen Mechanismen der Werbung – und wie Sie sich ihnen entziehen können. Ich erzähle dort zum Beispiel von einem Experiment, in dem ich über Nacht einen Supermarkt präpariert habe, um eine Reihe Testpersonen am nächsten Tag zum Kauf bestimmter Waren zu animieren.

ger wir in Berührung damit kommen – vorausgesetzt, wir standen der Sache nicht von vornherein negativ gegenüber. Etwas, das uns häufig begegnet und uns nicht geschadet hat, wird im Unterbewusstsein in die Kategorie »vertrauenswürdig« einsortiert – wir werden unkritischer.

Die Wiederholung ist aber nur ein Aspekt, der unsere Wahrnehmung beeinflusst. Besonders großen Einfluss bekommen Worte dann, wenn Menschen, die wir persönlich als Autoritäten betrachten, sie äußern. Das können Verwandte oder Freunde sein, denen wir volles Vertrauen entgegenbringen. Klimawissenschaftlern, die in einer seriösen Zeitung als Experten zitiert werden, nehmen wir eher ab, welche gravierende Folgen der Klimawandel hat, als den Worten von Laien zu vertrauen, die behaupten, dass es den Klimawandel gar nicht gibt – selbst wenn die zufällig gerade Präsident eines der mächtigsten Länder der Welt sind. Und wenn Ärzte, die wir für kompetent erachten, eine Prognose über unsere Heilungschancen stellen, kann das unsere Genesung beschleunigen – sofern sie positiv ausfällt. Ist sie zu pessimistisch, können die Worte des Arztes eine Gesundung sogar verhindern. Nach dem gleichen Prinzip wächst die Chance, dass uns eine Arznei hilft, wenn ein Apotheker sie lobt – Coué lässt grüßen.

Placebo und Nocebo

Dass auch gedruckte Worte Autorität haben können, wenn man der Ansicht ist, sie stammten aus kompetenter Quelle, beweist der Fall des 26-jährigen Amerikaners Derek Adams, von dem 2007 im medizinischen Fachmagazin »General Hospital Psychiatry« berichtet wurde. Der junge Mann war depressiv. Nachdem seine Freundin ihn verlassen hatte, schluckte er vor Kummer die restlichen 29 Pillen aus der Packung seines Antidepressivums. Er hatte den Beipackzettel studiert und wusste: Antidepressiva können in Überdosis zum Herz-Kreislauf-Zusammenbruch und Atemstillstand führen. Zwar brachte ihn ein Nachbar noch ins Krankenhaus, aber dort kollabierte Adams und war auch durch Infusionen nicht zu stabilisieren. Die Ärzte stellten fieberhafte Nachforschungen an, um herauszufinden, welche Substanz ihr Notfallpatient genau intus hatte. Dabei fanden sie heraus, dass er sein Antidepressivum im Rahmen einer Studie bekommen und dass es bei Adams hervorragend gewirkt hatte. Wie bei solchen Studien üblich, gab es auch bei dieser neben den Probanden, die die tatsächliche Arznei bekamen, eine Kontrollgruppe, die nur ein Scheinmedikament ohne Wirkstoff – ein Placebo – erhielt. Schnell stellte sich heraus: Adams gehörte zur Placebo-Gruppe! Als er erfuhr, dass er die ganze Zeit »nur« Zuckerpillen geschluckt hatte, erholte er sich schlagartig, und das, obwohl sein Zustand noch wenige Augenblicke zuvor höchst kritisch gewesen war. Die warnenden Worte auf dem Beipackzettel des Medikaments und sein fester Glauben daran hätten ihn tatsächlich fast umgebracht.

Weniger Glück als Adams hatte eine Patientin, von der der Kardiologe und Erfinder der Defibrillation, Bernard Lown, berichtet: Als junger Arzt wurde er Zeuge, wie ein Chefarzt den Assistenzärzten in Fachchinesisch den Fall ebenjener Patientin am Bett derselben erläuterte. Die Frau litt an einer eher undramatischen Herzklappenverengung, einer Trikuspidalklappen-Stenose. Statt sich aber verständlich auszudrücken, kürzte der Chefarzt diesen Begriff bei der Visite ab und sprach von einem »typischen Fall von TS«. Danach verließ er den Raum. Die Patientin war am Boden zerstört und erklärte Lown, TS stehe ja wohl für »terminale Situation«, was bedeute, dass sie sterben müsse. Lown beeilte sich, den Irrtum aufzuklären, doch die verunsicherte Frau glaubte dem jungen Assistenzarzt nicht. Ihr Zustand verschlechterte sich rapide. Wasser sammelte sich in ihrer Lunge, sie konnte nicht mehr richtig atmen. Lown alarmierte den Chefarzt, damit er der Patientin unbedingt auseinandersetzen möge, wie der Begriff gemeint war, aber als der abends vorbeikam, war es zu spät: Die Patientin war tot. Gestorben am selbst herbeigedachten Lungenödem.

Dieser Effekt ist die Umkehrung des bekannten Placeboeffekts, der sogenannte Noceboeffekt. Während sich Placebo vom lateinischen *placere*, »gefallen«, ableitet, kommt Nocebo vom lateinischen *nocere*, das heißt »schaden«. Ein Noceboeffekt liegt auch immer dann vor, wenn Voodoo-Zauber, schwarze Magie oder andere Verwünschungen wie der sogenannte »böse Blick« funktionieren. Das können diese allerdings nur, wenn der Verwünschte daran glaubt – genauso wie Adams an die Schädlichkeit seiner Überdosis geglaubt hatte oder Lowns Patientin an ihre Interpretation des Chefarzt-Kauderwelschs. Wer sich diesen Zusammenhang vor Augen führt, entzieht böswilligem Hokuspokus sofort jegliche Macht. Dieser Mechanismus verdeutlicht, dass wir Suggestionen nicht hilflos ausgeliefert sind, wenn wir sie aus dem Unbewussten herausheben – ein wichtiger Aspekt, auf den ich später noch genauer zu sprechen komme.

DER ENGELSKREIS

Auch die folgende Visualisierung macht Sie immun gegen negative Einflüsse. Achten Sie vor der Übung darauf, dass Sie an einer Stelle stehen, an der Sie etwas Platz um sich herum haben, mindestens den Radius eines Schrittes.

Stell dich bequem hin.
Beide Beine fest auf die Erde.
Atme ruhig in den Bauch ein.
Und wieder aus.
Ein.

Und aus.
Schließ deine Augen.

Nun stellst du dir vor,
wie direkt vor dir ein Licht flimmert.
Es wird heller und heller.
Und größer und größer.
Tausende Lichtpunkte,
die sich nun zu einer Gestalt formieren:
Sie werden zu einem Engel.
Du spürst ganz deutlich seine Gegenwart,
den Schutz, den er dir gibt.
Die Wärme und Sicherheit,
die er ausstrahlt.

Nun beginnt es auch hinter dir zu flimmern.
Ein Licht wird heller und heller.
Größer und größer.
Auch hinter dir formiert sich nun
nach und nach ein Engel.
Du fühlst die Wärme und Sicherheit,
die von seinem Wesen ausgeht,
in deinem Rücken.

Jetzt beginnt das Flimmern auch links von dir.
Das Licht wird heller und heller.
Größer und größer.
Bis ein dritter Engel direkt neben dir steht.
Schützend und gütig.

Nun fängt es rechts von dir zu flimmern an.
Auch hier wird das Licht heller und heller.
Größer und größer.
Ein vierter Engel hat sich zu dir gesellt.

Diese vier Engel nehmen sich nun an den Händen.
Sie bilden einen schützenden Kreis um dich herum:
Sie sind deine Schutzengel.

Nun bewegst du dich vorsichtig im Raum.
Mache einen Schritt nach rechts.
Die Engel folgen dir.
Mache einen Schritt nach links.
Mache einen Schritt nach vorn
und einen nach hinten.
Die Engel folgen dir auch dorthin.

Öffne nun deine Augen.
Bewege dich weiter durch den Raum,
wissend, dass du beschützt und geborgen bist.
Die Schutzengel werden ab sofort immer dorthin gehen,
wo du bist.
Du bist beschützt, was immer du tust.

Wenn ich diese Übung in meinen Seminaren mit den Teilnehmern mache, ist es unglaublich anzuschauen, wie anders sich
die Leute plötzlich durch den Raum bewegen. Ihre Körperhaltung wird selbstbewusster, das Gesicht entspannt sich – wirklich zauberhaft.

Die Koryphäe Ihres Lebens — und warum unsere Welt das ist, was wir glauben

Eine Person hat in allen Belangen unseres Lebens eine ganz
besondere Autorität. Das, was dieser wichtige Mensch sagt
oder denkt, ist Gesetz. Um wen es sich da handelt?

Um uns selbst!

Leider sind wir oft viel kritischer bei dem, was von außen an uns herangetragen wird als bei den Suggestionen, die wir selbst nonstop in unseren Gedanken erzeugen und wiederholen. Dabei akzeptiert unser Unterbewusstsein die Inhalte dieser Gedanken in der Regel sofort, weil sie die Klassifizierung »aus vertrauenswürdiger Quelle« erhalten. Falls wir uns also immer wieder sagen »Ich bin eben ein Pechvogel! Typisch, dass mir das wieder passiert …«, müssen wir uns nicht wundern, wenn uns unser Unterbewusstsein aus dem Fundus unserer Erinnerungen ebenso wie aus dem, was uns aktuell im Alltag begegnet, Bestätigungen für diese »Wahrheit« liefert. Wie durch ein Vergrößerungsglas nehmen wir wahr, dass die Spaghetti zu weich gekocht sind, wir nicht direkt einen Parkplatz finden oder uns den kleinen Zeh am Schreibtisch stoßen. Dabei entgehen uns die potenziell glücklichen Momente. Etwa, dass die Sonne warm durchs Fenster scheint, unser Partner uns zärtlich über den Rücken streicht oder dass wir nach drei Minuten eben doch einen Parkplatz gefunden haben. Empfänden wir uns dagegen grundsätzlich als Glückspilz, wäre es genau umgekehrt. Dann würden uns die positiven Aspekte verstärkt auffallen, während alles Negative an uns abperlte.

Äußerlich identische Umstände können auf diese Weise zu einer von Grund auf unterschiedlichen Wirklichkeitserfahrung führen, je nachdem, was wir uns selbst in unseren Gedanken über uns und die Welt erzählen. Für uns Menschen gibt es naturgemäß keine objektiv gegebene Welt. Oder besser gesagt: An das, was da draußen tatsächlich vorhanden ist, kommen wir nicht heran. Wir sind nämlich darauf angewiesen, das, was uns begegnet, durch den Filter unserer Sinnesorgane zu schleusen und daraus mithilfe unseres Gehirns eine *Wahr*nehmung zu *machen*. Also etwas, das wir und niemand anders für *wahr* halten. Es klingt vielleicht erst mal verrückt, aber wir können tatsächlich nicht sicher sein, dass jemand, der direkt neben uns steht, das Gleiche sieht, riecht und hört wie wir. Auch wenn diese Person keinerlei bekannte Probleme mit Augen, Ohren und Riechorgan hat – und wir ebenfalls nicht. Unsere Einstellungen, unsere Emotionen, unsere Vorurteile, unsere Erfahrungen und Erinnerungen formen das, was wir in jeder Sekunde für »die Wirklichkeit« halten, zu einem völlig individuellen Konstrukt. Und dieses Konstrukt sieht für jemanden, der daran glaubt – es eben für »wahr nimmt« –, dass er ein Pechvogel ist, komplett anders aus als für einen selbst erklärten Glückspilz.

Nun kann jemand, der sich als Pechvogel empfindet, nicht einfach von einer Sekunde auf die andere seinem Unterbewusstsein gegenüber behaupten »Ich bin ein Glückspilz«. Das Unterbewusstsein, das bisher ständig damit beschäftigt war, ein umfangreiches Archiv mit der Aufschrift »Pleiten, Pech und Pannen« aufzubauen, würde da vermutlich in sarkastisches Gelächter ausbrechen und das Ganze für einen üblen Scherz halten.

Eine Erfolg versprechendere Strategie wäre hier einmal wieder Coués Ansatz der allmählichen Verbesserung. Sie wird vom Unterbewusstsein meist sehr viel besser akzeptiert als plötzliche Veränderung. Coués Formel »Mit jedem Tag geht es mir in jeder Hinsicht immer besser und besser!« kann hier viel Gutes tun, wenn Sie sie täglich verwenden – etwa nach dem Lachwunder, der Jubelpose oder der Elman-Induktion. Als Abwandlung könnten Sie die Formulierung »Von Tag zu Tag strömt mehr Glück in mein Leben!« ausprobieren.

Mit Sprachmagie den Fokus verschieben – hin zu mehr Glück und Entspannung

Eine andere echte Zauberformel, die Ihre Wahrnehmung zum Positiven hin verschiebt und die Sie sofort ausprobieren können, ohne dafür ein Ritual oder eine Induktion machen zu müssen, sind die Worte

Ich bin dankbar für …

Behalten Sie diesen Halbsatz einfach für eine Weile in Ihren Gedanken. Sie können die vier Worte auch auf einen Post-it-Zettel schreiben und an Ihren Computer oder den Badezimmerspiegel heften. Die drei Pünktchen haben Sogwirkung, Ihr Unterbewusstsein wird sich sofort berufen fühlen, Inhalte zu liefern. Natürlich dürfen Sie diesen Trick auch ausprobieren, wenn Sie sich nicht grundsätzlich für den größten Unglücksraben unter der Sonne halten. Sie werden erleben, wie sich sofort Ihr Fokus verändert. Weg von allem, was schiefgeht, hin zu dem, was gut läuft und schön ist in Ihrem Dasein.

DREIFACHER SCHREIBZAUBER FÜR GLÜCK UND ENTSPANNUNG

Ein kleiner Hinweis vorab: Ich möchte Sie bitten, die folgenden Schreibrituale nicht am Computer, auf dem Smartphone oder Tablet zu machen. Bitte besorgen Sie sich dafür wirklich ein altmodisches Notizbuch und ein Schreibgerät, das gut in der Hand liegt und mit dem Sie gerne schreiben. Die Zentren der Handmotorik und der Sprache liegen im Gehirn direkt nebeneinander und beeinflussen sich gegenseitig. Im Laufe der Evolution hat sich die Sprache des Menschen parallel mit dem aufrechten Gang und dem damit verbundenen Freiwerden der Hände entwickelt. Untersuchungen haben bewiesen, dass wir Inhalte beim Schreiben mit der Hand besser im Gedächtnis – und damit auch im Unterbewusstsein – festschreiben, als dies mit dem Computer geschieht.

Der Satz »Ich bin dankbar für ...« ist nicht nur ein Transformator im Kleinen, sondern ein wahres Wundermittel. Es lohnt sich, ihn dauerhaft ins Leben zu integrieren:

Der Dankbarkeitszauber

Der Psychologe Robert Emmons ließ Menschen über alles, worüber sie im Leben dankbar waren, Tagebuch führen. Das Leben aller, die auf diese Weise ihre Dankbarkeit zum Ausdruck brachten, verbesserte sich innerhalb weniger Wochen enorm – in vielfacher Hinsicht. Sie waren zufriedener, blickten zuversichtlicher in die Zukunft, waren seltener erkältet, hatten weniger Kopfschmerzen und trieben, ohne dass ihnen das jemand nahegelegt hatte, mehr Sport als die Kontrollgruppen – sie waren einfach motivierter. Emmons fand auch heraus, dass es am effektivsten ist, die Dankbarkeitsnotizen nur einmal wöchentlich an einem festen Termin – zum Beispiel am Sonntagabend – zu machen, damit das Ganze nicht zur mechanisch ausgeführten Übung wird.

Emmons Psychologenkollege Shawn Achor, der sich ebenfalls mit Dankbarkeits-»Buchführung« auseinandergesetzt hat, empfiehlt außerdem, nicht immer das Gleiche aufzuschreiben. Es ist besser, bei jeder Dankbarkeitsrunde immer mindestens eine ganz neue Sache zu finden, für die man dankbar ist. So wird unsere Wahrnehmung darauf trainiert, ihren Horizont zu erweitern und immer mehr Wunderbares zu entdecken, nicht nur das, was sie schon kennt.

Der Glückszauber

Täglich empfiehlt sich hingegen ein Ritual, das sich sehr gut mit einem sonntäglichen Dankbarkeitsrückblick kombinieren lässt: der positive Tagesrückblick. Ich praktiziere dieses Schreibritual seit langer Zeit und weiß um seine wunderbare transformierende Kraft. Darum nenne ich es insgeheim »meinen TagesGLÜCKblick«.

Und so geht's:

- *Schritt 1:* Schreiben Sie täglich drei bis fünf Dinge in ein Notizbuch, die an diesem Tag schön waren.
- *Schritt 2:* Notieren Sie, was Sie selbst dazu beigetragen haben.

Wenn Sie es zum Beispiel schön fanden, mit dem Hund im duftenden Herbstwald Gassi zu gehen, war Ihr Beitrag dazu vielleicht, diesen Weg statt der schnellen Runde um den Block zu wählen. Oder wenn Sie einen Cappuccino im Café genossen haben, war es Ihr Entschluss, sich genau diese kurze Auszeit zu gönnen. Und hatten Sie beim Joggen Glücksgefühle, freuen Sie sich, dass Sie sich dazu aufgerafft haben, obwohl Sie sich zunächst zu schlapp fühlten.

Das Ritual wirkt auf verschiedenen Ebenen. Erstens erhalten Sie mit der Zeit eine Fibel mit kleinen, persönlichen Glücksrezepten. Zweitens lernen Sie, dass Sie das Glück im Alltag selbst in der Hand haben, Sie sind selbstwirksam. Drittens machen Sie es sich immer mehr zur Gewohnheit, Ihre Aufmerksamkeit während des Tages auf die Glücksmomente zu richten, weil Sie ja bereits wissen, dass Sie abends alles Schöne notieren werden.

Und siehe da: Als habe eine Fee Ihr Leben mit einem Zauberstab berührt, drängeln sich auf einmal die schönen Erlebnisse – nicht nur, weil Sie diese dank Ihres neuen Fokus bevorzugt wahrnehmen, sondern auch, weil sich nach und nach Ihre tatsächlichen Gewohnheiten dahingehend ändern, Ihnen täglich Glückserlebnisse zu bescheren.

Auf diese Weise schreiben Sie sich Ihr Leben schön!

Der Entspannungszauber

Auch Gelassenheit lässt sich mit den richtigen Worten einladen. Definitiv nicht die richtigen Worte sind dabei »Ich bin gestresst« oder »Ich habe Stress«. Leider sind diese Sätze für viele von uns eine feste Gewohnheit im täglichen Leben. Wir äußern sie auch, wenn wir zum Beispiel gefragt werden, wie es uns geht. Eine sehr schlechte Angewohnheit! In diesem Fall akzeptiert das Unterbewusstsein das Gestresstsein nämlich als Faktum und lenkt den Blick auf die Beweise für diese Behauptung. Logischerweise vergrößert das den Stress nur. Wer stattdessen seufzt: »Warum bin ich nur immer so gestresst?«, gaukelt sich vielleicht vor, mit dieser Frage konstruktiv den Ursachen seines Stresses auf den Grund zu gehen. Tatsächlich fühlt sich das Unterbewusstsein mit der Warum-Frage ebenfalls aufgefordert, die Aufmerksamkeit auf alles Belastende zu richten: etwa den fordernden Chef, das hohe Arbeitspensum, die dräuenden Deadlines, den langen Weg zur Arbeit, den viel zu kurzen Urlaub und so weiter. Auch hier ist das Ergebnis mehr Stress statt weniger.

Testen Sie aber einmal spaßeshalber folgende Frage:

Auch hier reagiert Ihr fleißiges Unterbewusstsein sofort. Es sucht nach Möglichkeiten, Ihren Wunsch in die Tat umzusetzen. Gleiches geschieht, wenn Sie, nach dem Muster von » Ich bin dankbar für … «, sagen » Ich bin gelassen, weil … «. Probieren Sie einfach aus, welche Formulierung Ihnen mehr liegt. Sie können sich in jedem Fall darauf verlassen, dass Ihr Unterbewusstsein Ihnen schnell Lösungen präsentieren wird.

Der entspannungsorientierte Blickwinkel wird schnell zur Gewohnheit, wenn Sie nach dem Muster des positiven Tagesrückblicks auch über Ihre Entspannungsmomente Tagebuch führen. Statt (oder am besten zusätzlich zu) » Was war heute schön? « fragen Sie sich jeden Abend:

- *Schritt 1: Was hat mich heute entspannt?*
- *Schritt 2: Wie habe ich selbst dazu beigetragen?*

Auf diese Weise erhalten Sie mit der Zeit maßgeschneiderte Tipps, wie Sie in Zukunft besser mit stressigen Situationen umgehen. Obendrein suchen Sie fortan im Alltag gezielt nach Entspannungsinseln. Das wiederum beweist Ihrem Unterbewusstsein, dass Sie sich selbst für wert erachten, auch einmal auszuspannen. Sie sind in der Folge nicht nur entspannter, auch Ihr Selbstwertgefühl steigt und damit Ihre Ausstrahlung.

Das Resultat: weniger Stress, mehr Erholung, mehr Selbstbewusstsein. Nicht schlecht, oder?

Übrigens müssen Sie nicht zwangsweise drei bis fünf Punkte in Ihrem Notizbuch aufführen – machen Sie sich hier keinen Druck, sonst ist plötzlich auch dieses kleine Ritual, das Sie ja entspannen soll, ein Stressfaktor. Fangen Sie einfach mit einem Punkt an. Mit der Zeit wird Ihnen ganz automatisch mehr einfallen.

Ein Wort macht den Unterschied:
Sie müssen gar nichts!

»Ich bin gestresst« ist nur eine der Formulierungen, die die Anspannung noch vergrößern. Es gibt viele, oft sehr subtile Ausdrucksformen, die uns im Privaten und im Beruf sofort mehr Stress empfinden lassen.

Zu den größten Feinden der Entspannung gehört dabei die Wortkombination »Ich muss ...« Forderte ein Hypnotiseur von seinem Gegenüber »Du musst jetzt deinen linken Arm heben«, wären die Erfolgsaussichten dieser »Suggestion« äußerst gering. Eine wahrscheinlichere Reaktion wäre ein trotziges Verschränken der Arme. Müssen erzeugt automatisch Widerwillen, denn es signalisiert unserem System, dass wir etwas nicht selbst bestimmen und so auch nicht selbst in der Hand haben. Ein Gefühl der Selbstwirksamkeit ist aber einer der entscheidenden Faktoren für Entspannung, Optimismus und Zufriedenheit, Spaß – und damit letztlich für Glück.

Der Widerwillen, den »müssen« erzeugt, *muss* dann erst einmal überwunden werden, um die anstehende Aufgabe überhaupt erledigen zu können. Das raubt Energie und erstickt den Spaß bei der Sache im Keim.

Nehmen wir einen Vater, der sich vorgenommen hat, für den Geburtstag des Kindes am Vorabend noch einen Kuchen zu backen. Sagt er sich dann »Ach je, *ich muss* noch den Kuchen backen – und es ist ja schon so spät«, konstruiert er damit eine beschwerliche Tätigkeit, die er nicht gerne tut. Etwas, was ihm von den Umständen aufgezwungen wird. Er erinnert sich selbst daran, dass ihn das Backen Zeit kostet, die er offensichtlich lieber anders verbringen würde. Der Fokus liegt auf Verlust. Auf Verlust von Selbstbestimmung, Zeit und Spaß. Die Wahrscheinlichkeit, dass dieser Vater beim Kuchenbacken Freude entwickelt, ist recht gering. Dass er dabei Stress empfinden wird, weil ihm alles lästig ist und zu lange dauert, ist dagegen fast sicher.

Sagt er aber stattdessen: »Ach, *ich will* ja noch den Kuchen backen«, liegt der Fokus auf etwas völlig anderem. Nämlich darauf, dass er den Kuchen für das Kind, das er liebt, zubereitet. Dass es sein Wunsch ist, seinem Sprössling mit einem extra zum Geburtstag gebackenen Kuchen Liebe zu zeigen und ihm eine Überraschung zu bereiten. Und das tut er völlig freiwillig. Weil er es selbst so beschlossen hat. Dieser Mann hat wesentlich größere Chancen, das Kuchenbacken als etwas zu erleben, was ihn vielleicht sogar entspannen kann, etwas, was Spaß macht.

Durch die Veränderung eines einzigen Wortes wird die erlebte Realität von Grund auf umgekrempelt. Selbst der größte Arbeitsberg lässt sich mit »Ich will« besser, schneller und konzentrierter bewältigen als mit »Ich muss«. Im ersten Fall stürzt man sich motiviert in die Arbeit, das Ziel vor Augen, im zweiten wäre man am liebsten woanders. Dieser unbewusste Wunsch steht der zügigen Arbeit ständig im Weg und man ist ein leichtes Opfer für Aufschieberitis.

UMSWITCHEN NACH BE-DARF

Wenn Sie merken, dass Sie mal wieder »Ich muss ...« denken, halten Sie kurz inne. Testen Sie, was mit Ihren Emotionen passiert, wenn Sie bewusst das »Ich muss« durch »Ich darf ...« oder »Ich will ...« ersetzen.

Womit wir uns ebenfalls unnötig das Leben schwer machen, sind negierende Selbstermahnungen wie »Ich darf nicht immer über den unverschämten Kerl im Vertrieb nachdenken«. Nicht nur, weil »Ich darf nicht ...« ein notdürftig verkleidetes »Ich muss« ist. Sondern auch, weil wir dann nur an eins denken: den unverschämten Kerl im Vertrieb! Besser ist es, die Aufmerksamkeit bewusst auf etwas Positives zu lenken, das mit dem unerwünschten Gedanken so wenig wie möglich zu tun hat. Auch mit » Ich darf beim Referat auf keinen Fall rot werden« programmieren wir uns geradezu darauf, mit knallrotem Kopf vor den Zuhörern zu stehen. Ich empfehle in solchen Fällen die Stoppschild-Übung in sechs Schritten:

GEDANKENSTOPP: BIS HIERHER UND NICHT WEITER

- Sobald der unerwünschte Gedanke identifiziert ist, an ein großes rotes Stoppschild denken.
- Drei Mal das Wort »Löschen« denken.
- Konzentration auf den Atem für zehn Atemzüge: Dabei durch die Nase tief in den Bauch einatmen, sodass er sich wölbt, kurz den Atem anhalten, dann bewusst vollständig ausatmen, wieder einatmen …
- Falls der unerwünschte Gedanke sich schon verzogen hat, zum letzten Punkt weitergehen. Ist er noch da, wird die negative in eine positive Suggestion umgewandelt. Im Falle des gefürchteten Rotwerdens etwa, frei nach Coué: » Ich bin von Tag zu Tag gelassener.« Oder auch: » Ich bin gelassen, weil … «
  Im Falle eines nagenden Gedankens an eine Person oder eine Situation lasse ich diese in meiner Vorstellung schrumpfen – so als würde sie sich sehr schnell von mir wegbewegen und bald in der Ferne verschwinden, wo sie in meinem Leben keine Rolle mehr spielt.
- Konzentration auf den Atem für weitere zehn Atemzüge.
- Lächeln, mindestens eine halbe Minute.

Ein weiterer Stress-Booster sind alle Formulierungen, die darauf hinweisen, wie knapp die Zeit angeblich ist. Sätze wie »Ich schiebe das noch schnell dazwischen!«, »Das ist alles fürchterlich knapp« oder »Ich weiß gar nicht, wie ich das alles schaffen soll«, beschleunigen gar nichts, erzeugen aber Druck, Hektik oder gar Panik – und zerstören damit die Konzentration, die man umso mehr benötigt, je weniger Zeit zur Verfügung steht. Besser ist es, die vermeintliche Zeitnot gar nicht zu kommentieren. Die Stoppschild-Übung kann ebenfalls aus der Hektikschleife heraushelfen. Eine positive Suggestion, die die Stressformulierung ersetzt, könnte sein: »Schritt für Schritt nähere ich mich gelassen meinem Ziel.«

Sämtliche Stressgedanken ergeben sich aus gedanklichen Gewohnheiten, die sich nicht am gegenwärtigen Moment orientieren, sondern hektisch in die Zukunft eilen – oder wehmütig in der Vergangenheit hängen. Woher diese Gewohnheiten kommen und wie Sie sich langfristig durch eine Denkweise ersetzen lassen, die Stress erst gar nicht entstehen lässt, erfahren Sie in den nächsten Kapiteln. Doch bevor wir dazu kommen, möchte ich Ihnen noch eine wunderschöne hypnotische Übung zeigen. Die Übung holt Sie ebenfalls zurück ins Jetzt und verwandelt dazu einen auf den ersten Blick unscheinbaren Stein in ein magisches Objekt, das Sie in Sekunden in Trance versetzen kann.

DER HYPNOTISCHE KIESELSTEIN

- Suchen Sie sich einen kleinen, möglichst runden Kieselstein, der Ihnen gefällt und der gut in der Hand liegt.
- Halten Sie den Stein zwischen Ihren Fingern und bewegen Sie ihn spielerisch hin und her. Schauen Sie ihn genau an und nehmen Sie all seine Feinheiten wahr, seine Muster, Farben und Schattierungen. Glitzern auf seiner Oberfläche kleine Mineralpartikel? Hat er Unebenheiten? Kommentieren Sie nicht innerlich, was Sie sehen, nehmen Sie einfach passiv seine natürliche Schönheit wahr.

- Halten Sie den Blick auf den Stein gerichtet und fahren Sie damit fort, den Stein in Ihrer Hand hin und her zu bewegen. Fühlen Sie, wie Ihre Entspannung dabei zunimmt. Es ist ganz normal, dass Sie mit zunehmender Entspannung mehr blinzeln müssen. Sobald Sie das Gefühl haben, dass Ihre Augendeckel herunterklappen wollen oder der Stein vor Ihren Augen verschwimmt, schließen Sie die Augen.
- Schließen Sie die Hand um den Kieselstein, damit er Ihnen nicht herunterfällt.
- Richten Sie Ihre Aufmerksamkeit darauf, wie sich der Stein anfühlt. Wie ist seine Oberfläche beschaffen? Ist er warm? Kühl? Ist er rau oder glatt? Versuchen Sie, sich sein Aussehen in Erinnerung zu rufen. Konzentrieren Sie sich vollkommen auf den Stein und nehmen Sie wahr, wie Sie sich tiefer entspannen. Sollten Ihre Gedanken abschweifen, führen Sie sie einfach geduldig zurück zum Kieselstein und setzen Sie die Konzentration fort.
- Nach einer Weile blinzeln Sie einige Male. Öffnen Sie Ihre Hände mit der Handfläche nach oben. Dann öffnen Sie Ihre Augen vollständig und sind ganz im Hier und Jetzt.

Machen Sie diese kleine hypnotische Übung zu Beginn einige Male am Tag. Wenn Sie sie mehrmals ausgeführt haben, hat der simple Stein eine Transformation durchlaufen: vom einfachen Objekt zu einem hochwirksamen Werkzeug, das Sie in Trance versetzen kann. Mit jedem Üben wird Ihre Entspannung tiefer. Sie können den Stein immer mit sich herumtragen. Er ist ein Zauberinstrument, das Ihnen zur sofortigen Entspannung jederzeit zur Verfügung steht. Nach einer Weile wird Sie allein der Gedanke an den Stein von den ersten Anflügen von Stress befreien. Wenn Sie keine Zeit oder Gelegenheit haben, die ganze Übung zu machen, brauchen Sie ihn nur kurz anzufassen und Ihr Geist versteht sofort, dass er nun alles, was ihn belastet, loslassen darf. Wenn wir entspannt sind, sind wir nicht in der Lage, Angst zu haben oder Ärger zu verspüren. Darum ist Entspannung der erste Schritt zum Auflösen von Negativem im Leben. Förderliche Gedanken, die Kraft haben, unser Leben zum Positiven zu verändern, erwachsen aus der Entspannung.

Und haben Sie keine Angst: Wenn Ihnen der Stein abhandenkommt, können Sie ihn problemlos durch einen neuen ersetzen, den Sie einfach mittels des beschriebenen Rituals wieder »aufladen«.

Kapitel 7

Das Yin und Yang der Gedanken: Wann unser Denken Stress anzieht wie ein Magnet — und welche Denkweise uns mit buddhistischer Gelassenheit ausstattet

> Wenn du es eilig hast, geh langsam.
>
> *Konfuzius*

Sie haben gesehen, es gibt jede Menge gute Gründe, auf unsere Worte zu achten und damit darauf, was wir denken. Leider ist das manchmal einfacher gesagt als getan. Denn nicht immer ist uns klar, dass wir es sind, die da gerade denken. Das Denken scheint uns oft mehr oder weniger zufällig zu passieren und in die eine oder andere Richtung mitzureißen. Es ist einfach da, scheinbar ohne unser Zutun. Und wenn in unserem Kopf unangenehme Dinge aufpoppen, kann das die Stresshormone unkontrolliert zum Fließen bringen.

Vom verspäteten Bus zur eigenen Beerdigung in fünf Minuten

Stellen Sie sich einen Mann vor, nennen wir ihn Michael. Er fühlt sich schon ein kleines bisschen angespannt: Er möchte es nach der Arbeit rechtzeitig zum Fußballtraining schaffen und hat den ersten Bus dorthin verpasst. Nur wenn der nächste Bus trotz Rushhour das Kunststück schafft, ganz pünktlich zu sein, wird er das hinbekommen. Es ist zwar keine Katastrophe, wenn Michael fünf Minuten zu spät kommt, aber er ist nun mal gerne pünktlich. Während er an der Haltestelle wartet, denkt er an seine geplante Asienreise, auf die er sich schon seit Monaten freut. Eigentlich ein schöner, potenziell entspannender Gedanke. Doch der leichte Stress, den Michael spürt, weil er sich ärgert, eventuell zu spät zu kommen, stiftet ihn an, nach möglichen Problemen zu suchen.

Dieser Problemsuch-Modus ist ein evolutionäres Erbe. In den Zeiten vor Millionen von Jahren, als sich die Fight-oder-Flight-(Stress-)Reaktion entwickelt hat, konnte er das Überleben sichern: Wenn unsere Jäger-und-Sammler-Vorfahren beim Jagen einen unbekannten Weg durch den Wald nahmen, mussten sie sofort reagieren können, falls wilde Tiere oder feindlich gesinnte Stämme plötzlich angriffen oder sich andere Gefahren offenbarten. Die Stresshormone mobilisieren darum bereits bei leichtem Stress Energie für eine mögliche Flucht- oder Kampfreaktion. Außerdem erhöhen sie die Durchblutung der Gliedmaßen. Cortisol schärft bei alldem die Gefahrenwahrnehmung. Das heißt, potenzielle Bedrohungen und Probleme nehmen wir jetzt bevorzugt wahr.

So ist es kein Wunder, dass Michael auf einmal der Gedanke durch den Kopf schießt, ob sein Reisepass vielleicht demnächst abläuft. Er macht sich eine entsprechende Notiz im Smartphone. Eine kluge Maßnahme, denn so muss er sich mit dem potenziellen Problem, das er in diesem Augenblick sowieso nicht lösen kann, erst einmal nicht mehr befassen und stellt gleichzeitig sicher, dass er es nicht vergisst. Leider lässt er es nicht bei der Notiz bewenden, sondern spinnt den Gedanken weiter:

Schrecklich, wenn die Reise an so etwas scheitern müsste! Wie funktioniert so eine Passbeantragung eigentlich noch mal? Die letzte ist schon so lange her. Musste man da nicht zum Einwohner-

meldeamt? Oh Mann, das dauert da ja immer eine Ewigkeit, bis man dran ist. Da muss ich mindestens einen halben Tag Urlaub nehmen. Ach ja, und dann muss ich vorher auch noch so ein biometrisches Verbrecherfoto machen lassen. Und ich muss natürlich unbedingt zum Friseur – meine Güte, so ein Aufwand! Und wird der Pass dann überhaupt noch vor der Reise fertig?

Michael flucht, weil der (möglicherweise) zu erneuernde und (möglicherweise) zu spät fertiggestellte Pass ihn (möglicherweise) fürchterlich viel Zeit kosten wird, die ihm dann woanders abgeht, und er (möglicherweise) gleich mehrere Dinge tun *muss*, die er eigentlich nicht geplant hatte. Er fühlt sich vom vielen Müssen gegängelt. Mit einem wachsenden Gefühl der Hetze und des Ärgers – *Wo bleibt denn dieser dämliche Bus?* – geht Michael seine Aufgaben der nächsten Wochen durch, zwischen die er die Passgeschichte (möglicherweise) klemmen *muss*. Dabei kommt er darauf, dass er auch noch – *Wann soll ich das eigentlich auch noch hinkriegen?* – zum Arzt *muss*, um die für Asien empfohlenen Impfungen zu machen. Beim Stichwort »Arzt« erinnert er sich, dass sein letzter großer Gesundheits-Check auch schon wieder Jahre her ist – das könnte er verbinden, dann hat er unterm Strich Zeit gespart, weil er nicht extra einen zweiten Termin machen muss. Kurz freut er sich über diese Zeitsparmöglichkeit, dann schießt ihm ein Blitz der Angst durch den Körper:

O Gott, was ist, wenn der Arzt etwas findet? Dann könnte ich vielleicht gar nicht verreisen! Oder noch schlimmer: Ich bin ernsthaft krank! Ich komme ja so langsam in das Alter. Gab es nicht in letzter Zeit verdächtige Symptome? Diese Müdigkeit? Vielleicht waren die Kopfschmerzen nach der Party neulich doch kein Kater, sondern ein Tumor? Und diese Atemnot? Metastasen in der Lunge? Ich war doch wirklich weniger leistungsfähig in letzter Zeit …

So geht es weiter: Während Michael schließlich in den Bus steigt, sieht er bereits seine weinende Familie an seinem eigenen Grab stehen. Dabei fällt ihm ein, dass er gar kein Testament hat, und er fragt sich, was mit seiner armen Katze passiert, wenn er nicht mehr ist …

Innerhalb von wenigen Minuten ist Michael gedanklich tatsächlich bei seinem eigenen Ableben und dessen Folgen aufgrund einer völlig hypothetischen tödlichen Krankheit angekommen, und sein Stress hat sich dabei vervielfacht. Wie absurd und im wahrsten Sinne des Wortes abwegig seine Gedanken sind, fällt ihm in diesem Moment nicht auf. Die unerquickliche Gedankenlawine setzt sich noch so lange fort, bis er am Fußballplatz ankommt, wo sein Training stattfindet. Schon während des Umziehens verblasst seine Angst, und während er trainiert, löst sie sich, wie durch ein Wunder, innerhalb von wenigen Minuten in Luft auf, samt aller damit verbundenen Sorgen. Übrig von der Grübelei bleiben nur zwei Notizen in seinem Mobiltelefon »Ablaufdatum Pass kontrollieren« und »Arzttermin«. Bei Letzterem kommt später heraus, dass er kerngesund ist, allerdings unbedingt etwas tun muss, um seinen Stress zu verringern, wenn er möchte, dass das so bleibt.

Bewegung hilft sofort gegen Stress

Michael heißt in Wahrheit nicht Michael, ich habe seinen Namen geändert. Er ist ein Klient von mir und hat mir diese Geschichte erzählt (die ich übrigens ausdrücklich verwenden darf), als wir uns gemeinsam den Ursachen seines Stresses auf die Spur geheftet haben. Sein Beispiel zeigt unter anderem einmal mehr, dass Sport ein äußerst wirksames Mittel ist, um Stress sofort zu stoppen.

Erst einmal werden dabei außer Rand und Band geratene

Gedanken in andere Bahnen gelenkt – wer Spielzüge und Sprints trainiert, hat keine Gelegenheit zum fruchtlosen Grübeln. Außerdem werden Stresshormone abgebaut und zu guter Letzt wird die aus Leber und Fettdepots für Flucht oder Kampf freigesetzte Energie verbraucht, bevor sie sich als ungesundes viszerales Fett zwischen den Organen ablagern kann.

Nun kann man natürlich nicht in jeder Situation mal eben die Sportschuhe überstreifen. Das macht aber nichts. Oft reicht schon eine kleine Bewegungseinheit: ein schneller Spaziergang um den Block, ein paar Hampelmann-Sprünge, Liegestütze oder ein schneller Lauf eine Treppe hinauf und hinunter. Eine Bekannte trommelt in Stresssituationen immer wie eine Wahnsinnige auf ihren Sitzball im Büro ein und macht danach hoch konzentriert mit ihrer Arbeit weiter, als sei nichts geschehen. Fast immer erscheint die Welt nach kurzem »Austoben« wieder in anderem, besserem Licht. Aber auch wenn Sie gerade »festsitzen« – in der U-Bahn zum Beispiel oder im Flugzeug – können Sie Ihre Muskeln nutzen, um stressige Gedankenlawinen zu bremsen und die Hormone wieder zu beruhigen:

GEGENSÄTZE ZIEHEN SICH AN: SPANNUNG LOCKT ENTSPANNUNG

Die folgende Übung ist eine echte Notfallmedizin. Sie können sie nicht nur im Sitzen, sondern auch hervorragend im Liegen machen. Damit eignet sie sich sehr gut, wenn man nachts aufwacht und die Gedanken zu kreisen beginnen. Wichtig dabei ist, dass Sie ganz normal und fließend weiteratmen und nicht die Luft anhalten. Idealerweise üben Sie die Abfolge mehrere Male, ohne akut im Stress zu sein – zum Beispiel abends vor dem Einschlafen –, um sie im Ernstfall ohne größeres Nachdenken anwenden zu können.

Setz dich bequem und gerade hin.
Deine Füße stehen hüftbreit auseinander fest auf dem Boden.
Deine Hände liegen auf den Oberschenkeln.
Atme normal und fließend und behalte dies bei.
Presse nun deine Fäuste fest zusammen.
Kralle zusätzlich die Zehen zusammen, als wolltest du mit den Füßen auch Fäuste machen.
Spanne außerdem die Unterschenkel an.
Die Oberschenkel.
Das Gesäß.
Deinen Bauch.
Deinen Rücken.
Die Muskeln deines Brustkorbes.
Die Arme.
Die Schultern.
Den Hals.
Die Muskeln des Kopfes (nicht des Gesichts, die Gesichtsmuskeln bleiben locker).
Spanne alles an, bis der ganze Körper unter Anspannung steht.
Atme normal weiter, aber halte die Anspannung.
Nun zählst du in Gedanken rückwärts:
Drei.
Zwei.
Eins.
Nun lasse alle Anspannung auf einmal los.

Diese Abfolge wiederholen Sie drei oder vier Mal. Sie werden sehen, dass Ihr Körper bald völlig entspannt ist. Die Fokussierung auf die Muskeln wirkt zugleich auch als Gedankenstopp, darum ist auch der Geist nach der Abfolge in wunderbar relaxtem Zustand. Diese Übung ist an die Progressive Muskelentspannung nach Edmund Jacobson angelehnt. Der Psychologe hatte Ende der Zwanzigerjahre festgestellt, dass sich die Muskelspannung erhöht, wenn wir unruhig sind oder Angst haben, und dass sich andererseits die Angst verflüchtigt, wenn die Anspannung reduziert wird.

Seine Methode macht sich, ebenso wie die obige Übung, zunutze, dass ein Muskel automatisch entspannt, wenn er zuvor bewusst angespannt wird. Die Muskelentspannung wirkt sich auf den gesamten Körper aus. Die Atmung wird tiefer und ruhiger, der Blutdruck sinkt und der Puls verlangsamt sich.

Rituale und Übungen wie diese können unsere Rettung sein, wenn wir im Stress feststecken. Ich stelle mir da gerne ein kleines Motorboot vor, das mit der Schraube in einen Algenteppich geraten ist und nicht mehr vor und zurück kommt oder das sogar in seichtem Wasser auf Grund gelaufen ist. Gezielte Übungen können die Schraube vom Algensalat befreien oder das festgefahrene Boot wieder zurück aufs Meer befördern, wo es seinen Weg fortsetzen kann.

Ist Ihr Gedanken-Navi richtig eingestellt?

Noch besser wäre es aber, wenn unser Motorboot erst gar nicht in Bredouille geraten würde, weil sein Navi seichte Stellen weiträumig umfahren und problematische Algenteppiche spätestens erkennen würde, wenn sie an den Bug schwappen. Dann müsste so ein ideales Navi das Boot automatisch ins sichere Fahrwasser zurückleiten, um weiträumig um die Zone herumzuschippern.

Ich habe eine gute Nachricht: So ein Anti-Stress-Navi gibt es.

Jeder und jede von uns hat es.

Um es zu nutzen, müssen wir nur das richtige Programm starten.

Das Programm in unserem Kopf, das immer automatisch in die konstruktivste Denkweise schaltet, um die jeweilige Situation zu meistern. *Wie* wir denken hat nämlich einen erheblichen Einfluss auf den Inhalt unserer Gedanken. Damit trägt unsere Denkweise maßgeblich dazu bei, ob wir in bestimmten Situationen Stress entwickeln und in Hektik verfallen – oder entspannt durchs Jetzt gleiten, einen Schritt nach dem anderen tun und dabei gute Gelegenheiten, die uns auf dem Weg zu unseren Zielen weiterbringen, erkennen – und nutzen.

Wie wichtig das ist, ist mir erst so richtig bewusst geworden, nachdem auch ich für eine Weile die Kontrolle über mein Denken verloren und dem Stress das Ruder überlassen hatte. Anders als bei meinem Klienten hat aber kein Sporttraining diesen Prozess gestoppt. Ich lag nämlich, Sie erinnern sich, im Krankenhausbett.

Nach meiner unerwarteten Einlieferung wurde ich über Nährlösungen mit allem Wichtigen versorgt, essen durfte ich nicht. Ähnlich wie mein Klient – allerdings noch um einiges verschärft – stand ich unter einer Grundanspannung durch die ungewohnte Situation und den Schmerz. Kurz: unter massivem Stress. Der Frust über das Versagen meiner gewohnten selbsthypnotischen Techniken, von dem ich Ihnen in Kapitel vier erzählt habe, tat ein Übriges dazu. Und die mit dem Stress verbundene Hormonlage ließ auch mich unbewusst nach weiteren möglichen Problemen Ausschau halten.

Ich wurde prompt fündig.

Aus dem Nichts überfiel mich der Gedanke: »Ich werde nie wieder das essen können, was ich möchte!« Niemand hatte etwas Derartiges mir gegenüber behauptet, aber trotzdem war ich mit einem Mal sicher, dass es genauso kommen müsse. Diese Vorstellung war die pure Tortur, denn ich bin ein absoluter Gourmet und liebe gutes Essen. Die Genüsse der Vergangenheit erschienen vor meinem inneren Auge, Familienfeste mit reich gedeckten Tafeln zu Ostern und zu Weihnachten, die Köstlichkeiten in meinem Berliner Lieblingsrestaurant. Nach diesem Ausflug in meine Erinnerungen eilte ich gedanklich wieder in die Zukunft – mitten hinein in ein schreckliches Szenario, in dem ich mich bis an mein Lebensende, wenn überhaupt, ausschließlich von Haferschleim und Kamillentee ernähren durfte. Ein Szenario, in dem ich nie mehr Einladungen zum Essen annehmen konnte und mich darum zwangsläufig zu einem einsamen, freudlosen Eremiten verwandeln würde. Wenn ich, und damit schoss mir der nächste entsetzliche Gedanke durch den Kopf, überhaupt überlebte – und so drehte sich die Abwärtsspirale weiter in Richtung Abgrund. Mein Stresslevel schraubte sich gleichzeitig in die Höhe.

Das analytisch-planerische Denken: Unser Problemexperte

Im Rückblick weiß ich, dass ich mich – genau wie Michael – in der falschen Anwendung einer Denkweise verheddert habe, die man analytisch-planerisches Denken nennen kann.

Diese Art zu denken ist erst mal nichts Schlechtes, im Gegenteil.

Das analytisch-planerische Denken ist das, was wir in der Schule beigebracht bekommen, und das, was wir im Sinn haben, wenn wir sagen »Ich denke nach!«. Damit meinen wir normalerweise, dass wir uns aktiv – und häufig angestrengt – um eine Lösung bemühen, zum Beispiel, wenn wir eine Rechenaufgabe vor uns haben. Beim analytisch-planerischen Denken haben wir den Eindruck, in unserem Kopf zu sein. Diese Art zu denken ist auch wunderbar geeignet, wenn unser Fahrrad schlingert und wir abklopfen wollen, woran das liegt, um es schnell reparieren zu können. Analytisch-planendes Denken kann uns auch helfen, wenn wir wissen möchten, warum wir beim einen Wochenendausflug massenhaft Pfifferlinge gefunden haben und beim nächsten keinen einzigen. Vielleicht war es beim zweiten Mal zu trocken, wir haben an einer zu frequentierten Stelle gesucht oder in einem Wald, in dem üblicherweise gar keine Pfifferlinge wachsen. Sobald wir den Misserfolg dann analysiert haben, können wir den nächsten Ausflug so planen, dass wir die Wahrscheinlichkeit deutlich erhöhen, wieder im Pilzglück zu schwelgen. Und auch jemand, der die günstigsten Fluchtwege in einem Gebäude in einem möglichen Brandfall bestimmen muss, tut gut daran, diese Routen nicht willkürlich aus dem Bauch heraus festzulegen, sondern analytisch zu ermitteln, welche Wege die kürzeste und sicherste Flucht nach draußen ermöglichen.

Wenn wir analytisch-planend denken, bewegen wir uns gedanklich meist in der Vergangenheit (Analyse) und Zukunft (Planung). Fast immer sind wir dabei an potenziellen Schwierigkeiten orientiert. Sogar wenn wir nur einen Zug buchen, suchen wir die Anschlussverbindung möglichst so heraus, dass wir einen Zeitpuffer beim Umsteigen haben. Wir orientieren uns dabei an der Möglichkeit, dass ein Zubringerzug Verspätung haben könnte. Die Erfahrung hat uns nämlich gelehrt, dass das hin und wieder vorkommt (Analyse). Also entscheiden wir uns sicherheitshalber, eine Verbindung früher zu nehmen, um den seltener fahrenden Anschluss nicht zu verpassen (Planung).

Man kann natürlich auch Erfolg analysieren, aber das tun wir oft erst, wenn ein Misserfolg aufgetreten ist und wir wissen wollen, wo die Unterschiede liegen, um den Fehler nicht zu wiederholen – wie im Beispiel des Pilzesammelns. Oder wir analysieren die Misserfolge der Konkurrenz, um deren Fehler zu umgehen und unseren eigenen Erfolg zu sichern. In manchen Fällen ist es sogar sinnvoll, regelrechte Worst-Case-Szenarien durchzuspielen. Ein Fußballtrainer kann zum Beispiel nach der Fehleranalyse eigener Spiele und der Videoanalyse verschiedener Spiele, an denen der nächste Gegner beteiligt war, mögliche schwierige Spielsituationen bestimmen (Analyse) und die mit seinen Spielern üben (Planung). Sich auf das

Schlimmste vorzubereiten, ist auch sinnvoll, wenn man sich als Stuntman aus einem fahrenden Zug werfen soll und sich dabei nicht den Hals brechen möchte. Dann muss man wissen, wie man zur Vermeidung dieses unerwünschten Resultats in Millisekunden richtig reagiert.

Kurz:

Das analytisch-planende Denken ist hilfreich, wenn man die Möglichkeit hat, durch die Analyse der Vergangenheit sein gegenwärtiges Verhalten so zu gestalten, dass man die Zukunft positiv beeinflusst.

Anders gesagt, wenn man durch Nachdenken auf eine Lösung kommen kann. Der wichtige Punkt ist hier die Möglichkeit, etwas zu tun: Am Ende eines konstruktiven analytisch-planerischen Denkvorgangs steht immer eine Idee, was am besten zu tun ist. Diese Idee wird dann im Idealfall in eine Handlung umgesetzt.

Wenig fruchtbar ist diese Denkweise dagegen, wenn ich entweder gar keine Handlungsmöglichkeit habe oder die mir zur Verfügung stehenden Handlungsmöglichkeiten verkenne, weil ich meinen Fokus trotzig auf das richte, was ich eben gerade nicht tun kann.

Das wäre der Fall, wenn ich mir zum Beispiel die meteorologische Prognose für mein fest gebuchtes Urlaubsziel anschaue und meine »Handlung« darin besteht, mich darüber aufzuregen, dass es im von mir gebuchten Zeitraum regnen wird. In diesem Fall macht mir das analytische Denken nichts als Stress, denn am Wetter und meiner festen Buchung kann ich nun mal nichts ändern. Wenn ich aber die Wettervorhersage nutze, um die passende Kleidung einzupacken, hat mir das analytisch-planende Denken geholfen. Ebenfalls nicht sehr nutzbringend ist es, wenn ich mir die Prognose zu früh anschaue, weil sie dann noch sehr unzuverlässig ist. Natürlich kann ich dann trotzdem entsprechend der Vorhersage meine Koffer packen. Ich riskiere dabei aber, dass ich sie wieder auspacken muss – oder dass ich völlig unpassende Kleidung dabeihabe und vor Ort Neues kaufen muss. Ich verschwende möglicherweise Energie und vielleicht sogar Geld. Hier habe ich zu früh gehandelt, statt geduldig abzuwarten, bis ich alle relevanten und verlässlichen Informationen beisammen habe.

Eine extrem konstruktive Art des analytisch-planerischen Denkens sind wiederum die drei Schreibrituale von S. 128 ff. Sie beweisen, dass es auch ohne die Fixierung auf Probleme geht. Schließlich schreibt man ja Dinge auf, die schön waren und gut gelaufen sind, überlegt, wie es dazu kam – und dank dieser Analyse weiß man fortan, wie die schönen Dinge wiederhol- und damit planbar sind. Gleichzeitig speist man damit positive Suggestionen ins Unterbewusstsein ein und trägt dazu bei, die schönen Dinge ganz automatisch in unser Leben zu bringen, ohne dass wir das immer bewusst planen müssen.

Ein gutes Beispiel für die richtige Anwendung der analytisch-planenden Denkweise ist außerdem Norman Cousins: Als der seine jüngere Vergangenheit unter die Lupe nahm, kam er darauf, dass der Stress seiner Russlandreise für seine Krankheit verantwortlich sein könnte. Das war zwar nur eine Vermutung, allerdings eine, die man *educated guess* nennt, eine Vermutung auf Basis umfangreicher Sachkenntnis: Cousins hatte sich ja zuvor mit den Arbeiten des Stressforschers Hans Selye befasst. Entscheidend ist, dass Cousins daraus einen Handlungsplan abgeleitet hat. Er zog den Schluss, die Zukunft wahrscheinlich positiv beeinflussen zu können, indem er *jetzt* den Stress umkehrte. Dazu musste er eine Methode finden, die er in seiner Lage anwenden konnte. Diese Lösung fand er wiederum nicht mit angestrengtem Nachdenken. Stattdessen stieg sie plötzlich aus seinem Unterbewusstsein an die Oberfläche: die Idee, eine Lachtherapie zu machen.

007, ÜBERNEHMEN SIE!

Wenn Sie über einem Problem grübeln, das Sie gerade nicht lösen können, weil Ihnen zum Beispiel entscheidende Infos fehlen oder es schlicht drei Uhr nachts ist, beauftragen Sie doch Ihren inneren Undercover-Agenten, sich der Sache anzunehmen! Besorgen Sie sich dazu ein kleines Notizbuch mit Abreißblock, das Sie immer mit sich herumtragen können, und eine kleine hübsche Schachtel. Schreiben Sie das Problem als Frage auf, mit der Bitte um Erledigung. Den Zettel legen Sie in die Schachtel, die an einer bestimmten Stelle im Regal steht. Anschließend lassen Sie das Problem los und befassen sich nicht mehr aktiv damit. Schauen Sie jeden Sonntag einmal in die Schachtel. Oft wird sich die Angelegenheit bereits gelöst haben. Entweder, weil Ihr innerer Agent – auch bekannt als Unterbewusstsein – Ihnen eine Idee oder Information präsentiert hat, oder weil alles ganz anders kam, als Sie befürchtet hatten. In dem Fall werfen Sie den Zettel in den Papiermüll. Hat sich noch nichts getan und haben Sie weiterhin keine Möglichkeit, die Sache aktiv zu lösen, gehen Sie auf Wiedervorlage: Machen Sie ein Ausrufungszeichen auf den Zettel und legen Sie ihn wieder zurück in die Schachtel.

Akzeptanz der Gegenwart ist der Schlüssel zur Besserung

Im Fall von Norman Cousins wird wieder die Wichtigkeit des Akzeptierens einer gegebenen Situation offenbar, die ich in Kapitel vier schon angesprochen habe: Um tatsächlich handeln zu können, musste Cousins seinen gegenwärtigen Zustand zumindest als Startpunkt akzeptieren. Der Status quo ist Teil einer erfolgreichen Analyse.

Missverstehen Sie mich nicht: Akzeptieren ist dabei nicht

das Gleiche, wie sich mit etwas abzufinden – das würde ja bedeuten, jede Hoffnung auf Besserung aufzugeben. Akzeptieren ist auch nicht das Gleiche, wie etwas gut zu finden. Natürlich fand Cousins es nicht toll, dass er gelähmt war und Schmerzen hatte. Aber er hat akzeptiert, dass es nun einmal *in diesem Moment* so ist. Von *hier aus* hat er nach einer für ihn *in dieser gegenwärtigen Lage* praktikablen Lösung gesucht. Hätte er sich stattdessen darüber gegrämt, dass er bewegungsunfähig ist und noch nicht mal Krankengymnastik machen kann, hätte er den Status quo abgelehnt – ähnlich wie derjenige, der sich übers Wetter aufregt – und ihn paradoxerweise damit zementiert. Vermutlich hätte er tatsächlich nur noch wenige Monate gelebt und nicht noch 26 Jahre. Denn dann hätte er sein Unterbewusstsein mit diesen zerstörerischen Gedanken blockiert und niemals seinen rettenden Einfall gehabt.

Als ich meinen trüben Gedanken über die Zukunft meines Speiseplans nachhing, hatte ich genau diesen Fehler gemacht: mich um die Akzeptanz meines Zustands herumgedrückt und konstruktivere Gedanken blockiert. Wie konstruktiv war meine »Analyse« der Vergangenheit (was ich früher essen konnte) und »Planung« der Zukunft (was ich möglicherweise/vielleicht/eventuell nicht mehr essen können würde und wie fürchterlich ich mich dabei fühlen würde)?

Die Antwort lautet: kein bisschen.

Ich habe in dieser Situation das getan, was Menschen, die zu starken Stressreaktionen neigen – und zu denen ich bisher nie gehörte, weshalb ich auch so unvorbereitet war –, häufig tun: Ich habe mich, sozusagen zu Übungszwecken, in eine unerwünschte Zukunftsversion hineingedacht. Das gab mir das trügerische Gefühl, vernünftig zu agieren und mich vorzubereiten. In Wirklichkeit bereitete ich mich so keineswegs auf irgendetwas vor, sondern verschlimmerte lediglich meine aktuelle Situation. Das wurde mir erst einmal nicht klar, so beschäftigt war ich mit meinen düsteren Zukunftsaussichten.

Doch ich hatte Glück.

Nach einer Weile starrte ich zermürbt von Schmerzen und der Erwartung des Schlimmsten matt aus dem Fenster in den grauen Aprilhimmel. Ich war so erschöpft, dass ich für einen Augenblick gar nichts dachte. Dieses kurze »Nichts« war in Wirklichkeit sehr viel: Ich war für einen Moment vollständig in der Gegenwart. Ich weiß nicht, wie lange dieser Augenblick dauerte, vielleicht nur einige Sekunden, möglicherweise auch mehrere Minuten. Was ich aber genau weiß: Kurz nach diesem Moment der Stille schoss mir ein Gedanke durch den Kopf, so, als hätte mein altes Ich nur auf die Gelegenheit gewartet, mit einer wichtigen Botschaft zu mir durchzudringen: »Was, zum Teufel, machst du da eigentlich die ganze Zeit, Jan? Bist du noch ganz bei Trost?«

Plötzlich fühlte ich mich, als hätte ich nach einem bösen Traum gerade die Augen aufgeschlagen. Ja, was machte ich da eigentlich? Schließlich wusste ich ganz genau, wie destruktiv sich permanente negative Erwartungen auswirken können. Solche Erwartungen sind nichts anderes als mit einer satten Portion Emotion gewürzte Suggestionen – in diesem Fall mit den Emotionen Angst, Sorge, Trauer. Ich wusste auch, dass Emotionen Suggestionen Treibstoff geben. Das gilt für positive Suggestionen und positive Emotionen genauso wie für negative Suggestionen und negative Emotionen.

Wie jemand, der gerade wach geworden ist, schaute ich mich um: Ich lag im Bett, angeschlossen an einen Tropf. Das Einzige, was ich im Moment an meiner Situation wirklich ändern konnte, waren meine Gedanken und ausgerechnet die gestaltete ich pessimistisch. Mein Worst-Case-Szenario – Haferschleim und Kamillentee – bewirkte nur eines: Ich fühlte mich noch schlechter als sowieso schon. Dabei wusste ich noch überhaupt nicht, ob es so kommen würde, wie ich ängstlich befürchtete. Es war zwar in diesem Augenblick so, dass ich keine feste Nahrung zu mir nehmen konnte, aber ob das so bleiben würde, war keineswegs sicher – und die Ärzte hatten das Thema bisher nicht einmal angeschnitten.

Dieser Situation mit analytisch-planendem Denken zu begegnen, war so, als wollte ich eine komplizierte mathematische Gleichung lösen, ohne über die wichtigsten Variablen zu verfügen.

Mit einem Mal wurde mir klar, was ich für eine Selbstzerfleischung betrieben hatte, indem ich über ungelegten Eiern gebrütet hatte. Und dann sah ich es ein:

Das, was mich so erschreckt, ist nicht die Realität, es ist nur ein Gedanke!

Sofort machte sich Erleichterung in mir breit, denn ich wusste, dass ich meinen destruktiven Gedanken gerade den Saft abgedreht hatte. Natürlich *wäre* es wahrscheinlich schlimm für mich, wenn ich den Rest meiner Tage mit Kamillentee und Haferschleim fristen *müsste*. Aber es musste nicht so kommen. Diese Möglichkeit war nur eine von vielen. Zwischen ihr und der günstigsten Variante, dass ich zu hundert Prozent wieder hergestellt werden würde, gab es unzählige weitere. Es war genauso denkbar, dass ich in Zukunft nur auf einige Nahrungsmittel verzichten musste. Oder dass ich generell etwas vorsichtiger sein müsste. Aber egal, welche Eventualität ich mir in diesem Augenblick auch ausmalte, sie war in diesem Moment genauso real – oder besser gesagt: irreal – wie ein Traum.

Und *für den Fall*, dass es doch so kam, hatte ich noch alle Zeit der Welt, mich *dann* darauf einzustellen, *wenn* es so weit war. Jetzt war jeder weitere Gedanke in diese Richtung einfach nur Energieverschwendung und führte mich vom Jetzt weg, das doch der Ausgangspunkt für jede Besserung sein musste.

Dieser Augenblick war der Moment, in dem ich meine Situation endlich akzeptierte. Genauso, wie sie war. Ich machte sie nicht besser, aber auch nicht schlechter. Und damit begannen meine Gedanken sofort, in konstruktiveren Bahnen zu fließen, in einer anderen Denkweise: der intuitiven. Und dieses Denken, auf das ich gleich noch ausführlich zu sprechen kommen werde, ließ bald aus meinem Unterbewusstsein die Idee hervortreten, es einmal mit der Jubelpose zu probieren. Den Rest kennen Sie.

Stressige Gedanken sind wie Albträume: Nur ein Hirngespinst

Traum – oder besser Albtraum – ist ein gutes Stichwort. Niemand käme auf die Idee, einen Albtraum für bare Münze zu nehmen. Und das, obwohl diese Träume oft sehr real wirken, selbst wenn wir von »unrealistischen« Wesen wie Monstern verfolgt werden. Wir können, wenn wir im Albtraum gefangen sind, im Normalfall nicht unterscheiden, ob wir die dramatischen Ereignisse gerade tatsächlich erleben oder träumen. Darum reagiert unser Körper, wie er auch im Wachzustand auf Stress reagieren würde: mit der Ausschüttung von Adrenalin und anderen Hormonen, die eine *Fight-* oder *Flight-*Reaktion vorbereiten sollen. Das bringt dann unseren Organismus so in Aufruhr, dass wir sofort aufwachen. Durch diesen Mechanismus können wir uns an Albträume auch häufiger erinnern als an angenehme Träume.

Erleichtert denken wir: »Puh! Nur ein Traum!« Wenn wir dann aufstehen, duschen und frühstücken, braucht es nur ein paar Minuten, bis wir unseren Albtraum vergessen haben. Er ist weg – und damit auch die Angst, die wir gespürt haben. Albträume traumatisieren uns nicht, sie verfolgen uns nicht über Jahre. Und das, obwohl wir im Traum vielleicht in Stücke gerissen wurden oder eine Klippe hinuntergestürzt sind.

Die Erleichterung ist deshalb möglich, weil wir den Albtraum mit dem Wachwerden als Hirngespinst kategorisiert haben, das uns nichts anhaben kann. Damit haben wir die negative Vorstellung sofort von unseren Emotionen abgekoppelt, die ihr Futter geben könnten.

Das Gleiche passiert, wenn wir uns bewusst werden: Das Schreckliche, was wir uns da gerade ausgemalt haben, ist nur ein Gedanke! Die Zukunftsangst ist nur ein Gedanke! Das Worst-Case-Szenario ist nur ein Gedanke! Entscheidend ist immer die Einsicht:

Ich denke gerade nur!

Diese Erkenntnis ist ein gar nicht zu unterschätzender Aha-Moment, wenn wir uns im analytisch-planenden Denken verfranzt haben. Das ist immer dann der Fall, wenn wir mit dem Analysieren und Planen nicht wirklich *jetzt* etwas lösen können, sondern uns in hypothetische Eventualitäten hineinsteigern oder wehmütig der Vergangenheit nachhängen. Es ist hilfreich, sich in so einem Fall immer wieder bewusst zu machen, dass wir nur denken. Dann können wir uns darauf besinnen, was wir *jetzt* tun können – das kann zum Beispiel eine Notiz sein, die uns daran erinnert, etwas zu erledigen, sobald wir die dazu nötigen Informationen haben. Wir vergessen oft, dass wir uns, wenn wir uns gedanklich in der Zeit vor- und zurückbewegen, nicht in der Realität befinden:

Das, was sein wird, können wir nicht wissen!

Das, was vergangen ist, können wir nicht ändern!

Der einzige Punkt in Raum und Zeit, an dem wir etwas unternehmen können, ist das Hier und Jetzt!

Dem Stress zugrunde liegende Ängste wie die Sorge um die Zukunft oder die Sorge, dass wir etwas nicht rechtzeitig oder gut genug schaffen, sind erst einmal *immer* nur Gedanken! Ohne Ausnahme! Das zu wissen, macht uns zum Zauberer, der den Trick hinter der Illusion kennt. Genauso wie das Wissen darum, dass wir im bereits leicht gestressten Zustand förmlich nach weiteren Stressfaktoren suchen, weil uns ein uraltes Erbe aus Zeiten der Säbelzahntiger und Mammuts dazu anstiftet.

Das Bewusstmachen dieser Mechanismen stoppt oft unmittelbar die Gedankenspiralen. Es ist wie ein Aufwachen aus einem Albtraum. Ein Aufwachen, das uns Spielraum gibt, unser Hier und Jetzt so zu gestalten, dass in Zukunft das, was wir uns wünschen, eintritt, statt irgendeines unschönen Szenarios.

Das intuitive Denken: Unser innerer Hypnotiseur

Der Gegenpol des analytisch-planenden Denkens ist das intuitive Denken. Ich nenne es so, weil es im direkten Kontakt mit unserer Intuition steht, der Weisheit, die wir alle in uns tragen – in unserem Unterbewusstsein.

Das intuitive Denken springt nicht hektisch zwischen Vergangenheit und Zukunft hin und her. Im intuitiven Denkmodus füllt uns unsere aktuelle Aufgabe vollkommen aus. Alles, was damit nicht unmittelbar zu tun hat, wird ausgeblendet. Geradezu, als hätte man die ganzen anderen Aufgaben auf der To-do-Liste kurzfristig vergessen. Kommt Ihnen das bekannt vor? Genau: Hier haben wir wieder die vollständige Fokussierung auf eine Sache. Anders ausgedrückt: Diese Art zu denken überträgt das hypnotische Prinzip auf den Alltag.

Multitasking gibt es im intuitiven Denkmodus nicht. Multitasking ist ohnehin eine Illusion: Es ist nicht möglich, sich gleichzeitig auf verschiedene Dinge zu konzentrieren. Versuchen wir das, switchen wir in Wirklichkeit hektisch von einer Aufgabe zur anderen, auch wenn uns das nicht bewusst wird. Und dieses Switchen bereitet unterschwelligen Stress und kostet Energie. Kognitionsforscher haben sogar herausgefunden, dass Multitasking tendenziell unzufrieden macht.

Zurück zum intuitiven Denken. Den Großteil der Zeit fließt

es ruhig im Hier und Jetzt dahin. Es strengt sich nicht an und strengt nicht an, denn es verschwendet keine Energie für unnötiges Grübeln über Dinge, die es nicht beeinflussen kann – oder Dinge, die es zumindest jetzt gerade nicht beeinflussen kann. Es ist geduldig, bewertet und kommentiert nichts, sondern es beobachtet ruhig und entspannt. Wer sich im intuitiven Denkmodus befindet, hat keinen Stress, sogar dann nicht, wenn er viel zu tun hat. Nicht einmal, wenn etwas schiefgeht. Er erledigt seine Aufgaben einfach eine nach der anderen. Das bedeutet nicht, dass man im intuitiven Denkmodus keine Ziele verfolgen kann, deren Verwirklichung irgendwo in der Zukunft liegt. Im Gegenteil! Wer intuitiv denkt, hat seine Ziele fest im Unterbewusstsein verankert. Er tut in diesem Moment genau den kleinen Schritt, der zum Erreichen des Ziels möglich und notwendig ist. Und jeden Schritt auf dem Weg zum Ziel genießt der intuitive Denker, so gut es geht. Weil er weiß, dass sein Ziel in diesem Augenblick nur ein fiktiver Punkt in der Zukunft ist, der Schritt, den er jetzt tut, aber das Leben ist. Das intuitive Denken implantiert das Prinzip der kleinen Schritte fest ins tägliche Leben und wartet nicht, bis irgendetwas erreicht ist, um sich am Dasein zu freuen. Der Satzanfang »Wenn ich erst …, dann …« ist ihm fremd.

Statt also mit wachsender Nervosität darauf zu schauen, was in Zukunft noch alles zu tun ist, und sich zu überlegen, was eventuell die Planung stören könnte, wird einfach konzentriert die Aufgabe erledigt, die gerade »dran« ist. Nicht vorher. Und auch nicht hinterher. Danach kommt wieder die nächste Aufgabe dran. Sobald diese erledigt ist, wiederum die nächste. Auf diese Weise schrumpft selbst ein Matterhorn aus anstehender Arbeit auf überschaubare Häppchen. Und wenn wir uns immer vollkommen auf die Sache konzentrieren, die *jetzt* aktuell ist – und nicht die nächste und auch nicht die, die wir bereits erledigt haben –, öffnet uns das die Tür zum Flow, also Erlebnisse tiefen Glücks bei unserem Tun. Dieser Zustand kann eintreten, wenn wir uns voll auf unsere Tätigkeit konzentrieren und diese nicht zu leicht, aber auch nicht allzu schwierig ist – die Voraussetzung für Minierfolgserlebnisse in Serie. Und selbst, wenn wir nicht in Flow geraten, genießen wir im intuitiven Denken den Augenblick, auch wenn wir etwas vordergründig völlig Unspektakuläres tun. So wird selbst das Schälen eines Apfels zu einer Quelle des Glücks, der puren Freude am Sein.

Nicht, dass wir uns falsch verstehen: Die Schritt für Schritt erledigten Aufgaben können dabei auch analytisch-planerischer Natur sein, wie zum Beispiel das eben beschriebene Buchen eines Zuges, oder wenn man irgendetwas berechnen oder einen Text strukturieren muss. Dabei wird die analytisch-planerische Denkweise als Werkzeug benutzt, um die Aufgabe bestmöglich zu lösen. Danach landet sie aber wieder in der Werkzeugschublade. So wird das analytisch-planerische Denken optimal angewendet, ohne in zerstörerischen Leerlauf zu geraten, denn auf diese klar umrissene Weise angewendet ist es kein Widerspruch zur intuitiven Denkweise, sondern ergänzt diese.

Befinden wir uns im intuitiven Denkmodus, schwingen unsere Gehirnwellen oft im Alphabereich, der für entspannte Wachheit steht – im Gegensatz zu den hektischeren Betawellen, die die analytisch-planerische Denkweise kennzeichnen. Beim intuitiven Denken sind wir hoch konzentriert und ganz in unserer Tätigkeit versunken, alle Hirnregionen arbeiten optimal zusammen, wir lassen uns nicht ablenken. Gleichzeitig sind wir kreativ und unser Unterbewusstsein präsentiert uns auch ungewöhnliche Lösungen ganz ohne angestrengtes Nachdenken.

Wer im intuitiven Denken dahingleitet, kümmert sich um Schwierigkeiten, wenn er tatsächlich etwas unternehmen kann. Nicht vorher. Das bedeutet keineswegs, dass man im intuitiven Denken Probleme blauäugig verdrängt, bis sie nicht mehr zu umgehen sind. Im Gegenteil. Aber man wartet geduldig ab, bis man etwas unternehmen kann, um sie zu beheben. Und sind sie behoben, verschwendet man keine Gedankenkraft mehr darauf.

Wäre etwa Michael, den Sie vom Beginn dieses Kapitels kennen, in der intuitiven Denkweise unterwegs gewesen, hätte er sich keinen Kopf darum gemacht, dass der zweite Bus Verspätung haben könnte. Ganz einfach, weil das außerhalb seines Einflusses lag. Ob er sich ärgert oder nicht, hätte den Bus nicht schneller gemacht. Er hätte außerdem nach der Smartphone-Notiz, dass er das Ablaufdatum seines Reisepasses kontrollieren muss, erst wieder an die Sache gedacht, sobald er zu Hause tatsächlich einen Blick in den Pass hätte werfen können. Und nur falls sich dann tatsächlich bestätigt hätte, dass er einen neuen benötigt, wäre er zur Tat geschritten, um fokussiert in Erfahrung zu bringen, was dafür zu tun ist. Anschließend hätte er sich darum gekümmert. Vielleicht hätte er aber auch festgestellt, dass der Pass noch zwei Jahre gültig ist. In jedem Fall hätte er sich jede Menge Cortisol im Körper – sprich: Stress – erspart und seine Zeit bestmöglich genutzt.

Im intuitiven Denkmodus merken wir auch rechtzeitig, wenn unser Körper oder unser Geist eine kurze oder auch längere Auszeit braucht. Wir sind in dieser Denkweise nämlich immer in Kontakt mit unserem System, der Einheit aus Körper und Geist. Und wir sind freundlich zu uns selbst. Wenn wir müde werden oder unsere Aufmerksamkeit schwindet, gönnen wir uns bewusst eine Pause. Oder beenden das Tagewerk für heute, weil wir erkennen, dass es mit einer Viertelstunde nicht getan ist. Und haben wir uns erholt, arbeiten wir voll konzentriert weiter. Menschen, die dagegen in der analytisch planerischen Denkweise feststecken, »powern« oft »durch«, bis alle Batterien restlos leer sind. Statt bei Hängern ihre Tätigkeit bewusst zu unterbrechen, mit einem kleinen Spaziergang oder auch nur einer Atemübung am offenen Fenster, die die

Batterien tatsächlich wieder auflädt, versagen sich viele Gestresste Pausen, um – vermeintlich – Zeit zu sparen. Doch was geschieht? Wenn es keine Pausen gibt, sucht sich unsere Psyche ein anderes Ventil: Und wenn es nur das »Mal eben bei Facebook reinschauen« ist, aus dem leicht eine halbe Stunde oder mehr wird. Das schafft kurzfristig Entlastung, doch hinterher ist der Druck umso größer, denn die Arbeit erledigt sich in der Zwischenzeit natürlich nicht von selbst. Überstunden sind die Folge. Dadurch bleibt noch weniger Zeit, neben der Arbeit einmal abzuschalten. Der Schlaf wird schlecht, nachts wachen die Betroffenen auf, die Gedanken kreisen …

All das passiert im intuitiven Denkmodus nicht. Ist dieser die Grundeinstellung in unserem inneren Navigationssystem, wird immer automatisch die stressfreieste Route gesucht. Die analytisch-planende Denkweise wird nur eingeschaltet, wenn sie wirklich gebraucht wird. Das Ergebnis: Wir sind effektiv, schaffen mehr in kürzerer Zeit, kommunizieren mit weniger Missverständnissen und haben obendrein Spaß bei fast allem, was wir tun.

Wie Sie lernen, diese fabelhafte Denkweise in Ihr Leben zu integrieren, dazu komme ich jetzt.

Kapitel 8

Bewusst, wie ... wir das intuitive Denken in unser Leben integrieren, was die Meditation dazu beitragen kann und warum Descartes' Cogito ergo sum leider einen Denkfehler enthält

*Allein im Bereich des Bewusstseins ist der Mensch frei,
Bewusstsein wiederum ist nur im jeweils gegenwärtigen
Augenblick möglich.*
Leo Tolstoi

Vermutlich haben Sie es sich, während Sie dieses Buch lesen oder ihm als Hörbuch lauschen, auf irgendeiner Sitzgelegenheit bequem gemacht. Ob Stuhl, Sessel oder bequemes Kissen ist ganz egal. Nun habe ich eine Quizfrage für Sie. Sie lautet:

Sind Sie die Unterlage, auf der Sie sitzen?

Wenn es Ihnen geht wie den meisten Menschen, denen ich diese Frage stelle, lachen Sie jetzt vermutlich, schütteln den Kopf und antworten: »Nein, natürlich nicht!« Nun will ich wissen: »Sind Sie die Buchstaben, die Sie lesen, oder die Töne, denen Sie lauschen?« Auch hier fällt es Ihnen sicher nicht schwer, spontan mit »Nein!« zu antworten. Es ist offensichtlich, dass wir nicht identisch sind mit Buchstaben in einem Buch oder Lauten, die aus einem Kopfhörer dringen, genauso wenig wie wir das Buch, das Lesegerät oder der Kopfhörer sind. Wenn ich nun aber frage: »Sind Sie Ihr kleiner Finger?« ist die Sache nicht mehr ganz so einfach zu beantworten. Hier zögern Sie vielleicht und denken nach. Die meisten Leute entgegnen jetzt: »Das nicht, aber er ist ein Teil von mir.« Falls dies auch Ihre Antwort wäre, frage ich zurück: »Sind denn Menschen, die ihren kleinen Finger bei einem Arbeitsunfall verlieren, weniger sie selbst?«

Wenn ich mit einem solchen Frage- und Antwortspiel die verschiedenen Körperteile durchgehe, wird schnell klar: Wir sind nicht unser Körper, genauso wenig, wie wir die Dinge um uns herum sind.

Frage ich Sie nun aber: »Sind Sie Ihre Gedanken?« geraten Sie vielleicht wieder ins Grübeln. Möglicherweise sind Sie auch im vorigen Kapitel zusammengezuckt, als es hieß: Das ist *nur* ein Gedanke. Unsere Gedanken sind in unserer Vorstellung ja meist schon sehr nah dran an dem, was uns ausmacht. Schließlich hat auch der Philosoph René Descartes im 16. Jahrhundert verkündet: *Cogito ergo sum!* »Ich denke, also bin ich!« Wir sind es gewohnt, unser Selbst mit dem Inhalt unserer Gedanken zu identifizieren, ganz einfach, weil sie in unserem Kopf geschehen. Irgendwo da drin vermuten wir unser Ich, unsere Seele, unseren Geist, unsere Essenz. Aber was geschieht dann, wenn wir mal gerade nichts denken, weil wir zum Beispiel meditieren, traumlos schlafen oder vor uns hin dösen? Sind wir dann nicht mehr vorhanden? Ich kann Sie beruhigen: Natürlich sind wir das! Der alte Descartes hat einen – haha! – Denkfehler gemacht: Wir können nicht unsere Gedanken sein, weil wir in diesem Fall in ihrer Abwesenheit aufhörten zu existieren. Da die allermeisten Menschen von einem ständigen Gedankenstrom mitgerissen werden, fällt dieser logische Fehler aber selten auf.

Verstehen Sie mich nicht miss: Selbstverständlich gibt es wertvolle Gedanken. Es gibt fantastische Ideen. Erfindungen. Philosophische Betrachtungen. Romane. Sachbücher. Hausarbeiten. Referate. Präsentationen. Kurse. All das und noch viel mehr wird geboren aus Gedanken. Aber nicht jeder Gedanke ist automatisch großartig, nur weil es ihn gibt. In meinen Seminaren mache ich ab und zu eine Übung, in der die Teilnehmer im Raum herumgehen und sofort jeden Gedanken, der ihnen dabei kommt, aussprechen sollen, ohne Zensur. Dabei kommt das kurioseste Zeug heraus: »Oh, ist das Linoleum hier auf dem Boden? Das quietscht so!«, »Da ist die Fliege von vorhin schon wieder!«, »Hoffentlich denke ich nichts Unanständiges, das wäre ja peinlich!«, »Langsam kriege ich Appetit«, »Wann ist endlich Kaffeepause?«, »Da kommt ein Pickel auf meiner Nase, ich spüre es genau!« oder, auch das kam schon vor, einfach »Schubidu«.

Sie sehen: Automatische Alltagsgedanken sind selten nobelpreisverdächtig. Brillante Gedanken werden dagegen oft aus der Stille geboren. Ein Buch ist zum Beispiel das Ergebnis unendlich vieler Gedanken, von denen es nur die für am besten befundenen auf die Seiten zwischen den Buchdeckeln geschafft haben. Der israelische Historiker Yuval Noah Harari, Autor der fantastischen Bestseller »Eine kurze Geschichte der Menschheit« und »Homo Deus: Eine Geschichte von Morgen«, meditiert täglich zwei Stunden und zieht sich darüber hinaus einmal pro Jahr für bis zu zwei Monate zurück, um ausschließlich innere Einkehr zu betreiben. Ohne Zerstreuung durch Computer, Smartphone, Fernseher oder Bücher. Man könnte sich fragen, wie jemand bei so viel vermeintlichem »Herumsitzen und Nichtstun« die Zeit findet, einen mit jeder Menge Recherche verbundenen 500-Seiten-Wälzer nach dem anderen zu schreiben, an der Uni zu lehren, Vorträge zu halten und obendrein das »Herumsitzen und Nichtstun« auch noch anderen Menschen beizubringen – als Meditationslehrer.

Die Antwort ist: Das »Herumsitzen und Nichtstun« schenkt Zeit, statt sie zu rauben. Harari erklärte in einem Interview, wie ihm die Meditation seine Arbeit erleichtert und ihn zu einem besseren Historiker macht. Sie habe ihm zwei besondere Fertigkeiten vermittelt. Die erste sei die Fähigkeit, sich zu fokussieren und zwischen Wichtigem und Unwichtigem zu unterscheiden. Die zweite sei die Fähigkeit, Fiktion und Wirklichkeit zu unterscheiden: »99 Prozent all dessen, was wir für wahr halten, sind nur Geschichten in unserem Kopf«, eröffnete Harari dem Interviewer.

Hararis Beispiel zeigt, dass regelmäßig geübte Meditation langfristig positive Folgen hat. Sie macht uns nicht nur ruhiger, sondern auch effektiver, weil der Verstand glasklare Schärfe bekommt. Das Gleiche gilt für regelmäßig geübte Selbsthypnose: Wie jede Meditation beruht auch sie auf durch Fokussierung hervorgerufene Trance. Der entscheidende Unterschied besteht vor allem darin, dass bei der Meditation normalerweise eine innere Leere angestrebt wird, während diese Leere in der Selbsthypnose mit einer auf individuelle Ziele abgestimmten Suggestion gefüllt wird.

Egal, ob wir regelmäßig Meditation oder Selbsthypnose praktizieren: Wir werden bei beidem mit Herausforderungen, die uns sonst wahrscheinlich gestresst hätten, besser fertig, weil wir durch steigende Konzentrationsfähigkeit effektiver bei unseren alltäglichen Tätigkeiten werden. Unser Tun wird außerdem beglückender. Mit steigender Fokussierung kann alles, was wir tun, selbst zu einer Meditation oder gar zu einem Flow-Erlebnis werden. Durch die ständige Übung steigt wiederum die Konzentrationsfähigkeit weiter an ... Eine wunderbare Positivspirale!

Harari bestätigt hier aber noch etwas: Das Wichtige ist nicht die Gesamtheit aller Gedanken. Es ist unsere *Fähigkeit* zu denken und zu merken, dass wir denken. Diese Fähigkeit ermöglicht uns, die bewusste Kontrolle über die Gedanken zu übernehmen, statt uns von ihnen treiben zu lassen. Sie lässt uns unerwünschte Gedanken, die erst mal »nur Geschichten in unserem Kopf« sind, erkennen, bevor sie die Gelegenheit haben, zu unserer Wirklichkeit zu werden. So können wir Gedanken, die uns nicht weiterbringen, einfach fallen lassen – oder sie so modifizieren, dass sie uns eben doch weiterbringen, wie Sie es zum Beispiel in der Stoppschild-Übung gemacht haben.

Was passiert, wenn der Gedankengenerator Pause macht?

Für viele, vor allem diejenigen, die noch keine Erfahrungen mit Meditation oder ähnlichen Techniken gemacht haben, ist es dennoch im ersten Moment schwierig zu akzeptieren, dass ihre Gedanken nicht zumindest ein Teil ihres Ichs sein sollen. Dass es anders sein muss, wird am ehesten klar, wenn man einmal ganz bewusst und im Wachzustand erlebt, *keine* Gedanken zu haben. Beim Mystiker und spirituellen Lehrer Eckhart Tolle gibt es zum Beispiel den sogenannten »Stillen Beobachter«. Den kann man sich wie ein kleines Männchen im Kopf vorstellen, das alles, was durch die Sinnesorgane hereinkommt, beobachtet, ohne es zu beurteilen. Auch alle Gedanken betrachtet dieses Männchen einfach nur, ohne sie zu beurteilen. Ruhig und kontemplativ, wie es auch ein Blatt im Wind anschauen würde, ohne es zu kommentieren.

Probieren Sie es einfach einmal aus. Setzen Sie Ihren persönlichen Beobachter in Ihren Kopf und staunen Sie. Wenn man ihn nämlich einmal platziert hat und ihn wie eine Maus am Mauseloch auf das Entstehen eines Gedankens warten lässt, passiert nämlich fast immer etwas sehr Spannendes: Es stellt sich nach kurzer Zeit vollkommene Gedankenflaute ein. Aus dem sonst unermüdlichen Gedankengenerator unseres Gehirns kommt plötzlich gar nichts mehr. Wir werden vollkommen ruhig und befinden uns zu hundert Prozent im Hier und Jetzt. Natürlich könnte man argumentieren, dass auch der

»Stille Beobachter« nur ein gedankliches Konstrukt ist. Wenn Sie dieser Ansicht sind, lassen Sie spaßeshalber die Vorstellung des kleinen Mannes weg. Sie werden feststellen, dass da dennoch weiter »jemand« ist, der beobachtet. Wer oder was das ist? Genau! *Das* ist Ihre Essenz:

Bewusstsein!

Wenn man alles Äußere, einschließlich des Körpers, der Gedanken und auch dessen, was man als Charakter oder Persönlichkeit bezeichnet, abzieht, bleibt nämlich Bewusstsein übrig. Achtung, damit ist nicht das ständig alles kommentierende »Bewusstsein« gemeint, das im Kopf alles hin und her wälzt. Das wäre wieder Descartes' Missverständnis. Das Bewusstsein, das ich meine, kann man auch Gewahrsein nennen. Das ruhige, präsente Betrachten dessen, was ist. Innen und außen. Die Erkenntnis, dass das, was uns ausmacht, Bewusstsein – oder eben Gewahrsein – ist, kommt aus der Nondualität, die unter anderem Grundlage der hinduistischen Glaubensrichtungen ist. Nondualität bedeutet, dass alles eins ist und wir nicht abgespalten sind vom Rest der Welt, dem Rest des Universums, sondern mit ihm verbunden. Nicht irgendwie lose über eine Leitung oder ein Band, sondern das Universum oder das alles Verbindende durchdringt uns.

Wir bestehen aus Atomen, und die Atome bestehen aus Elektronen – aber was ist dazwischen? Die Antwort lautet: nichts. Zwischenraum. In uns, zwischen den Atomen unseres Körpers, ist viel mehr von diesem Zwischenraum-Nichts als irgendetwas anderes, ebenso wie in dem Sessel, auf dem wir sitzen. In der Luft, die wir atmen. In dem Menschen, der uns gegenübersitzt. Oder auch in dem Stein, den wir aufs Wasser eines Sees flippen, ebenso wie in dem See selbst. Das ganze Weltall ist voll dieses Nichts. Wenn man davon ausgeht, dass alles eins ist, dann kann man sich dieses Nichts zwischen den

Elektronen als die alles durchdringende geheimnisvolle Verbindung vorstellen.

Ich gebe zu, dass solche Vorstellungen ziemlich spacig klingen. Aber wenn man sich darauf einlässt, ist es vollkommen logisch. Und für mich »erklärt« das zum Beispiel den Teil meiner Gabe, die Gedanken anderer lesen, ja, *erfühlen* oder einfach *wissen* zu können – etwas, das sich normalerweise nicht einfach so erklären lässt. Es stimmt, vieles von dem, was ich tue, sogar das meiste, lässt sich wissenschaftlich begründen – und das mache ich, wie Sie bestimmt bereits gemerkt haben, ja auch gerne. Aber es bleibt immer noch etwas zurück, was eben nicht bis ins Letzte erklärbar ist. Der Funke, der überspringt und mich mit anderen Menschen verbindet. Und der auch Sie mit allen anderen verbindet. Ich finde diese Vorstellung, im wahrsten Sinne des Wortes, zauberhaft.

WER BIST DU?

Eine Frau hatte einen Unfall und lag im Koma. Auf einmal war ihr, als verließe sie ihren Körper. Sie fand sich vor der Himmelspforte wieder.

Niemand war zu sehen, aber eine freundliche Stimme fragte:

»Wer bist du?«
»Die Huber Maria!«
»Ich habe nicht gefragt, wie du heißt. Ich möchte wissen, wer du bist!«
»Ich bin die Frau des Dorfarztes.«
»Es ist mir egal, wessen Frau du bist. Wer bist du?«
»Ich bin die Mama von Alois, Sepp und Erika.«
»Ich will nicht wissen, wessen Mutter du bist, sondern wer du bist!«
»Floristin!«

»Was kümmert mich dein Beruf? Wer bist du?«

»Eine gläubige Katholikin.«

»Deine Religion ist mir egal, ich will nur wissen, wer du bist!«

»Die, die sich im Dorf um die Waisen und Bedürftigen kümmert!«

»Was du getan hast, ist irrelevant, sag mir einfach, wer du bist!«

So ging es weiter. Egal, was die Frau auch sagte, nichts stellte die Stimme zufrieden. Schließlich erklang ein tiefer Seufzer. Die Frau wurde zurückgeschickt. Sie erwachte aus dem Koma, wurde gesund – und nahm sich für den Rest ihres Lebens vor, die Antwort auf die Frage, wer sie sei, herauszufinden.

Werden Sie zum Lenker Ihrer Gedanken — und damit Ihres Lebens

Egal, ob Sie mir in puncto Universum und Nondualität zustimmen oder nicht – bis hierhin sollte auch einem Skeptiker klar geworden sein, dass wir nicht identisch sind mit unseren Gedanken.

Und genau deswegen gibt uns die Einsicht »Das ist nur ein Gedanke« die Zügel in die Hand. Wir sind der, der beobachtet, und als solcher können wir uns mit jedem neu auftauchenden Gedanken entscheiden, ob wir diesem erlauben möchten, eine Rolle in unserem Leben zu spielen. Erst, wenn wir ihm diese Erlaubnis erteilen, bekommt er Macht und wird vom flüchtigen Gedanken zur wirksamen Suggestion. Machen Sie sich darum keine Sorgen, wenn Ihnen etwas Ungünstiges durch den Kopf gegangen ist. Sie können allem Negativen jederzeit mit der Beobachtung »Das ist nur ein Gedanke« sofort jegliche Macht entziehen – wie einem Albtraum!

In genau dem Moment, in dem uns klar wird, dass wir denken, halten wir den Strom der Gedanken oft schon an. So, als würden wir in einem Film auf die Stopptaste drücken. Auf diese Weise können wir den aktuellen Gedankengang herausfischen und ihn genauer anschauen. Dabei stellen wir fest, dass der Gedanke unser eigenes Produkt ist. Ein Objekt, das wir wegwerfen können, wenn es uns nicht gefällt. Wir stellen aber auch fest, dass dieses Objekt flexibel ist und wir es nach Belieben umformen können. Zum Beispiel in eine Suggestion, die uns zu unseren Zielen führt, statt von ihnen weg. Denn bewusst nach unseren Wünschen geformte Gedanken sind der erste Schritt zu einer wundersamen Metamorphose unseres Lebens.

Notbremse und Rückwärtsgang – durch Meditation zurück zur Intuition

Zu erkennen, dass wir denken, ist also der erste Schritt hin zum intuitiven Denken. Doch es gibt auch Situationen, in denen es uns nicht gelingt, vom Prozess des Denkens einen Schritt zurückzutreten. Das sind die Gelegenheiten, in denen wir bereits zu sehr unter Strom stehen. Wenn wir uns längere Zeit im Stressmodus befinden, zirkulieren zu viele Unruhe stiftende Hormone in unserem Körper, und das lässt uns, wie wir schon gesehen haben, auf Autopilot nach Problemen suchen. Diesen Zustand willentlich abzustellen, ist oft nicht ad hoc möglich, sogar, wenn wir wissen, dass wir uns gerade um Kopf und Kragen denken. Vielleicht ist da irgendwo im Hinterkopf eine Stimme, die uns daran erinnert, unsere stressigen Gedanken nicht zu ernst zu nehmen, aber sie ist gedämpft und dringt nicht richtig zu uns durch. Schließlich fühlt sich der Stress total real an. Statt zur Ruhe zu kommen, präsentieren unsere Gedanken im Minutentakt eventuelle Probleme, auf die sich unser Gehirn dann gierig stürzt, um sie zu zerpflücken und zu schrecklichen Szenarien aufzubauschen. Szenarien, für die – das behauptet unser »Verstand« – man sich unbedingt irgendwie wappnen muss, auch wenn das momentan völlig unmöglich ist.

Der Weg zurück in ruhigere Gedankenfahrwasser führt in so einem Notfall mal wieder durch unseren Körper. Bei Stress atmen wir unwillkürlich flach und nur in den oberen Brustkorb. Auch dies ist ein Reflex aus Zeiten, als wir noch in Höhlen lebten, denn wer sich im Gebüsch vor potenziellen Feinden und wilden Tieren versteckt, tut gut daran, seine Atmung so unauffällig wie möglich zu gestalten. Außerdem ist der Sympathikus unseres vegetativen Nervensystems in heller Aufruhr: Wir sind gespannt wie ein Flitzebogen, jeden Augenblick bereit zu Flucht oder Kampf. Die Aktivität des Sympathikus-Gegenspielers, des Parasympathikus, der im Ruhemodus dominiert, geht dabei gegen null.

Wenn es uns gelingt, dieses Verhältnis umzukehren, werden wir nicht nur ruhiger, sondern erlangen auch die Kontrolle über unser Denken zurück – und damit über den Stress.

Das funktioniert zum Beispiel – mal wieder – hervorragend mit dem Lachwunder, denn Lachen stimuliert den Parasympathikus. Eine etwas schnellere und unauffälligere Möglichkeit, dies zu tun, ist die bewusste Atmung. Die folgende Übung, die nichts anderes als eine Minimeditation ist, können Sie sogar einschieben, wenn Sie in einer Konferenz sitzen oder in der Warteschlange an der Supermarktkasse stehen. Oder, wenn Sie abends im Bett liegen. Es gibt nur eine Einschränkung: Machen Sie diese Atemübungen bitte niemals, während Sie ein Verkehrsmittel oder eine Maschine führen, es ist möglich, dass Ihnen dabei kurz ein wenig schwindlig wird.

DIE 4711-ATMUNG

Sollten Sie nun an ein Duftwässerchen aus Köln denken, liegen Sie nicht ganz falsch, auch wenn Namensgleichheiten hier rein zufällig sind. Aber so ähnlich, wie Kölnisch Wasser einst ohnmächtige Damen wiederbeleben konnte, bringt uns die 4711-Atmung wieder zurück ins Hier und Jetzt. Die Ziffern 4711 dienen dabei als Eselsbrücke für die Abfolge der Atemübung.

Bei dieser Übung liegt die Betonung auf der Ausatmung, weil dadurch die Nervenstränge des Parasympathikus aktiviert werden. In der Folge sinken Herzfrequenz und Blutdruck, unser ganzer Organismus beruhigt sich. Auch Panikattacken oder Prüfungsangst werden wirksam bekämpft, das Brett vorm Kopf löst sich auf, wir können wieder klar denken.

Die Übung gibt es in zwei Varianten. Beide sind sehr wirkungsvoll, probieren Sie einfach aus, welche Ihnen besser liegt:

4711 – die erste
Diese Version der Übung wird vier Mal hintereinander durchgeführt (dafür steht die 4):

Atmen Sie tief durch die Nase in den Bauch ein, sodass sich die Bauchdecke wölbt. Zählen Sie dabei im Geiste langsam bis sieben (7). Halten Sie ganz kurz den Atem an.

Atmen Sie nun wieder tief und langsam aus – diesmal durch den Mund mit etwas geschürzten Lippen – in etwa, als wollten Sie eine Kerze auspusten. Dabei zählen Sie langsam bis elf (11). Halten Sie wieder ganz kurz den Atem an.

Machen Sie diese Variante der Übung wegen ihrer stark beruhigenden Wirkung bitte wirklich nur vier Mal direkt hintereinander und legen Sie danach unbedingt eine mehrminütige Pause ein, falls Sie sie wiederholen wollen.

4711 – die zweite

Atmen Sie vier *(4)* Sekunden tief durch die Nase in den Bauch ein. Halten Sie ganz kurz die Luft an.

Danach atmen Sie sieben *(7)* Sekunden tief durch den Mund aus. Halten Sie kurz den Atem an.

Das Ganze wiederholen Sie elf *(11)* Mal.

Auch diese Variante machen Sie bitte auf keinen Fall, während Sie ein Fahrzeug oder eine Maschine bedienen.

Falls Sie etwas mehr Zeit haben oder nach einem stressigen Tag runterkommen möchten, können Sie auch einmal den Klassiker ausprobieren: die Om-Meditation. Dafür müssen Sie kein versierter Yogi sein, das bin ich auch nicht, aber ich liebe diese Meditation. Sie ist auch deshalb so beliebt, weil sie so einfach und dabei extrem wirksam ist.

In einer indischen Studie konnten die Forscher messen, dass das Summen der zum »Om« kombinierten Laute »O« und »M« eine besonders entspannende Wirkung hat, weil der Laut direkt auf den Vagusnerv wirkt. Der Vagus ist der Hauptnerv des Parasympathikus. Seine gezielte elektrische Aktivierung mittels eines implantierten Impulsgebers wird bereits seit Langem schulmedizinisch als Therapie bei Depressionen und Epilepsie eingesetzt. Dabei ginge es oft ganz ohne Eingriff – die Betroffenen müssten nur regelmäßig summen! Eine zweite indische Studie stellte fest, dass das Summen des Om-Lautes effektiv Depressionen lindert, Angst und Stress reduziert und außerdem bei älteren Menschen das Gedächtnis verbessert. Doch nicht nur Inder befassen sich mit der Wirkung des »Om«: Schwedische Wissenschaftler fanden heraus, dass die Nasennebenhöhlen besser belüftet werden und es dort zu chemischen Reaktionen kommt, die überschießende Entzündungen hemmen. Hervorragende Neuigkeiten für Menschen, die unter ständigen Entzündungen der Nebenhöhlen leiden!

Unzweifelhaft ist außerdem, dass das Summen des Om-Lautes eine wunderbare Möglichkeit ist, aus akutem Stress auszusteigen und ihn abzubauen. Wer die Om-Meditation regelmäßig übt, trainiert sein System so, dass Stress gar nicht erst entsteht, weil sie das intuitive Denken fördert. Sie eignet sich aufgrund der beschriebenen Wirkungen besonders, wenn Sie abends zur Ruhe kommen möchten. Ideal ist es, den Tag mit belebendem Lachyoga zu beginnen – und mit »Om« ausklingen zu lassen.

Die Om-Meditation ist sowohl für sich genommen ein wohltuendes, heilsames Ritual als auch eine fantastische Einleitung – oder Begleitung – für die gezielte Selbsthypnose. Suchen Sie sich zum Üben einen Raum, in dem Sie einige Minuten ungestört sind und in dem es möglichst ruhig sein sollte.

Stellen Sie sich zunächst einen Timer. Als Meditationsanfänger reichen erst einmal fünf Minuten, die Sie nach und nach steigern können. Dabei ist es grundsätzlich besser, regelmäßig wenig Zeit auf die Meditation zu verwenden, als sporadisch eine richtig lange Sitzung abzuhalten. Am besten ist es allerdings, täglich mindestens eine Viertelstunde für die innere Einkehr zu reservieren. Doch kein Stress – steigern Sie die Zeit in Ihrem Tempo, nicht verkrampft. Legen Sie einfach erst mal los.

DIE OM-MEDITATION

Setz dich entspannt hin.
Die Beine hüftbreit aufgestellt.
Die Füße stehen fest auf dem Boden, die Hände ruhen auf den Oberschenkeln.
Dein Rücken ist gerade aufgerichtet.
Die Schultern fallen nach hinten unten.
Schließ die Augen.

Lausche einige Momente in die Stille.
Atme tief durch die Nase ein und aus.
Ein und aus.
Intoniere nun ein tiefes »O« und halte es einige Sekunden.
Spüre, wie das »O« deinen Brustkorb vibrieren lässt und woh-
lige Wellen in den Bauchraum schickt.
Lasse das »O« nach etwa fünf Sekunden in ein »M« übergehen.
Halte das »M« etwa doppelt so lang wie das »O«.
Spüre, wie das »M« sich in deinem Kopf ausbreitet.
Vom Hals nach oben über die Nase bis hinter die Stirn.
Atme danach wieder tief durch die Nase ein und aus.
Ein und aus.
Lausche in die Stille.
Wiederhole die Übung drei bis fünf Mal,
oder sooft es dir gefällt.

Wenn Sie gelenkig genug sind, können Sie sich auch wie die Yogi im Schneider- oder gar Lotussitz niederlassen und die Hände vor der Brust zur sogenannten Namaskara-Mudra falten. Dabei sind die Fingerspitzen nach oben gerichtet wie bei einem Gebet und der Daumen berührt über seine gesamte Länge das Brustbein. Der Vorteil ist hier, dass sich die Vibration auf die Hände überträgt. Sie verstärken wie ein Resonanzkörper die Schwingungen entlang des Brustbeins. Hier sitzen Akupressurpunkte, die unter anderem Asthma lindern sollen und unterstützend bei der Behandlung von Suchterkrankungen wirken.

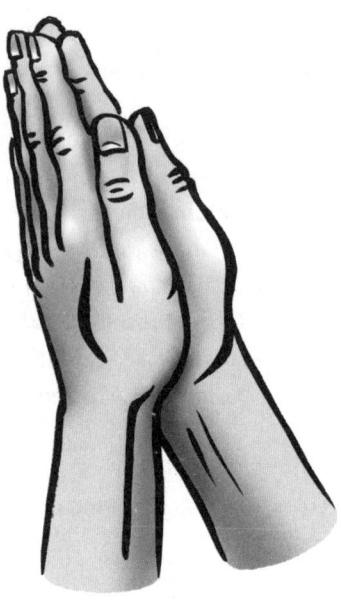

Übrigens: Falls Sie ein Baby haben, das nicht zur Ruhe findet, können Sie sich auf den Rücken legen, das Kind bäuchlings auf Ihrer Brust platzieren und »Om« summen. Die Vibration überträgt sich aufs Baby. Es wird in jedem Fall ruhiger werden oder sogar selig einschlummern.

Möchten Sie dagegen nicht runterkommen, sondern benötigen gerade besonders viel Energie, ohne dabei in Stress zu geraten, ist das folgende Ritual etwas für Sie.

DER TEPPICH, DER FLÜGEL VERLEIHT

Gegen negative Einflüsse – und damit gegen Stress – wappnen Sie sich effektiv mit dem Energieteppich.

Besorgen Sie sich einen schönen, weichen, kleinen Teppich, auf dem Sie barfuß gern stehen. Den legen Sie vors Bett, auf der Seite, auf der Sie morgens aufstehen. Treten Sie nun einmal mit beiden Füßen vor den Teppich und stellen Sie sich vor, dass sich direkt vor Ihnen, mitten auf dem Teppich, eine breite Energiesäule befindet. Vielleicht stellen Sie sich diese vor wie die wabernden Lichtsäulen, mit deren Hilfe die Besatzung des Raumschiff Enterprise auf fremde Planeten gebeamt wurde. Falls Sie den Transporter aus Star Trek nicht kennen, denken Sie sich einfach eine riesige Batterie von den Dimensionen einer Duschkabine.

Diese Energiesäule laden Sie nun auf – und zwar mit all dem Schönen Ihres Lebens. Stellen Sie sich vor, wie Sie alles, was Ihnen ein gutes Gefühl verleiht, in diese Säule hineingeben. Alles, was Sie entspannt. Alle Aktivitäten, die Ihnen Spaß machen. Alle positiven Emotionen. Liebe. Spaß. Jubel. Freiheit. Entspannung. (Falls Ihnen spontan nichts oder nur wenig einfällt, können Sie hier auch nach dem Muster des Lachraums von S. 53 vorgehen, also zunächst eine Liste aller positiven Dinge machen, die Ihnen einfallen, und die Energiesäule nach und nach positiv aufladen.)

Wenn Sie das getan haben, treten Sie in die Energiesäule hinein. Schließen Sie die Augen und lassen Sie sich von dieser geballten positiven Lebenskraft einmal durchfluten. Spüren Sie die Energie in jeder Körperzelle.

Nun treten Sie wieder aus der Energiesäule heraus, spüren den Unterschied. Dann gehen Sie ein weiteres Mal hinein und spüren erneut die Energie. Wiederholen Sie das einige Male – et voilà: Fertig ist Ihr Energieteppich!

Mit Ihrem Energieteppich starten Sie jeden Tag auf die beste denkbare Weise, denn Ihr allererster Schritt spendet Ihnen bereits Energie und Schwung. Besonders effektiv ist es, wenn Sie jeden Morgen kurz mit geschlossenen Augen in der Energiesäule verweilen und bewusst spüren, wie Ihr Körper und Geist von den positiven Emotionen geflutet werden.

Falls Sie viel unterwegs sind, können Sie auch eine dünne Yogamatte oder Ähnliches verwenden, damit Sie auch auf Reisen von Ihrem Energieteppich profitieren können.

Denken Sie um und zeigen Sie dem »Verstand«, wo es langgeht

Ob Sie nun eine kurze Atemübung machen, in die Energiesäule treten, zum »Om« meditieren oder eine der anderen Übungen machen, die ich Ihnen in diesem Buch bisher vorgestellt habe, Sie stoppen die akute Stressreaktion Ihres Körpers und damit die Ihres Geistes. Ihre Gedanken beruhigen sich. Anschließend haben Sie zwei Möglichkeiten.

Möglichkeit eins: Sie genießen den Moment der Entspannung und der Pause vom Stress. Danach machen Sie weiter wie bisher: Sie identifizieren sich mit Ihren Gedanken und lassen sich bei nächster Gelegenheit wieder mitreißen, wenn Ihr wichtigtuerischer »Verstand« Probleme wälzt, bevor sie überhaupt auch nur andeutungsweise am Horizont erscheinen. Oder wenn er versucht, Probleme zu lösen, für die ihm wichtige Variablen fehlen. Oder wenn er Sie mit wehmütigen Erinnerungen an verlorene Tage plagt. Oder Ihnen mit strenger Miene vorrechnet, was Sie alles noch bis zum Termin XY erledigt haben müssen. All das so lange, bis Sie wieder so gestresst sind, dass Sie eine Notfallübung machen müssen, weil Ihr Puls rast, Ihre Hände schwitzig sind und Sie nicht wissen, wo Ihnen der Kopf steht.

Möglichkeit zwei: Wo Sie schon einmal da sind, bleiben Sie bewusst in der Gegenwart. Im intuitiven Denken, das dadurch gekennzeichnet ist, dass es von der Aufgabe oder der Situation ausgefüllt wird, die Sie aktuell vor sich haben. Ob das das Einräumen der Spülmaschine ist, das Erstellen eines Plans im Job oder das Abschalten nach einem anstrengenden Tag. Sie tun das, weil Sie verstanden haben, dass der gegenwärtige Moment der einzige ist, an dem Sie überhaupt etwas bewirken können:

Die Vergangenheit ist schon vorbei, die Zukunft noch nicht da. Wenn Sie merken, dass Sie gedanklich abschweifen, machen Sie sich das bewusst. Sie bekämpfen den Gedanken nicht, sondern schauen ihn an. Anschließend lassen Sie ihn ziehen oder formen ihn zu einer positiven Suggestion um. Dann fokussieren Sie sich wieder auf Ihr Hier und Jetzt. Wenn Ihnen das nicht gleich gelingt, lassen Sie sich von einer der in diesem Buch vorgestellten Übungen oder von einem der Rituale dabei helfen. Ob vom Lachwunder, der Fokussierung auf ein Wort, der Jubelpose, der 4711-Atmung oder den Übungen, die ich Ihnen noch vorstellen werde, ist völlig egal. Und falls der Stress – der Sie in diesem Denkmodus sehr viel seltener heimsuchen wird – Sie doch einmal erwischt, lassen Sie sich davon nicht verrückt machen. Dann testen Sie ebenfalls eine der hier vorgestellten Übungen und bringen sich geduldig zurück auf den Kurs des intuitiven Denkens.

Sie ahnen sicher, welche der beiden Varianten ich empfehle. Dabei geht es nicht darum, hie und da ein bisschen mehr »Achtsamkeit« in den Alltag einzubauen. Es geht tatsächlich um ein grundlegendes »Umdenken«. Also darum, sich des Denkens bewusst zu werden und das Gedanken-Navi in der Einstellung »Intuition« zu betreiben.

Ich verspreche Ihnen: Sie werden schnell merken, wie die »neue« Denkweise Ihren Alltag entstresst. Sie werden feststellen, wie Sie zufriedener werden und mehr schaffen. Und je länger Sie dabeibleiben, umso selbstverständlicher wird diese Art des Denkens für Sie.

Dennoch kann es sein, dass es – gerade zu Beginn – manchmal schwierig scheint, sich auf den Moment zu fokussieren. Schließlich ist die analytisch-planerische Denkweise für die meisten von uns eine über viele Jahre eingeübte Gewohnheit, in die wir schnell verfallen, ohne es überhaupt zu merken. Gerade bei Tätigkeiten, die wir automatisch machen und die uns geistig nicht sehr fordern – vom Gemüseschnippeln bis zum Fensterputzen – kann es sein, dass die Gedanken plötzlich auf ungewollte Wanderschaft gehen. Wichtig ist, dass Sie sich dann keine Vorwürfe machen. Das hier ist kein Wettbewerb. Bringen Sie sich einfach wieder geduldig zurück in die Gegenwart, sobald Sie Ihr Abschweifen bemerken. Sogar Ihr Smartphone kann Sie unterstützen:

JETZT IST DIE ZEIT

Stellen Sie im Timer Ihres Telefons für einige Male am Tag einen nicht zu schrillen Alarm ein. Jedes Mal, wenn der Timer sich meldet, überprüfen Sie, ob Sie gerade präsent sind. Falls nicht, führen Sie Ihre Gedanken zurück in die Gegenwart, indem Sie sich auf Ihren Atem oder Ihre sinnlichen Wahrnehmungen konzentrieren, ohne sie gedanklich zu kommentieren. Auch der hypnotische Kieselstein aus Kapitel sechs kann Ihnen beim »Umdenken« helfen: Stecken Sie ihn in die Tasche und immer, wenn Sie ihn zufällig berühren, machen Sie den Gedankencheck.

Kapitel 9

Gefühlte Wahrheiten: Wie uns vorschnelle Urteile, vergangene Erlebnisse und falsch interpretierte Emotionen Stress machen — und wie wir uns davon einfach nicht aus der Ruhe bringen lassen

> Jedes Wort ist ein Vorurteil.
> *Friedrich Wilhelm Nietzsche*

Ich habe wieder einmal ein Gedankenexperiment für Sie. Nehmen Sie dafür bitte zunächst einen Zettel und einen Stift zur Hand. Dann stellen Sie sich Folgendes vor:

Sie stehen an der Theaterkasse und möchten Tickets für eine begehrte Show ergattern, bevor sie ausverkauft ist. Darum sind Sie in aller Herrgottsfrühe aufgestanden und waren schon lange vor der Öffnung des Schalters am Theater. Mittlerweile sind Sie müde und hungrig, aber gleich sind Sie endlich dran. Doch dann geschieht etwas Unerhörtes: Jemand drängelt sich vor und tritt Ihnen dabei auch noch auf die Füße. Sie sehen nur noch den breiten Rücken dieses unverschämten Zeitgenossen.

Horchen Sie jetzt einmal in sich hinein: Wie fühlt sich das an? Werden Sie sich Ihres Gefühls bewusst. Schreiben Sie es auf. Nun denken Sie sich noch einmal in dieselbe Situation hinein:

Sie stehen immer noch an der Theaterkasse und dieser Kerl hat sich gerade vorgedrängelt. Plötzlich entdecken Sie an seinem rechten Oberarm eine gelbe Binde mit drei schwarzen Punkten, das Zeichen für jemanden, der blind ist. Außerdem sehen Sie jetzt, dass er einen weißen Blindenstock in der Hand hat und eine dunkle Brille trägt.

Spüren Sie noch einmal in sich hinein: Wie fühlt sich das jetzt an? Werden Sie sich erneut Ihres Gefühls bewusst. Schreiben Sie es auf.

Das Gedankenexperiment geht aber noch weiter:

Wieder sind Sie in genau derselben Lage. Sie sind angerempelt worden, jemand hat sich vorgedrängelt, der eine gelbe Binde mit drei Punkten um den Arm hat, einen Blindenstock in der Hand hält und eine dunkle Brille trägt. Nun tippt Ihnen ein anderer Wartender von hinten auf die Schulter und sagt: »Glauben Sie bloß nicht, dass der blind ist, das ist eine Masche, der tut nur so!«

Wie geht es Ihnen jetzt? Schreiben Sie Ihr Gefühl auf.

Nun versetzen Sie sich ein letztes Mal in die Situation:

Sie haben also gehört, dass der »Blinde« gar keiner ist. Nun sagt aber die Frau, die neben dem Mann steht, der Sie gerade »aufgeklärt« hat: »Sie müssen entschuldigen, mein Mann hat getrunken, wir kennen den Herrn dort vorne gar nicht!«

Und was denken Sie jetzt?

Schauen Sie einmal auf Ihren Zettel. Dort sind verschiedene Emotionen aufgezeichnet, die sich vermutlich zwischen Wut, Mitleid, Erstaunen, Empörung und Verwirrung hin und her bewegen. Einige dieser Emotionen haben Stress ausgelöst. Dabei war die Situation eigentlich die ganze Zeit über vollkommen dieselbe: Sie standen in der Schlange vor der Theaterkasse und haben gewartet, dass Sie drankommen, und jemand hat sich vorgedrängelt. Es war also nicht die Situation, die darüber bestimmt hat, wie Sie sich gefühlt haben, sondern Ihr (Vor-)Urteil *über* die Situation. Dieses hat Ihre Wahrnehmung in eine bestimmte Richtung gelenkt und entsprechende Gefühle ausgelöst.

Was haben nun aber diese Gefühle bewirkt, außer, dass sie Sie aufgewühlt und aus dem inneren Gleichgewicht gebracht haben? Nichts! Selbst wenn – was Sie nicht wissen – der Mann, der sich vorgedrängelt hat, tatsächlich ein Betrüger sein sollte, der sich verkleidet hat, um schneller dranzukommen, hat Ihr Stress die Situation nicht verändert. Ihre Reaktion hat Ihre Körperchemie völlig unnötig aus der Balance gebracht.

Viele Menschen wünschen einem Vordrängler oder auch jedem anderen, der sie ärgert, obendrein mit Inbrunst etwas Negatives an den Hals. Das ist sehr riskant, denn wir haben ja schon gesehen, wie jeder Gedanke sofort eine körperliche und psychische Reaktion nach sich zieht. Das Unterbewusstsein kann nicht gut unterscheiden, ob man jemand anderem oder sich selbst etwas wünscht. Das Ergebnis ist, dass diese Leute sich nur selbst mit negativer Energie und schlechter Laune aufladen. Wie viel besser wäre es also ganz im eigenen Interesse, in so einer Situation gelassen zu bleiben!

Wenn der Ärger kommt: Reflektieren statt automatisch reagieren

Auch wenn wir uns vorgenommen haben, das intuitive Denken zu unserer Gewohnheit zu machen, kann es in Situationen wie der beschriebenen an der Theaterkasse passieren, dass wir automatisch reagieren. Das macht aber nichts! Wir haben ja schon gesehen, dass wir es trainieren können, mental einen

Schritt zurückzutreten, um unsere Gedanken zu betrachten. Das Gleiche können wir tun, wenn wir merken, dass wir dabei sind, ein Geschehnis oder daran beteiligte Personen vorschnell in eine Schublade zu stecken. Denn auch diese Einordnung ist, Sie ahnen es, erst einmal nur ein Gedanke!

Das bedeutet natürlich nicht, dass Ihnen alles egal sein muss oder Sie sich alles gefallen lassen sollen. Aber oft tut unsere Meinung tatsächlich rein gar nichts zur Sache. Entweder, weil wir nichts ändern können. Oder weil es uns nichts angeht. Weil es zu gefährlich ist. Oder auch, weil etwas anderes gerade viel wichtiger ist.

Statt sich zu ärgern oder zu spekulieren, könnten Sie sich zunächst daran halten, was Sie sicher wissen. In meinem Beispiel: Da drängelt sich jemand vor. Mehr ist nicht bekannt. Dann können wir uns fragen: Kann ich konkret etwas tun – und was? Einen Drängler – ob er nun eine Blindenbinde trägt oder nicht – kann man etwa ruhig und freundlich darauf hinweisen, dass er sich bitte hinten anstellen möchte. Die Chancen, dass er das tut, stehen gut. Vielleicht war er gar nicht dreist, sondern hat einfach nicht begriffen, wo das Ende der Schlange ist. Etwas, was uns allen schon mal passiert ist. Vielleicht wird er Ihnen auch erklären, warum er es so eilig hat, und Sie um Verständnis bitten. Natürlich gibt es auch immer noch die Möglichkeit, dass der Mann tatsächlich ein Rüpel oder Betrüger ist, der sich nicht um seine Mitmenschen schert. Aber daran würde auch Ihre Wut nichts ändern. Es bleibt dabei: Bei dem Stress, der Wut oder Empörung, die Sie in solch einer Situation empfinden, sind Sie selbst der Leidtragende, niemand sonst. Wenn Sie merken, dass die Emotionen hochkochen, und Sie bereits zu wissen glauben, was Sache ist, hilft die Frage:

Könnte es auch ganz anders sein, als ich spontan annehme?

Die Szene an der Theaterkasse hat Ihnen da schon einige Anregungen geliefert. Sich in allen möglichen Situationen alternative Szenarien auszudenken, so abwegig sie auch erst mal scheinen mögen, trainiert unsere Offenheit und Empathie, also die Fähigkeit, sich in andere hineinzuversetzen und sie zu verstehen. Das ermöglicht Ihnen sofort eine größere Distanz zum Geschehen. In der Konsequenz erleichtert dieser kleine Denksport es Ihnen, erst mal kein Urteil zu fällen. Viele Autofahrer haben es beispielsweise schon einmal auf der Autobahn erlebt, dass mitten im Überholvorgang plötzlich ein Wagen von hinten heranrast und ihnen mit Lichthupe auf der Stoßstange klebt. Die Vermutung liegt nahe, dass man es mit einem Verkehrsrowdy zu tun hat, der sich nicht um Regeln zum sicheren Abstand kümmert. Es könnte aber auch sein, dass in dem Wagen jemand sitzt, dessen Frau gerade einen Herzinfarkt hat und dringend ins Krankenhaus muss. Aber egal, was der Grund für das Drängeln ist, wichtig ist es hier, gelassen zu bleiben. Schon allein, um die Gefährdung für sich selbst und andere Verkehrsteilnehmer so klein wie möglich zu halten. Wer den Drängler vor lauter Ärger über dessen vermeintliche Rüpelhaftigkeit ausbremst, provoziert möglicherweise einen schlimmen Unfall. Wie viel besser und sicherer wäre es, ruhig den Überholvorgang zu beenden und dann rechts rüberzufahren, sobald sich die Gelegenheit bietet.

Ein anderes Beispiel: Sie sehen einen Mann torkeln und mit unkontrollierten Bewegungen hinfallen. Dann kann es sein, dass Sie einen Betrunkenen vor sich haben. Es könnte aber auch sein, dass die Person einen epileptischen Anfall hat oder Opfer einer Lebensmittelvergiftung ist oder gerade von jemandem niedergeschlagen wurde. In jedem Fall ist es möglich, dass dieser Mensch Hilfe braucht. Ihm diese zu geben, ist viel wichtiger, als zu wissen, warum der andere hinfällt. Und selbst, wenn jemand – vermeintlich – selbst schuld ist an seiner Situation, weil er sich zu viel Schnaps einverleibt hat, bedeutet das nicht, dass er es verdient hat, verachtet und ignoriert zu werden, wenn er in Not ist. Auch hier können Sie überlegen, was dazu geführt haben könnte: Vielleicht hat der Mann einen Schicksalsschlag erlitten. Jemand ist gestorben, er hat seine Arbeit verloren oder er wurde von seiner Frau verlassen. Vielleicht war er auf einem Junggesellenabschied und hat einfach mit seinen Kumpels mitgehalten und zu spät gemerkt, dass es zu viel war. Es gibt viele mögliche Ursachen – welche die richtige ist, können sie erst einmal nicht wissen. Das Einzige, was Sie sicher wissen, ist: Da braucht jemand Hilfe. Alles andere ist nicht relevant.

Selbstverständlich gibt es auch ärgerliche Situationen, die uns direkt betreffen. Etwa ein Strafzettel wegen Falschparkens, weil wir ein Verbotsschild übersehen haben. Ein Kunde, der nicht rechtzeitig bezahlt. Ein bockiges Kleinkind, das seine Jacke nicht anziehen will, obwohl man schon spät dran ist. Eine Steuernachzahlung, für die wir gerade, im wahrsten Sinne, gar nichts übrig haben. Eine Reifenpanne im Schneeregen. Oder, wie in meinem Fall, ein plötzlicher Krankenhausaufenthalt, wenn man eigentlich etwas ganz anderes vorhatte.

Es ist verständlich, dass uns so etwas nervt und aufregt. Trotzdem: Wenn Ihre Emotionen – und damit der Stress – hochkochen, sollten Sie sich fragen:

Ändert es etwas an der Situation, wenn ich mich jetzt aufrege?

In fast allen Situationen wird die Antwort »nein« lauten. Zwar sind wir mit dieser Erkenntnis noch nicht sofort wieder ruhig und ausgeglichen, aber wir haben die Weichen für eine konstruktive, besonnene Reaktion gestellt. Sie erinnern sich: Die Akzeptanz des Status quo ist der erste Schritt zur Besserung der Lage. Und Sofortmaßnahmen, wie Sie zurück zur Ausgeglichenheit finden, haben Sie ja nun bereits einige kennengelernt.

Je mehr wir trainieren, Dingen, Situationen, Umständen und Personen einfach erst einmal urteilslos zu begegnen, umso leichter fällt es uns, auch in Situationen gelassen zu bleiben, in denen wir uns sonst aufgeregt hätten. Das Ziel ist es dabei, nicht mehr automatisch auf äußere Geschehnisse zu reagieren und sie einzuordnen. Stattdessen geht es darum, sich bewusst zu machen, dass jedes (Vor-)Urteil eine Entscheidung ist, die Welt in diesem Moment auf eine gewisse Weise zu sehen – und damit eine bestimmte Wirklichkeit zu konstruieren. Und zwar nicht irgendeine Wirklichkeit, sondern keine andere als unsere eigene. Sie erinnern sich: Wir filtern in jedem Moment das, was auf unsere Sinnesorgane einströmt, gemäß unserer Voreinstellungen, Stimmungen, Erfahrungen und Erinnerungen und formen erst daraus unsere Wahrnehmung.

Wenn wir uns das bewusst machen und uns mit dieser Wahrnehmung Zeit lassen, haben wir nicht nur sofort weniger Stress. Wir gewinnen auch Freiheit. Die Freiheit nämlich, die Sache anders zu sehen, sobald wir mehr wissen – oder auch die Freiheit, einfach gar nicht zu reagieren und unsere Energie für Wichtigeres zu reservieren. Zum Beispiel dafür, unsere Ziele zu verfolgen, Herzenswünsche zu erfüllen und Sinnvolles zu tun.

Der Weg zu dieser Freiheit beginnt immer damit, unsere Gedanken zu beobachten. Dann merken wir sofort, wann wir abschweifen. Je häufiger wir das in ganz alltäglichen Situationen tun, etwa beim Gang durch die Fußgängerzone oder beim Einkaufen, umso leichter fällt es uns, auch in brenzligeren Situationen gelassen zu bleiben.

Ein sehr schönes gedankliches Ritual, das uns dabei hilft und außerdem ganz wunderbare Nebenwirkungen hat, ist das Folgende:

AUGENBLICK MAL

Immer, wenn Sie merken, dass Sie innerlich einen Kommentar zu Ihren Mitmenschen abgeben, etwa »Der ist aber dünn!« oder »Na, wenn die mal nicht unter Drogen steht ...« oder »Denkt die wirklich, man sieht nicht, dass die ihr Gesicht mit Botox lahmgelegt hat?«, halten Sie inne. Erst recht, wenn Sie schon dabei sind, sich zu ärgern, weil Ihnen jemand mit dem Einkaufswagen in die Hacken fährt, Ihnen den Parkplatz vor der Nase weggeschnappt oder Sie angerempelt hat. Sagen Sie innerlich »Augenblick mal!« zu Ihren Gedanken und Gefühlen. Dann atmen Sie einmal tief in den Bauch – und ersetzen dabei Ihren Kommentar durch einen guten Wunsch:

»Ich wünsche dir Kraft, Gesundheit, Glück und Reichtum!«

Seien Sie dabei bitte nicht ironisch, das ist nicht der Sinn des Rituals. Spüren Sie den guten Wunsch so intensiv wie möglich. So, als wäre die fremde Person (ja, auch die, die Ihnen gerade den Einkaufswagen in die Fersen geschoben hat) ein guter Freund, dem Sie von Herzen nur das Beste wünschen.

Dieses kleine Ritual wirkt wahre Wunder! Nicht nur, weil damit möglicher Ärger sofort verpufft. Wildfremde Menschen – eben genau die, die Sie gerade noch beurteilen wollten – werden Sie freundlich anlächeln, Ihnen Platz machen oder sich entschuldigen. Mindestens so schön ist, dass alles, was Sie anderen von Herzen wünschen, als hocheffektive Suggestion auf Sie selbst zurückwirkt. Gerade Menschen, die zu großer Bescheidenheit erzogen wurden und dazu, an sich selbst zuletzt zu denken, profitieren enorm von guten Wünschen für andere. Die automatische Zusatzsuggestion »Aber ich darf doch nicht so unbescheiden sein!« wird außer Kraft gesetzt, da wir ja nicht für uns selbst, sondern für andere wünschen.

Emotionen kommen und gehen — lassen Sie sie nicht zu negativen Gedanken werden

Nun ging es bisher um äußere Geschehnisse, die wir oft zu schnell einordnen. Doch auch unser Innenleben verleitet uns zuweilen zu übereilten Reaktionen. So, wie um uns herum immer Neues geschieht, passieren auch in unserem Körper viele Dinge, die uns meistens erst einmal nicht bewusst sind. Je nachdem, wie gut oder schlecht wir zum Beispiel geschlafen haben, ob eine Erkältung im Anflug ist, wie die Hormonlage ist, ob Vollmond ist oder ein Gewitter in der Luft liegt, geschehen in unserem Körper physiologische Veränderungen. Das beeinflusst unsere Stimmung und unsere Energie. Manchmal könnten wir Bäume ausreißen, dann wieder fühlen wir uns eher gedämpft. Mal sind wir melancholisch, mal albern. An manchen Tagen haben wir Lust auf Sex und an anderen nur Lust auf Schokolade. Diese Liste ließe sich beliebig fortsetzen.

All das ist völlig normal.

Solange unsere Stimmung super ist, stört uns ja auch nichts. Problematisch wird es erst, wenn wir uns nicht so gut fühlen, das aber nicht einfach als vorübergehenden Zustand akzeptieren. Stattdessen begibt sich unser Geist auf die Suche, woran unsere schlechte Stimmung wohl liegen könnte. In so einem Fall sagen wir uns unbewusst: »Ich habe schlechte Laune, weil ...« Und was macht unser Unterbewusstsein, wenn es so eine Vorlage bekommt? Ganz genau, es fühlt sich sofort berufen, uns die bestellten »Gründe« zu liefern. Stolpern wir dann im Flur über die Schuhe unseres Partners und haben unsere Kinder das Wohnzimmer in ein Schlachtfeld aus Legosteinen verwandelt, sind die vermeintlich Schuldigen an unserer Misere sofort ausgemacht: unsere unordentliche, unaufmerksame, rücksichtslose Familie. Die Wahrscheinlichkeit ist groß, dass wir einen Streit vom Zaun brechen, die anderen mit unserer schlechten Laune anstecken und damit unsere eigene noch ins Unermessliche steigern. Und das, obwohl uns vielleicht einfach nur gerade in unserem Gehirn ein wenig Serotonin fehlt, wogegen schon ein paar Minuten bewusstes Lächeln helfen würde. Dann störten uns weder Legosteine noch Schuhe – und tun sie es doch, könnten wir unseren Lieben einfach anbieten, mit ihnen zusammen schnell den Krempel wegzuräumen.

Ähnlich liegt der Fall, wenn wir zur sogenannten Wolfsstunde zwischen ungefähr drei und vier Uhr nachts aufwachen und nicht wieder einschlafen können. Plötzlich quillt ein Katastrophengedanke nach dem anderen aus unseren Gehirnwindungen, unser Körper kommt mit der Produktion von Stresshormonen kaum noch nach. Egal, was uns in den Sinn kommt, es wirkt düster und bedrohlich: Der Partner wird uns garantiert bald verlassen, unser Job ist gefährdet, das Ziehen im Rücken kündigt eine schreckliche Krankheit an und die Weltlage ist sowieso katastrophal. All diese Szenarien erscheinen völlig real. Wenn wir nun aber wissen, dass sich unser Hormonspiegel aufgrund völlig natürlicher Tag-Nacht-Rhythmen in diesem nächtlichen Zeitfenster für kurze Zeit auf dem Niveau eines schwer Depressiven befindet, ist die Weltuntergangsstimmung plötzlich gar keine mehr. Dann können wir uns sagen:

Es ist nur eine Emotion!

Und damit eine vorübergehende, physiologisch bedingte (Ver-) Stimmung. Sobald wir uns das klargemacht haben, sind auch die Gedanken plötzlich wieder nur Gedanken, die wir selbst produziert haben und die wir nicht so ernst nehmen müssen. Dann können wir beruhigt ein paar Seiten in irgendeinem Buch lesen, eine Atemübung gegen den entstandenen Stress machen – und wieder selig einschlummern. Zum Einschlafen empfiehlt sich besonders die folgende Übung:

VIER-SIEBEN-ACHT: GUTE NACHT

Im vorigen Kapitel haben Sie die 4711-Atmung kennengelernt, die den Parasympathikus beruhigt, Panikattacken und Stress beseitigt. All das kann auch die Vier-Sieben-Acht-Atmung, die ursprünglich aus dem Pranayama stammt. Pranayama wird der Bereich des Yoga genannt, der sich mit Atemübungen beschäftigt. »Prana« ist der »Lebensatem«, der alles durchdringt, »yama« bedeutet auf Sanskrit so viel wie »kontrollieren« oder »bezähmen«. Allerdings hat kein indischer, sondern ein amerikanischer Mediziner, Dr. Andrew Weil, die Vier-Sieben-Acht-Atmung bekannt gemacht. Er empfiehlt sie zum Lösen von Ängsten, zum Verhindern vorschneller Urteile und zur positiven Gedankenbeeinflussung – genau die Themen dieses Kapitels. Furore hat sie aber als die Atemtechnik gemacht, die es vermag, uns in weniger als einer Minute einschlafen zu lassen. Ich habe sie ausprobiert – leider kann ich nicht genau sagen, wie lange es gedauert hat, bis ich geschlummert habe, weil es sich schlafend so schlecht auf die Uhr schauen lässt. Tatsache ist: Es funktioniert, ich atme mich mit dieser Technik definitiv ins Land der Träume. Jedenfalls, wenn ich einigermaßen müde bin und dabei liege. Mache ich die Übung im Sitzen und mit offenen Augen, werde ich sehr ruhig und gelassen – wunderbar, um negative Emotionen loszuwerden.

Allerdings gilt auch hier: Bitte machen Sie die Atemtechnik nicht, wenn Sie am Steuer eines Fahrzeugs sitzen oder Maschinen bedienen.

Und so geht's:

- Legen Sie zunächst Ihre Zunge an den Gaumen direkt über die obere Zahnreihe. Dort sollte die Zunge auch während der gesamten Übung bleiben.
- Dann atmen Sie durch die Nase ein, während Sie innerlich bis vier (4) zählen.

- Halten Sie nun den Atem an und zählen Sie im Geiste bis sieben (7).
- Anschließend atmen Sie geräuschvoll durch den Mund aus, während Sie gedanklich bis acht (8) zählen.

Das Ganze wiederholen Sie vier Mal.

Guten Morgen, liebe Sorgen – legt euch einfach wieder hin!

Wenn Sie das nächste Mal morgens den Eindruck haben, dass Sie mit dem falschen Fuß zuerst aufgestanden sind, lassen Sie sich davon nicht verunsichern. Sie haben es in jeder Sekunde in der Hand, auch aus diesem Tag ein Highlight zu machen. Spüren Sie zunächst Ihrem »schlechten« Gefühl nach. Können Sie es lokalisieren? Häufig konzentrieren sich Emotionen im Bauchraum oder hinter dem Solarplexus und strahlen von dort in den Körper aus. Sprechen Sie Ihre Stimmung an: »Hallo schlechte Laune, na, auch mal wieder da? Weißt du was? Leg dich doch einfach wieder hin!« Mit so einem Spruch nehmen Sie die Sache nicht nur mit Humor. Sie bringen außerdem Distanz zwischen sich und die Emotion und machen sich bewusst: Sie ist nicht Teil Ihrer selbst, genauso wenig, wie Ihre Gedanken ein Teil Ihrer selbst sind. Oft haben Sie damit der schlechten Laune schon den Wind aus den Segeln genommen.

Je häufiger Sie Ihre Stimmungen gelassen hinnehmen, umso einfacher wird das. Mit der folgenden Meditation trainieren Sie, Ihre Gedanken und Gefühle hinzunehmen, ohne sie zu beurteilen. Aber vor allem kommen Sie zur Ruhe und gewinnen frische Energie. Die Meditation folgt den Farben des Regenbogens, die gleichzeitig die Farben sind, die den Energiechakren des menschlichen Körpers zugeordnet sind. Lesen Sie zunächst den gesamten Text, bis Sie wissen, was zu tun ist.

Es geht, wie immer, nicht um den exakten Wortlaut, sondern um die inneren Bilder. Alternativ können Sie sich das Skript auch vorlesen lassen oder es selbst aufnehmen – achten Sie in diesem Fall darauf, nicht zu schnell durch die Farben zu hetzen, sondern bei jeder etwa eine Minute zu verweilen.

DIE ENERGIE DES REGENBOGENS

Leg dich auf den Boden und mach die Augen zu.
Konzentriere dich auf deinen Atem.
Stell dir einen Kreis um dich herum vor,
eine große Scheibe, auf der du bequem liegst.

Diese Scheibe erstrahlt nun in einer hellen, weißen Energie.
Du spürst das weiße Leuchten.
Es durchdringt dich.
Lass alle Gedanken und Gefühle zu, die dir zu diesem hellen Strahlen kommen.
Vielleicht denkst du an Klarheit, an Einfachheit, vielleicht auch an etwas ganz anderes.
Egal, was dir in den Sinn kommt, lass es zu und durch dich hindurch.

Nun verändert die Scheibe ihre Farbe und wird langsam rot,
bis sie vollständig in roter Energie erstrahlt.
Du spürst, wie die rote Energie dich durchdringt.
Lass wieder alle Gedanken und Gefühle zu.
Alles ist erlaubt.
Lass es zu.
Dann lass es los.

Die Scheibe verändert erneut ihre Farbe und wird nach und nach orange.
Orangefarbene Energie durchdringt dich.

Wieder lässt du alles zu, was dir in den Sinn kommt.
Alle Gedanken.
Alle Gefühle.
Lass sie passieren.

Die Energiescheibe wird jetzt strahlend gelb.
Du spürst, wie die gelbe Energie dich durchdringt.
Lass die Gedanken und Gefühle kommen.
Alles ist erlaubt.
Lass alles zu.
Dann lass es los.

Jetzt wird die Scheibe leuchtend grün.
Du fühlst, wie das grüne Leuchten dich durchdringt.
Akzeptiere Gedanken und Gefühle.
Betrachte sie kurz,
und lass sie los.

Die Scheibe wird nun strahlend hellblau.
Hellblau durchdringt dich, hellblaue Energie.
Alle Gefühle und Gedanken sind erlaubt.
Lass sie geschehen.
Dann lass sie los.

Nun erstrahlt die Energiescheibe in tiefem Indigoblau.
Das Blau durchdringt jede Zelle deines Körpers, jeden Winkel
deines Geistes.
Gefühle und Gedanken kommen dazu
und gehen.

Jetzt leuchtet die Scheibe in herrlichem Violett.
Violette Energie durchdringt dich.
Lass Gedanken und Gefühle zu,
dann lass sie davondriften.

Zum Schluss lässt du die Scheibe noch einmal in hellem Weiß erstrahlen.
Noch einmal spürst du das weiße Leuchten.
Diesmal hüllt es dich vollkommen ein.
Du genießt noch eine Weile dieses Gefühl der wunderbaren Geborgenheit.
Dann lässt du langsam das Leuchten abebben,
Wohl wissend, dass du es jederzeit zurückholen kannst,
mit der Kraft deiner Gedanken.

Achtung, Verwechslungsgefahr: Bauchgefühl, Bauchgrummeln und Bauchblockaden

Genauso, wie wir zuvor die Gedanken beobachtet haben, können wir also auch Emotionen und Stimmungen beobachten, ohne gleich einen Kausalzusammenhang mit anderen Geschehnissen zu konstruieren, den es gar nicht gibt.

Selbstverständlich können Emotionen auch wertvolle Wegweiser sein! Unser intuitives Bauchgefühl ist keine Illusion, sondern ein Fakt: Erfahrungen, die mit starken Emotionen verknüpft sind, sind nicht nur in unserem Gehirn gespeichert, sondern auch in einem neuronalen Netzwerk im Verdauungstrakt, das nicht nur aus den gleichen Nervenzellen besteht, wie sie auch in unserem Gehirn zu finden sind, sondern auch die gleichen Botenstoffe benutzt. Der Entdecker dieses »Bauchhirns« ist der New Yorker Neurologe Michael Gershon. Sein Medizinerkollege Emeran Mayer fand wiederum heraus, dass unser Körper zu jeder emotional prägnanten Erfahrung nicht nur im Kopf, sondern auch in diesem zweiten »Gehirn« neuronale Pfade anlegt. Alles, was uns begegnet, wird unterbewusst mit diesen Erfahrungen verglichen. Darum kann uns unser Bauchgefühl vor brenzligen Situationen warnen, sobald eine ungute Erinnerung aktiviert wird. Wurden wir zum Beispiel schon einmal in einer dunklen Gasse beraubt, werden wir ähnliche Umstände in Zukunft eher meiden und lieber ein Taxi nehmen. Umgekehrt kann uns das Bauchgefühl auch einen Schubs geben, etwas zu wiederholen, was schon einmal gut geklappt hat.

Eben weil wir das Bauchgefühl kennen, können uns körperliche Empfindungen aber auch in die Irre führen. Dann, wenn wir natürliche physiologische Veränderungen – wie etwa das Hormontief zur Wolfsstunde oder auch ein Grummeln in der Magengegend – in unserem Körper zu schnell interpretieren oder uns von ihnen zu sorgenvollen Grübeleien anstiften lassen.

Und manchmal schießt das Bauchgefühl auch übers Ziel hinaus und blockiert uns regelrecht. Das ist dann der Fall, wenn uns im Bauchhirn gespeicherte, negative Emotionen davon abhalten, neue, positive Erfahrungen zu sammeln.

Eine befreundete junge Journalistin hat zum Beispiel einer renommierten Wochenzeitung mit dem Optimismus der Berufsanfängerin einige Themen vorgeschlagen. Für diese Zeitung zu arbeiten, war ihr großer Traum, sie las sie selbst mit Begeisterung. Tatsächlich stieß ein Thema sofort auf Interesse, und es wurde ein großer Artikel daraus. Anschließend verfasste sie direkt noch einige kleinere Texte. Dann wurde sie schwanger. Die Schwangerschaft war mit einigen Komplikationen verbunden, sie musste viel liegen und war krankgeschrieben. Nachdem ihr Sohn auf der Welt war, blieb sie über zwei Jahre zu Hause, weil sie einfach keinen Betreuungsplatz bekam, und schrieb nur hie und da kleinere Werbetexte für lokale Unternehmen, mehr war zeitlich nicht drin. Als ihr Kind endlich in die Kita kam, wollte sie wieder dort anknüpfen, wo sie aufgehört hatte, und rief den Redakteur an, mit dem sie damals zu tun gehabt hatte. Der erinnerte sich zwar, doch als sie ihm wie zuvor einige Themen vorschlagen wollte, unterbrach er sie: »Nein, also das wird schwer, hier hat sich einiges geändert, vom alten Team bin fast nur noch ich da und Sie haben ja auch damals noch nicht wirklich regelmäßig für uns geschrieben. Was ich sagen will: Hier kennt Sie keiner mehr!« Damit wimmelte er sie ab. Sie war am Boden zerstört. Bei ihr brannten sich, zusammen mit dem niederschmetternden Gefühl der Ablehnung, mehrere Botschaften – negative Suggestionen – ein: *Du bist unbedeutend! Du bist nicht gut genug!* Und: *Wenn du niemanden in der Chefetage kennst, brauchst du es gar nicht erst zu versuchen!* Dass hinter der Äußerung des Redakteurs vielleicht etwas ganz anderes steckte, kam ihr nicht in den Sinn. Fortan vermied sie es, irgendwo initiativ Themen vorzuschlagen, tragischerweise bei Zeitungen und Magazinen, für die sie besonders gern geschrieben hätte. Ihr Bauch rebellierte allein bei dem Gedanken, sie hatte fürchterliche Angst vor Zurückweisung und davor, dass plötzlich aufflog, dass sie ja gar nicht wirklich etwas konnte. Stattdessen schrieb sie nur noch für Publikationen, bei denen sie jemanden kannte. Das tat sie zwar mit Erfolg und niemand wäre auf die Idee gekommen, ihr das journalistische Können abzusprechen. Aber natürlich beschnitt dieses Verhalten ihre Möglichkeiten – und sie hatte immer unterschwellig das Gefühl, nur durch Wohlwollen von Bekannten ihr Auskommen zu haben. Erst als sie eines Tages mit einem befreundeten Kollegen über potenzielle Themen plauderte und der ausrief: »Mensch, das wäre doch was für …« und ebenjene Zeitung nannte, bei der sie die unglückselige Abfuhr bekommen hatte, erzählte sie ihm vom schicksalhaften Telefonat. Der Kollege nickte: »Ach, stimmt! Das war damals, als der große Zampano da zwischenzeitlich Chef war, der hat nur noch seine Spezis beauftragt. Aber der ist ja schon lange nicht mehr da.« Mit einem Schlag verstand sie die Äußerungen des Redakteurs. Sofort waren die alten Suggestionen aufgehoben. Die Journalistin hatte sich all die Jahre von einem bloßen Gedanken ins Bockshorn jagen lassen!

Es ist niemals das damalige Erlebnis, das entscheidet, wie

wir uns *jetzt* fühlen, es ist immer der Gedanke an die Vergangenheit! Das ist ein sehr wichtiger Unterschied! Was in der Vergangenheit geschehen ist, können wir nicht mehr verändern. Passiert ist passiert. Aber wir können unser Denken im Jetzt verändern! Es gibt eine höchst effektive Übung, wie wir modifizieren können, was wir über ein belastendes Ereignis der Vergangenheit denken, und vor allem können wir negative Gefühle, die dieses Ereignis in uns immer noch auslöst, tilgen.

ALTE BLOCKADEN SPRENGEN

- Malen Sie einen Kreis vor sich auf den Boden (eine runde Fußmatte, ein Fahrradschlauch oder ein Hula-Hoop-Reifen tun es auch).
- Gehen Sie nun zunächst in die Jubelpose (S. 86). Sie können sich dabei die Erinnerung an einen besonderen Erfolg zurückrufen und ihn gedanklich noch einmal erleben. Oder Sie versetzen sich einfach allgemein in ein freudiges Gefühl. Wie auch immer: Laden Sie sich mit positiver Energie auf und lächeln Sie von Herzen.
- Stellen Sie sich nun in den Kreis, machen Sie die Augen zu und denken Sie an den Moment im Leben, der nicht schön war, der aber Ihr Leben heute noch bestimmt. Fühlen Sie sich, so gut es geht, in die damalige Situation ein. Lassen Sie jede Emotion zu. Versuchen Sie, die Emotionen zu benennen. Bleiben Sie ein bis zwei Minuten in der Situation.
- Nun machen Sie die Augen wieder auf, treten aus dem Kreis heraus und lassen dabei alle negativen Gefühle samt der Erinnerung in dem Kreis zurück.
- Sie machen noch einmal die Jubelpose und laden sich mit positiver Energie auf.
- Nun gehen Sie einmal, mit diesem positiven Gefühl, durch

den Kreis hindurch. Dabei stellen Sie sich vor, wie Sie alles, was Sie damals *gesehen* haben, explodieren lassen. (Achtung: Es geht nicht darum, sich ein Massaker vorzustellen. Wenn an der Situation andere Menschen beteiligt waren, denken Sie sich die Situation wie auf einer Kinoleinwand und bringen Sie einfach die Leinwand zur Explosion.)

- Machen Sie außerhalb des Kreises noch einmal die Jubelpose, versetzen Sie sich erneut in ein positives Schwingen.
- Durchqueren Sie den Kreis ein weiteres Mal. Dieses Mal bringen Sie alles, was Sie damals *gefühlt* haben, zur Explosion.
- Wieder nehmen Sie außerhalb des Kreises die Jubelpose ein.
- Bei der nächsten Durchquerung lassen Sie alles explodieren, was Sie damals *gehört* haben.
- Die Jubelpose ist ein weiteres Mal dran.
- Sie gehen wieder durch den Kreis. Dieses Mal lassen Sie alles, was Sie *gesehen*, *gefühlt* und *gehört* haben, zusammen explodieren. Sämtliche kleinen Minipartikel, die noch übrig waren, lösen sich dabei in Rauch auf.
- Machen Sie ein letztes Mal die Jubelpose.
- Nun gehen Sie noch einmal in den Kreis und versuchen, sich das Geschehnis von einst in Erinnerung zu rufen.

Ich mache diese Übung häufig mit Klienten und dabei passiert fast immer etwas völlig Magisches. Plötzlich können sich viele nicht mehr daran erinnern, was damals passiert ist. Sie haben das Ereignis samt der negativen Assoziationen aus ihrer Erinnerung gelöscht. Andere können sich zwar noch an die Situation erinnern, aber das negative Gefühl dazu ist weg. Es belastet sie nicht mehr. Ich habe diese Übung selbst gemacht, um mich von den traumatischen Momenten meiner Krankheit zu lösen. Damit liege ich im Trend: Mittlerweile hat man selbst in der Schulmedizin erkannt, dass Körper und Seele miteinander verwoben sind und eine schwere Krankheit immer auch eine

Belastung der Psyche ist. Nicht nur Menschen, die eine psychische Erkrankung haben, werden darum psychologisch betreut, sondern auch beispielsweise Herzinfarktpatienten. Nach dem überstandenen Infarkt leiden nämlich viele Patienten unter großen Ängsten, das Gleiche noch einmal durchleben zu müssen. Der Infarkt war eine traumatische Situation, die das ganze Leben verändert hat. Solchen Menschen kann die beschriebene Übung eine sehr gute Hilfestellung geben.

Mit dieser Übung können Sie übrigens auch hervorragend Stressmomente aus der Vergangenheit, deren Gefühle in der Gegenwart immer wieder getriggert werden, entschärfen. Etwa, wenn Sie bei einem Vortrag vor Aufregung ins Stottern geraten sind und seitdem immer Panik haben, vor anderen zu sprechen. Hier sollte man möglichst in den ersten Moment zurückkehren, in dem man den Stress gespürt hat. Wenn Sie sich nicht ganz sicher sind, welcher der erste Moment war, in dem Sie diesen Stress verspürt haben, nehmen Sie den Moment, der Ihnen am präsentesten ist.

Wie Sie mit echtem Zuhören Ihre Beziehungen verbessern

Ein Bereich, in dem das intuitive Denken einen großen Unterschied macht, fehlt noch, und das ist die Kommunikation mit anderen Menschen. Normalerweise gilt leider: Je länger wir einen Menschen kennen – oder zu kennen glauben –, umso seltener hören wir ihm richtig zu. Wir meinen, seine Standpunkte ohnehin zu kennen und oft auch eigentlich schon zu wissen, was der andere sagen will. Das betrifft zum Beispiel unsere Lebensgefährten, aber auch unsere Eltern, Kinder, alte Freunde und Geschäftspartner.

Wenn Sie im intuitiven Denkmodus unterwegs sind, ist das anders. Dann stellen Sie Ihre Erwartungen, was der andere vermutlich meint und zu sagen beabsichtigt, zur Seite. Außerdem verzichten Sie darauf, das Gesagte bereits während des Zuhörens zu analysieren. Sie machen sich keine Gedanken, ob Sie Ihrem Gegenüber zustimmen oder das, was er sagt, ablehnen. Stattdessen hören Sie erst einmal wirklich zu, wenn jemand mit Ihnen spricht: offen für alles, was er sagt. Dabei tritt das Gehörte an die Stelle der eigenen Gedanken. Wenn man das bewusst zulässt, den anderen aussprechen lässt, nichts voreilig interpretiert und nicht bereits mitten im Satz die eigene Aufmerksamkeit »abschaltet«, kann man echte Überraschungen erleben. Oft sind unsere Erwartungen nämlich falsch.

Eine Freundin erzählte mir einmal von einem Gespräch mit ihrem Mann. Beide waren gerade von einer Stadtwohnung mit Balkon in ein hübsches Häuschen mit Garten gezogen. Die Freundin, die es in der Stadtwohnung nie geschafft hatte, den Balkon zu begrünen, hatte sich mit dem Umzug beruflich verändert und deshalb nun mehr Zeit zur Verfügung. Darum hatte sie sich vorgenommen, den Garten zu gestalten, und freute sich schon darauf, dass es Frühling wurde und sie sich die Blumenbeete vornehmen konnte. Sie hatte schon ein paar Gartenbücher ausgesucht, die sie demnächst kaufen wollte. Als die beiden damit beschäftigt waren, das Wohnzimmer zu streichen, fiel ihr Blick durchs Panoramafenster in den sonnenbeschienenen Garten und sie sagte: »Schön, oder? Nur da unten, dieser immergrüne Strauch, der überwuchert alles. Da müsste man ...« Weiter kam sie nicht, denn ihr Mann ergriff das Wort: »Ja, da müsste man nicht nur, da *muss* man einiges machen. Aber ich weiß schon, auf dich kann ich ja nicht zählen, das ist dir ja alles zu viel. Bloß nicht der klischeemäßigen Hausfrau entsprechen, die zu Hause alles schön macht! Das muss ich wohl selber in die Hand nehmen.« So setzte er seinen Monolog fort und redete sich in Rage. Die Freundin, die erst noch ansetzte, ihm zu widersprechen, kam nicht dazwischen. Ihre gute Laune verflüchtigte sich und machte zunächst Verblüffung, dann Ärger und schließlich Trotz Platz. Irgendwann beschloss sie, dass sie keine Lust hatte, ihm das Gegenteil seiner falschen Annahmen zu beweisen, weil er dann ja nur annehmen würde, dass sie sich dann *wegen* seiner Anschuldigungen in die Gartenarbeit stürze. Das ging ihr gegen den Stolz. Wenn er sie denn nun so genau zu kennen glaubte, dachte sie, hatte er es auch nicht anders verdient, als sich komplett allein um den Garten zu kümmern. Die Gartenbücher wurden nicht bestellt und die Annahmen des Mannes wurden zur sich selbst erfüllenden Prophezeiung. Vielleicht sollte ich noch erwähnen, dass die beiden mittlerweile nicht mehr verheiratet sind? Wäre der Mann bereit gewesen, seiner Frau richtig zuzuhören und keine voreiligen Schlüsse zu ziehen, die allein auf seinen Erwartungen beruhten, wäre er heute vielleicht kein *Exmann*. Seine Frau hat ihn schließlich verlassen, weil dieser Zwischenfall nicht der einzige dieser Art war und nicht das einzige Missverständnis zwischen den beiden.

Echtes, intuitives Zuhören verhindert dagegen Missverständnisse und kann damit Beziehungen retten. Damit das gelingt, helfen ein paar einfache Kniffe.

MIT DEM HERZEN ZUHÖREN

Wir öffnen uns und hören mit dem Herzen zu. Das meine ich ganz wörtlich: Die Vorstellung, das Gehörte mit dem Herzen – und nicht mit dem Kopf – aufzunehmen, unterstützt uns beim vorurteilsfreien Zuhören. So lassen wir uns nicht von unseren Erwartungen leiten, sondern tatsächlich von dem Gesagten. Sonst hören wir nur, was unseren Voreinstellungen entspricht.

Wir beobachten unser Gegenüber aufmerksam, während es spricht. Dank der Spiegelneuronen werden wir unwillkürlich seine Mimik nachahmen – das hilft uns über das bereits angesprochene *Facial Feedback*, seine Gefühle zu erfassen.

Wir umschreiben das Gehörte ab und zu in eigenen Worten – am besten nicht nur in Gedanken, sondern tatsächlich: »Du meinst also ...« So kommen wir ins Gespräch und können Missverständnisse sofort aufklären.

Wir fragen nach, wenn wir etwas nicht verstehen oder uns nicht sicher sind, ob wir etwas richtig verstanden haben. Das ist nicht nur im Privaten wichtig, sondern auch im Job.

Beherzigen Sie diese Ratschläge, werden Sie mit großer Wahrscheinlichkeit feststellen, dass Ihr intuitives Zuhören einen wunderbaren Prozess in Gang setzt. Man wird Ihnen im Gegenzug auch mit mehr Offenheit und Wohlwollen begegnen. Kurz: Ihnen wird ebenfalls zugehört. Wäre die erwähnte Freundin dem Monolog ihres Mannes auf diese Weise begegnet und hätte sich nicht von den davon bei ihr ausgelösten Emotionen zu einer Trotzreaktion (ver-)leiten lassen, hätte sie die Sache möglicherweise klarstellen können. So hätte sie sich nicht um das Vergnügen des neuen Gartenhobbys gebracht – und langfristig vielleicht sogar ihre Ehe gerettet.

Apropos: Wenn Paare zu mir kommen, die bereits unter echten Kommunikationsproblemen leiden und sich leicht gegenseitig in die Haare geraten, ist es manchmal mit dem herzorientierten Zuhören nicht getan. Diesen Paaren zeige ich zusätzlich eine Visualisierung, die Konflikten die Brisanz nimmt. Sie hilft dabei, sich nicht von bestimmten Stichworten gewohnheitsmäßig auf die Palme bringen zu lassen, und unterstützt alle Beteiligten, besonnen zu bleiben, das Gespräch vor Eskalation zu bewahren und in echte Kommunikation miteinander zu treten.

DIE SCHATZKISTE

Stellen Sie sich eine schöne alte Kiste vor, die geöffnet neben Ihnen steht. Während Sie nun Ihrem Partner zuhören, neh-

203

men Sie das Gesagte noch nicht unmittelbar in sich auf – dort würden Sie es vielleicht sofort automatisch und unkontrolliert »verarbeiten«. Stattdessen nehmen Sie die Worte Ihres Partners entgegen und legen Sie behutsam in die Kiste. Auch wenn Ihr Gegenüber etwas – potenziell – Verletzendes sagt, gelangt das erst einmal nicht in Sie hinein, sondern landet in der Kiste. Hinterher können Sie entscheiden, was Sie von dem Gesagten annehmen. Sie können in Ruhe herausfinden, was wichtig ist. Sie schauen, bei welchen Sätzen es sich möglicherweise um Missverständnisse handelt. Die Schatzkisten-Visualisierung hilft bereits, wenn einer von beiden sie macht, weil provozierendes Verhalten des anderen dadurch ins Leere läuft. Der andere hat somit Zeit, sich auf das Wesentliche zu besinnen. Noch besser ist es natürlich, wenn beide Beteiligten von vornherein eine Schatzkiste visualisieren. Dann wird das Gespräch sofort bewusster und rücksichtsvoller, aber auch klarer und ehrlicher – denn egal, was gesagt wird, die Worte können durch die Sicherheitsschleife nicht automatisch »im falschen Hals« landen.

Kapitel 10

Die Sache mit dem inneren Antrieb: Warum Langeweile stressig ist und wie ein innerer Perspektivwechsel Sinn und Glück an unerwarteter Stelle zum Vorschein bringen kann

> Wenn du liebst, was du tust,
> wirst du nie wieder in deinem Leben arbeiten.
> *Konfuzius zugeschrieben*

Wenn wir uns gestresst fühlen, hat das nicht immer seinen Grund in Überlastung. Vor allem, wenn der Stress nicht nur ab und zu auftritt, sondern unser ständiger Begleiter ist. Dann sind die Ursachen unserer Anspannung meist nicht »nur« Stress erzeugende Denkgewohnheiten, zu wenige Erholungspausen oder ungeeignete »Entspannungsmethoden« wie Rauchen, Alkohol oder übermäßiges Essen. In diesem Fall verbirgt sich noch etwas anderes hinter dem Stress. Ein sehr guter Indikator dafür ist dabei unsere Motivation – oder besser gesagt: deren Fehlen.

Bei fehlender Motivation sind wir antriebslos, fühlen uns bei dem, was wir täglich tun, belastet statt beflügelt. Scheinen in einer Tretmühle festzustecken, die keinen Spaß macht. Vielleicht finden wir unsere Arbeit auch okay, aber wir stecken in einer Beziehung, die uns mehr Kraft raubt, als sie uns gibt. Das lähmt, laugt aus und verursacht unterschwelligen Dauerstress schon bei der Erledigung von eigentlich unkomplizierten Dingen.

Wer dagegen motiviert ist, der mobilisiert selbst in schwierigen Situationen unglaubliche Kräfte und überwindet auftauchende Hindernisse mit der notwendigen Beharrlichkeit und obendrein mit beschwingter Leichtigkeit. Sind wir hoch motiviert, ist es, als hätten all unsere Vorhaben Rückenwind und der Stress Flaute. Und nicht nur das. Wer voller Schwung durch seinen Alltag surft, empfindet auch mehr Glück.

Die Säulen der Motivation

Lassen Sie uns diese Sache darum einmal etwas genauer unter die Lupe nehmen. Der amerikanische Motivationsexperte Daniel H. Pink unterscheidet drei zentrale Grundlagen der Motivation. Dazu zählen:

1. Autonomie: Der Wille, über unser eigenes Leben zu bestimmen und es nach unseren Vorstellungen zu leben. Die Dinge nach unseren Ideen bewegen zu können, ist enorm motivierend. Umgekehrt raubt uns ein subjektiv empfundenes Zuviel an Fremdbestimmung Energie, Kreativität und Lebensfreude.

2. Können/Meisterschaft: Der zweite Baustein der Motivation ist der Wunsch, etwas zu tun, bei dem man immer besser werden kann. Das ist ein menschliches Grundbedürfnis, das sieht man schon bei kleinen Kindern: Auch wenn sie immer wieder auf die Nase fallen, werden sie nicht müde, es mit dem Krabbeln und später mit dem Laufen, dem Sprechen und allen anderen Dingen zu versuchen, bis sie es können. Dieses Lernen und Besserwerden belohnt das Gehirn mit Hochgefühlen. Wer sich im Beruf oder auch privat nicht entwickeln kann – oder glaubt, sich nicht entwickeln zu können –, schiebt irgendwann Frust.

Ein Busfahrer, der seinen Beruf eigentlich immer gerne ausgeübt hat, kann etwa unter der Zukunftsaussicht leiden, bis zur Rente ohne jede Veränderung seiner Arbeit hinter dem Steuer eines Busses sitzen zu müssen. Dann kann er den Spaß an der Arbeit verlieren. Er fühlt sich unterfordert und gelangweilt, was nicht nur aus psychologischer Sicht stressig ist. Es kann sogar zu Depressionen oder einem Burn-out führen, wobei es ein Trugschluss ist, dass Letzteres nur Topmanager treffen kann. Auch die Ausführung der Arbeit kann darunter leiden. Der Busfahrer wird vielleicht unaufmerksam und gefährdet damit seine Fahrgäste oder andere Verkehrsteilnehmer. Schon allein darum ist es sehr wichtig, auch Unterforderung oder Stagnation als Stressursachen ernst zu nehmen. Dieser Punkt hängt eng mit dem nächsten zusammen:

3. Sinn: Das Gefühl, etwas Sinnvolles zu tun, ist der Motivations-Booster schlechthin. Einer, der Defizite in puncto Autonomie und Entwicklungspotenzial nicht nur wettmachen kann – er kann sogar dafür sorgen, dass beides vorhanden ist, wie wir noch sehen werden. Sinn spornt bei der Arbeit an, aber auch im Privatleben, etwa beim Hobby oder beim ehrenamtlichen Engagement. Es motiviert ungemein, wenn man an etwas beteiligt ist, das größer ist als man selbst, sich zum Beispiel für den Naturschutz einsetzt. Dabei geht es nicht darum, was objektiv oder von anderen Menschen als sinnvoll angesehen wird – zum Beispiel, wenn jemand den elterlichen Betrieb übernimmt, weil das so von ihm erwartet wird –, sondern darum, ob wir das, was wir tun, persönlich als sinnvoll erfahren.

Ein subjektives Gefühl von Sinn bringt Energie, Durchhaltevermögen und kurbelt die Kreativität an. Sinn sorgt dafür, dass wir nicht ständig von Wofür-Fragen gebremst werden: Wofür stehe ich eigentlich jeden Morgen auf? Wofür strenge ich mich so an? Wofür opfere ich meine Lebenszeit? Wer so fragt, steckt in einer Krise. Sinn zu erleben, ist wichtig für unsere psychische Gesundheit. Denn wenn der Sinn fehlt, kann sogar etwas, was eigentlich leicht von der Hand gehen könnte, unerträglich schwer werden. Darum ist Sinnsuche nicht einfach nur ein vom Luxus verwöhnter Wohlstandsbürger, sondern essentiell für die seelische Gesundheit und damit für ein Leben ohne negativen Stress. Wer der Ansicht ist, etwas zutiefst Sinnvolles zu tun, verwandelt sogar Situationen, in denen so viel ansteht, dass man nicht weiß, wo einem der Kopf steht, von schlechtem in guten Stress, in sogenannten Eustress. Dinge gehen leichter von der Hand, wenn man weiß, wofür man sie tut.

Der stressigen Lustlosigkeit auf der Spur

Falls Sie das Gefühl haben, dass Ihnen Motivation fehlt und Sie privat oder beruflich in einer Sackgasse stecken, beginnt Ihr Weg aus dieser Situation heraus zunächst mit der Erkenntnis, dass Sie sich in ebenjener Sackgasse befinden. Damit haben wir einmal wieder die Akzeptanz der gegenwärtigen Situation: Sie können sich nur von dort aus, wo Sie sind, auf die Suche nach Lösungen machen. Klopfen Sie darum Ihre Situation zunächst anhand der drei großen Motivatoren ab, um das Problem einzukreisen (richtig, hier haben wir es erst einmal mit der analytisch-planerischen Denkweise zu tun – und zwar konstruktiv als Werkzeug angewandt):

Motivator Autonomie: *Habe ich das, was ich tue, unter meiner Kontrolle? Oder hat es mich unter Kontrolle?*

Falls Sie die zweite Frage mit »ja« beantworten, erinnern Sie sich an die Schreibrituale aus Kapitel sechs: Mit der Umwandlung in eine handlungsorientierte Frage kann Ihr Unterbewusstsein Ihre Wahrnehmung selektieren und Ihnen – nach und nach – Lösungen präsentieren. Also:

Was kann ich tun, um wieder die Kontrolle zu übernehmen?

Indem Sie fragen »Was kann ich tun?« legen Sie den Fokus ganz konkret darauf, wie Sie selbst aktiv werden können. Sie nehmen Ihr Schicksal bereits mit dieser Formulierung in die Hand und das signalisiert Ihrem Unterbewusstsein Selbstwirksamkeit und Stärke. Sie können diese Suggestion – denn auch eine Frage ist eine solche – noch mit Übungen wie der Jubelpose unterstützen.

Die Lösungen zeigen sich wahrscheinlich nicht unmittelbar, aber wenn Sie die Frage im Hinterkopf behalten, werden Ihnen nach und nach immer mehr Ideen kommen. Ein freier Journalist, der sich in einer Falle sieht, weil er immer mehr für immer weniger Geld arbeitet und seine Themen nicht mehr frei bestimmen kann, braucht hier andere Lösungen als ein Sandwich-Chef, der sich zwischen den Hierarchieebenen aufreibt und es allen recht zu machen versucht, oder eine Frau, die Haushalt und Familie managt und unter der Abhängigkeit von ihrem Mann leidet. Während der eine vielleicht eine zusätzliche Einnahmequelle finden könnte, um weiter seinen Traumjob selbstbestimmt ausführen zu können, wäre es für den anderen möglicherweise eine Lösung, sich selbstständig zu machen, und die dritte könnte Wege finden, ihre Dreifachbelastung zu delegieren, um wieder mehr Spielraum zu haben.

Aber egal, wie Ihre Lage ist, Ihr Unterbewusstsein wird alles, was Ihnen begegnet und was sich in Ihrem Erinnerungsspeicher befindet, nach möglichen Ideen scannen. Was natürlich nicht bedeutet, dass Sie die Sache nicht auch bewusst aufs Tapet bringen können, wenn sich die Gelegenheit ergibt, etwa beim Treffen mit Freunden. Oft ergeben sich hier ungeahnte Impulse. Helfen kann auch das gezielte Gespräch mit dem Vorgesetzten oder einem Coach, dessen Job es ist, die berufliche Situation einzuschätzen und Alternativen aufzuzeigen.

Motivator Meisterschaft: *Mache ich etwas, worin ich besser werden kann? Oder kann ich das, was ich tue, aus dem Effeff und bin längst in einer lähmenden Routine gefangen?*

Falls Sie Letzteres bejahen, können Sie daraus die konstruktive Frage ableiten:

Was kann ich tun, um meine Arbeit/mein Leben (wieder) herausfordernd zu gestalten?

Auch hier kann es weiterhelfen, ein aktives Brainstorming durchzuführen und mit anderen Leuten darüber zu sprechen. Bei Selbstständigen hilft vielleicht ein Coach oder ein Berufsverband bei einer fälligen Neuorientierung. Sind Sie angestellt, werden die meisten Vorgesetzten eine Frage nach Entwicklungsmöglichkeiten als positives Engagement werten und versuchen, Sie zu unterstützen. Jeder Austausch über dieses Thema hat nicht nur das Potenzial, eine Lösung zutage zu fördern, er verankert auch die suggestive Frage stärker im Unterbewusstsein. Häufig sind gar keine drastischen Veränderungen vonnöten, es gibt oft viel mehr Gestaltungsmöglichkeiten, als man zunächst glaubt. Vielleicht kann man die Abteilung wechseln, ein neues Projekt entwickeln, sich im Betriebsrat engagieren oder sich weiterbilden.

Verkrampfen Sie aber bitte nicht und versuchen Sie nicht, sofort Antworten zu erzwingen. Das wäre so, als wollten Sie bei einer Diät vier Kilo in zwei Tagen verlieren. Geduld ist eine Tugend, die jeder Veränderung zugrunde liegt. Fällt Ihnen erst einmal nichts ein, akzeptieren Sie das und vertrauen Sie auf die Weisheit Ihres Unterbewusstseins.

Motivator Sinn: *Verspüre ich bei meiner Tätigkeit und/oder im Privatleben (genügend) Sinn? Oder tue ich gar etwas, was mir innerlich widerstrebt?*

Sehen Sie hier Defizite, lautet die weiterführende Frage:

Was kann ich tun, um meinem Leben/meiner Arbeit (wieder) Sinn zu geben?

Während es relativ einfach ist, zu konstatieren, dass einem persönlich der Sinn fehlt, ist die Beantwortung der Frage, was Sinn für das eigene Leben generieren könnte – und wie man dies dann in seinen Alltag einbringt –, manchmal nicht ganz so einfach. Dabei sind es für uns alle in etwa die gleichen Dinge, die uns Sinn verspüren lassen. Der Reihe nach:

Die Hitparade der Sinnstifter

Der unangefochtene Platz 1:
Freude, Spaß und Leidenschaft

» Der Trick in dieser Welt ist, herauszufinden, was man gerne tut, und dann noch jemanden zu finden, der einen dafür bezahlt.«

Diesen Spruch habe ich kürzlich auf einem Aufkleber entdeckt, der an einem Laternenpfahl prangte.

Da ist etwas dran.

Das, was wir grundsätzlich gerne tun, hat schon allein deswegen Sinn, weil es uns persönlich beglückt. Das mag in einem globalen Zusammenhang wenig scheinen, für uns und unsere seelische Gesundheit ist es Gold wert. Spaß am Tun ist ein untrügliches Zeichen, dass eine Tätigkeit zu mir und meiner Persönlichkeit passt. Wer gerade ein Unternehmen gründet, sich beruflich verändern will oder sich für eine Aus- oder Weiterbildung entscheidet, tut gut daran, sein Gefühl von Freude als Wegweiser zu nutzen. Dabei geht es nicht um Spaß nonstop, ein Job ist schließlich keine Party. Und natürlich geht es auch nicht um das, was viele Leute meinen, wenn sie »Spaß haben« sagen und damit das Trinken von viel zu viel Alkohol oder anderes Betäuben meinen – das ist eher ein Zeichen dafür, dass der Sinn woanders fehlt. Stattdessen geht es darum, einen Beruf zu finden, der auf einer Tätigkeit gründet, die einem grundsätzlich Freude macht.

Freude am Tun ist der Motor des Erfolgs, weil sie uns auf dem Weg zur Verwirklichung eines Ziels an etwas dranbleiben lässt, auch wenn es dabei Durststrecken zu überwinden gilt. Wenn es mir riesigen Spaß macht zu fliegen und ich Pilot werden will, wird mich auch ein dröges Pauken der Luftverkehrsregeln nicht abhalten. Umgekehrt wird jemand, der nicht gerne schreibt, mit großer Wahrscheinlichkeit kein erfolgreicher Autor und jemand, der Mathe hasst, ist eher selten der ideale Vermessungstechniker oder Astrophysiker.

Etwas, das Spaß macht, erzeugt erst einmal keinen Stress. Darum bekommt, wer tut, was ihm Spaß macht, nicht so leicht ein Burn-out und wird auch sonst seltener krank. Er belastet Gesundheits- und Sozialsysteme weniger. Schon allein deswegen ist es kein egoistischer Luxus, etwas zu tun, was uns Freude bereitet. Für das, was uns Spaß macht, müssen wir uns nicht mühsam motivieren, die Motivation bringen wir von alleine mit. Dabei vergessen wir am ehesten die Zeit und erleben einen beglückenden Flow-Zustand, denn wenn uns etwas Spaß macht, sind wir vollkommen im Hier und Jetzt. Das, was uns Spaß macht, können wir obendrein oft besonders gut, weil wir nicht müde werden, es zu tun – und damit automatisch immer besser darin werden. Und schließlich gibt uns das, was uns Spaß macht, Energie, statt uns zu erschöpfen.

Darum sind sehr erfolgreiche und dabei mit ihrem Dasein glückliche Menschen oft diejenigen, die es gewagt haben, ihre Lieblingsbeschäftigung zum Beruf zu machen. Manche dieser Menschen haben das nicht einmal geplant, es hat sich so ergeben, weil sie das, was sie tun, immer schon getan haben. Das ist zum Beispiel oft bei Sportprofis der Fall. Auch Leute, die als Sterneköche von sich reden machen, haben oft bereits als Kinder ihre Leidenschaft fürs Kochen entdeckt. Ich bin auch so ein Beispiel: Mein Beruf hat sich aus meiner Begeisterung für Hypnose, Telepathie, Zauberei und alles, was damit zusammenhängt, entwickelt. Mein Unterbewusstsein war auf dieses Thema programmiert, seit mir als Junge ein Buch über Gedankenlesen in die Hände fiel. Und nach und nach ergab sich die Gelegenheit, Geld damit zu verdienen, von ganz allein.

Vielleicht schlagen Sie jetzt die Hände über dem Kopf zusammen, weil Ihr Job sich in größtmöglicher Entfernung zu Ihren Lieblingsbeschäftigungen befindet. Oder weil sich mit dem, was Ihnen Spaß macht, kein oder kaum Geld verdienen lässt – zumindest nach landläufiger Meinung nicht. Und es stimmt ja, wer leidenschaftlich gern Salsa tanzt, Schach spielt, Krimis liest, Modellflugzeuge baut oder Gedichte schreibt, bestreitet nur in Ausnahmefällen damit seinen Lebensunterhalt. Keine Sorge, das muss auch gar nicht unbedingt sein. Wenn wir neben der Arbeit genügend Zeit für ein erfüllendes Hobby reservieren, kann das bereits den wichtigen, entspannenden Ausgleich zu einem Beruf bilden, in dem wir uns nicht – oder nur sehr bedingt – selbst verwirklichen können. Wer seinen Sinn im Privaten findet, der kann davon so beflügelt werden, dass ihn dieser Schwung auch durch ein nicht ganz so spannendes Arbeitsleben zu tragen vermag.

Außerdem ist es nicht nur *nicht* notwendig, in jeder Sekunde seines Lebens vollständige Erfüllung zu erfahren – das ist auch gar nicht möglich. Selbst Menschen, die ihr Geld mit einer Tätigkeit erwirtschaften, die sie lieben, müssen immer mal wieder etwas tun, was ihnen keinen oder zumindest deutlich weniger Spaß macht als andere Dinge. Etwa Quittungen sortieren, die Steuererklärung machen, Ablaufpläne erstellen, den Arbeitsplatz aufräumen, in aller Herrgottsfrühe aufstehen, um einen Zug zu erwischen, und so weiter. Allerdings können auch solche »sinnlosen« Tätigkeiten zu kleinen Meditationen werden, wenn wir sie bewusst und fokussiert in Ruhe eine nach der anderen ausführen. Das macht sie vielleicht nicht zu Sternstunden des Entertainments, aber auf diese Weise können auch vermeintlich stupide Dinge durchaus zur Quelle tiefer Zufriedenheit und innerer Ausgeglichenheit werden.

Wichtig ist bei alledem, *dass* es einen Sinn gibt. Irgendwo. Und wenn es nicht der Job ist, der uns Sinn durch Spaß bringt, dann darf es im Privaten ruhig ein bisschen mehr davon sein. Das ist eine Lampe, die alles zum Strahlen bringen kann, auch wenn sie momentan vielleicht eher funzelig vor sich hin flackert. Es ist darum wichtig, dass das, was Sinn stiftet, (wieder) aktiv ins Leben integriert wird. Wenn Sie zum Beispiel feststellen, dass es nicht Ihr Job ist, der Sie innerlich erfüllt, sondern dass Ihre große Leidenschaft der Paartanz ist, dann ist es grob fahrlässig, nur ein oder zwei Mal im Jahr zum Tanzen zu gehen. Wenn Sie gerne Krimis lesen, sollten Sie dem nicht nur im Urlaub frönen, und falls Sie gerne backen, dann warten Sie nicht bis Weihnachten oder Ostern, um endlich wieder Leckereien aus dem Backofen zu zaubern. Und sollten Sie zu den Menschen zählen, die ihr geliebtes Hobby aufgegeben haben, weil sie meinen, dafür keine Zeit zu haben, wäre es ratsam, das schleunigst rückgängig zu machen. Tun Sie das, was Sie lieben, so oft wie möglich! Geben Sie Ihrem Sinnstifter den Raum und die Wichtigkeit, die er verdient. Bauen Sie die Sache aus, wenn das geht. Vielleicht beginnen Sie mit dem Führen eines Blogs, in dem Sie eigene Rezensionen zu den zuletzt gelesenen Krimis verfassen oder Ihre Backrezepte einem breiteren Publikum zugänglich machen. Wenn Sie gerne fotografieren, zeichnen oder musizieren, machen Sie vielleicht einen Kurs, um sich zusätzliche Fertigkeiten anzueignen.

Wer auf diese Weise sein Hobby mit Leidenschaft pflegt, merkt möglicherweise eines Tages überrascht, dass es wächst und gedeiht. Der Krimiblog hat plötzlich so viele Leser, dass

Firmen auf Sie zukommen, die bei Ihnen werben möchten. Ihre Backrezepte machen die Runde und ein Verlag wird auf Sie aufmerksam. Ihr Tanzen ist so perfektioniert, dass der Tanzlehrer fragt, ob Sie ihn nicht in seinem Urlaub vertreten können. Sie haben so viele tolle Bilder gemalt und plötzlich werden Sie gefragt, ob Sie nicht mal eine Ausstellung machen möchten.

Und auf einmal ist da vielleicht die Möglichkeit, das Hobby zum Nebenberuf zu machen. In diesem Fall sind Sie Zeuge eines hypnotischen Gesetzes in Aktion: Das, was Sie füttern und dem Sie Ihre Aufmerksamkeit schenken, wächst.

Platz 2: Zugehörigkeit und Gemeinschaft

Nun gibt es sehr viele wichtige Berufe, die sich nicht – zumindest nicht unmittelbar – mit Spaß verknüpfen lassen. Auch wenn wohl niemand von Fließbandarbeit oder anderen monotonen Tätigkeiten in einen Freudentaumel versetzt wird, kann solch ein Job trotzdem als sinnvoll empfunden werden. Zum Beispiel, wenn man seinem Arbeitgeber positiv zugetan ist, das zeigen psychologische Untersuchungen. Dieses Zugehörigkeitsgefühl kann auf unterschiedliche Weise zustande kommen. Etwa, wenn einem das Unternehmen, für das man arbeitet, aus persönlichen Gründen sympathisch ist. Wer leidenschaftlich gerne Schokolade isst, wird sich eher in einer Schokofabrik wohlfühlen und sich mit seiner Arbeitsstelle und deren Produkten identifizieren als jemand, der Süßigkeiten hasst. Auch Unternehmen, die eine positive Unternehmenskultur pflegen, sich für ihre Mitarbeiter einsetzen und das Miteinander bei der Arbeit fördern, generieren Sinn, weil sie das Gemeinschaftsgefühl innerhalb einer sozialen Gruppe kultivieren. Eine solche Zugehörigkeit ist ein psychisches Grundbedürfnis.

Sinn ergibt sich ebenfalls, wenn man die öffentlich vertretenen Werte seiner Arbeitsstelle persönlich unterstützt. Wer etwa für eine Drogeriemarktkette arbeitet, die sich sozial und kulturell engagiert, wird dort lieber die Regale einräumen als in einem Konkurrenzunternehmen, das das nicht tut – sofern der Betreffende dieses Engagement wichtig und richtig findet. Dieser Punkt ist eng verwandt mit dem nächsten:

Platz 3: Bedeutsamkeit und Moral

Wer sein Tun gesellschaftlich, persönlich oder global als relevant betrachtet, empfindet es auch als sinnvoll. Helfen ist ebenfalls ein angeborenes Bedürfnis des Menschen. Wenn wir einer anderen Person – oder auch Tieren, der Umwelt oder der Gemeinschaft – etwas Gutes tun, wird das Belohnungssystem im Gehirn aktiviert. Etwas für das Gemeinwohl zu tun, kann tatsächlich berauschen.

Die tägliche Arbeit von jemandem, der in einem Recyclinghof oder bei einem Pflegedienst arbeitet, mag vielleicht nicht gerade kreativ sein oder so viel Spaß machen, wie es ein Hobby tun würde, kann aber trotzdem als zutiefst sinnvoll und befriedigend empfunden werden. Entweder, weil man damit unmittelbar einzelnen Mitmenschen hilft, oder weil damit ein wertvoller Beitrag zum gesellschaftlichen Zusammenleben geleistet wird. Bei einem Lehrer, der den Eindruck hat, mit seiner Arbeit etwas Positives im Leben seiner Schüler zu bewirken, kann dieser subjektiv empfundene Sinn wie ein Schutzwall den Stress des Schulalltags abmildern. Und der Mitarbeiter eines Modeunternehmens, das bei seiner Produktion auf ökologische Rohstoffe und fairen Handel setzt, hat sicher keine Mühe, seine Arbeit im größeren Zusammenhang als sinnvoll zu betrachten. Ehrenamtliche Helfer in unterschiedlichen Organisationen holen sich das gute Gefühl, etwas Sinnvolles zu tun, in ihrer Freizeit ab. Solches Engagement ist darum eine hervorragende Maßnahme, um mehr Sinn ins eigene Leben zu bringen, wenn der an anderer Stelle fehlt.

Manchmal platzt der große Sinnstifter auch mit einem lauten Schrei in unser Leben: als Baby. Auch wenn sicher noch nie jemand beim Windelnwechseln in einen Flow-Zustand geraten ist, wird jede Mutter und jeder Vater diese Tätigkeit als vollkommen sinnvoll empfinden. Überhaupt sind Kinder ein hervorragendes Beispiel, wie quasi aus dem Nichts heraus plötzlich Sinn entstehen kann. Die Eltern mögen vor der Geburt des Babys sinnsuchend gewesen sein, danach stellt sich die Frage – oft überraschend für Mutter und Vater – nicht mehr. Für ein Kind verantwortlich zu sein, für es zu sorgen und diese absolut bedingungslose Liebe zu spüren, ist tatsächlich etwas Bedeutendes, das größer ist als wir selbst. Ich beobachte immer wieder mit Erstaunen an mir selbst und meiner Frau, welche Kräfte frei werden und welches Durchhaltevermögen plötzlich da ist, wenn es darum geht, dafür zu sorgen, dass es unserem Sohn gut geht und er auch in der Zukunft ein schönes Leben auf diesem Planeten hat. Vieles, was zuvor eine reine Option war, ergibt dann auf einmal von ganz allein mehr Sinn. Der Job, weil er nicht mehr nur mich selbst versorgt, sondern auch meine Familie. Es ergibt Sinn, sich für die Umwelt und ein lebenswertes Leben für alle einzusetzen, denn ich möchte den Planeten für meine Nachkommen bewahren. Es ergibt Sinn, für soziales und friedliches Miteinander einzutreten, denn auch mein Kind wird davon profitieren.

Verstehen Sie mich bitte nicht falsch: Dies ist nur ein Beispiel! Ich möchte Sie nicht animieren, als Maßnahme gegen fehlenden Sinn im Leben Kinder in die Welt zu setzen. Es ist absolut möglich, Sinn in einem Leben ohne eigene Sprösslinge zu finden – und Sie sollten mit dem Kinderkriegen auch nicht warten, bis Sie sich reif für das Gründen einer Familie fühlen.

Zu guter Letzt kann jede Tätigkeit auch dadurch als sinnvoll empfunden werden, dass man damit Geld verdient, das man dann für etwas subjektiv Bedeutsames ausgibt. Der Ferienjob als Pizza-mit-Käse-Beleger kann noch so dumpf und das Betriebsklima mies sein, wenn er die heiß ersehnte Fotoausrüstung oder die Weltreise nach dem Abi finanziert, ist er höchst sinnvoll. Allerdings ist, was für einen zeitbegrenzten Ferienjob taugt, für einen Beruf unter Umständen etwas wenig.

Platz 4: Beziehungen und Freundschaft

Dieser Punkt knüpft an das Zugehörigkeitsgefühl an. Wer mit tollen Kollegen arbeitet und sich bei der Arbeit geborgen fühlt wie in einer großen Familie oder unter guten Freunden, kann auch dann Sinn bei der Arbeit empfinden, wenn ihm die Tätigkeit an sich nicht so viel gibt. Das Gleiche gilt, wenn der Beruf Kontakt mit anderen Menschen mit sich bringt, den man als bereichernd empfindet. Und natürlich steht für die Mutter oder den Vater, die oder der sich in Elternzeit oder hauptberuflich um Nachwuchs und Haushalt kümmert, die Beziehung zum Kind und den anderen Familienmitgliedern im Mittelpunkt.

Sie sehen, Sinn kommt in vielen Darreichungsformen daher. An all diesen Schräubchen können wir drehen, beruflich und privat, um unser Dasein mit mehr Sinn zu würzen, die Motivation zu erhöhen und weniger Stress zu empfinden. Hierbei kommt es auf eine positive Bilanz an: Wer im Privaten regelmäßig tut, was er liebt, wird auch im Job stressresistenter. Und wem der Job die Berufung ist, der kommt mit Chaos daheim besser klar.

Alarmierend wird es allerdings, wenn wir wirklich nirgendwo mehr einen Sinn finden. Dann bewegen wir uns auf eine Depression zu oder stecken schon mittendrin. Hier sollte man nicht nur einen Jobcoach bemühen, sondern dringend die professionelle Hilfe eines Psychologen in Anspruch nehmen. Auch sind dann größere Änderungen vonnöten, wenn uns etwas richtig gegen den Strich geht und wir darum die Lust an dem, was wir tun, verlieren. Das kann zum Beispiel passieren, wenn die Tätigkeit an sich zwar Spaß bringt (oder besser gesagt: im richtigen Rahmen bringen könnte), wir aber bei einem Unternehmen arbeiten, das moralisch fragwürdige Geschäfte macht. Etwa, weil es neben Maschinen auch Waffen herstellt oder neben Farben auch Unkrautvernichtungsmittel, die Flora und Fauna gleich mit vernichten. Gleiches gilt, wenn wir am Arbeitsplatz Mobbing ausgesetzt sind. Die seelische Not, in die Mobbingopfer gestürzt werden, macht jeden persönlichen Sinn zunichte. Ebenso wird ein Tierschützer auf einem Schlachthof sicher nicht glücklich werden, auch wenn er dort tolle Karriere- und Entwicklungsmöglichkeiten geboten bekommt. Und ein kommunikativer Mensch, der den Kontakt zu anderen braucht wie ein Fisch das Wasser, versauert im Homeoffice.

Kurz: Wenn der Alltag unerträglich schwer wird und die Motivation mit Abwesenheit glänzt, ist es an der Zeit, grundlegend etwas zu ändern. Manchmal bedeutet das tatsächlich eine Trennung – vom Job, dem Partner oder einfach von einer Lebenssituation.

Den Sinn direkt vor der eigenen Nase finden — und Autonomie und Entwicklungsmöglichkeiten gleich dazu

Doch nur selten ist wirklich gleich die Abrissbirne vonnöten. In vielen Fällen bedarf es »nur« einer Fokusverschiebung und plötzlich zeigt sich Sinn dort, wo ihn bisher keiner vermutete.

Der Psychologe und Glücksforscher Shawn Achor hat herausgefunden, dass die äußeren Lebensumstände eines Menschen nur zu etwa zehn Prozent dessen Glücksempfinden bestimmen. Die restlichen 90 Prozent sind allein eine Sache der inneren Einstellung und unserer Wahrnehmung. Also ein Resultat dessen, durch welche Brille wir auf die Welt schauen.

Wäre das nicht so, hätte Silke Naun-Bates vermutlich schon als Kind den Lebensmut verloren: Mit acht Jahren wollte sie ihrem ausgebüxten Hund hinterherlaufen, ist dabei auf den Bahnschienen ausgerutscht und der Zug ist ihr über die Beine gerollt. Nun könnte man meinen, dass jemand, dem so etwas widerfährt, am Dasein verzweifelt. Aber diese Frau sprüht vor Lebensfreude, hat einen Partner und zwei Kinder, mit denen sie in einem schönen Haus lebt. Sie hat einen Beruf, der ihr Spaß macht, ein Auto, das sie ohne Hilfe fährt, sie macht Sport – sie lebt ein glückliches und erfülltes Leben und schreibt neben ihrer Arbeit Bücher, die anderen Mut machen. Nicht die Situation ist es, die darüber bestimmt, ob wir glücklich sind. Das sind allein wir selbst!

Ein Beispiel dafür, wie die Kraft der Gedanken eine zunächst als wenig stimulierend empfundene Tätigkeit in eine reich sprudelnde Sinnquelle verwandeln kann, ist die Geschichte von Linda Thomas. Die aus Südafrika stammende Wahl-Schweizerin war aufgrund einer finanziellen Notlage gezwungen, putzen zu gehen. Und das, obwohl sie das in ihrem Leben nie zuvor tun musste, da ihre Familie immer selbst eine Putzhilfe beschäftigt hatte. Diese Situation bedeutete für sie zunächst großen psychischen Stress. Sie redete sich gut zu, indem sie sich sagte, dass sie kaum die Einzige auf der Welt war, die mit Putzen ihren Lebensunterhalt verdiente. Wenn andere das konnten, dann auch sie. Und natürlich hatte ihre Tätigkeit insofern für sie Sinn, als sie damit ihre Familie mit versorgte. Aber das Gefühl, zu etwas gezwungen zu sein, also keine Autonomie in ihren Entscheidungen zu haben, setzte ihr zu. Sie hing in einem »Ich muss« fest – und das erzeugt, wie wir ja schon gesehen haben, Widerstand. Da sie nachts in öffentlichen Gebäuden sauber machte, hatte sie viel Ruhe, um verschiedenen Gedanken nachzuhängen. Und sie begann darüber zu *sinnieren*, wie sich die verschiedenen Räume – Klassenzimmer, Büros, Praxen – auf die Menschen auswirkten, die darin arbeiteten.

Plötzlich erinnerte sie sich an die Anekdote über einen Mönch, der ebenso wie sie zum Saubermachen eingeteilt war. Bei jedem abgewaschenen Teller bat er Gott darum, dass er ihm einen Engel schickte, damit der das Herz des Mönches ebenso reinigen würde, wie er soeben den Teller gereinigt hatte. Putzte er die Böden, bat er um die Begleitung eines Engels, der dafür sorgen sollte, dass jeder, der danach den geputzten Boden betrat, von der Anwesenheit des Engels bezaubert wurde. Außerdem fiel Linda Thomas plötzlich wieder ein, wie sie als Kind jeden Tag das Bett ihrer Großmutter gemacht hatte, die nach dem Tod des Großvaters bei der Familie eingezogen war. Dabei hatte sie täglich mit Inbrunst und Liebe das Kopfkissen der Großmutter ausgeschüttelt, damit deren Tränen und Traurigkeit daraus verschwanden. Und auf einmal hatte sie einen Spruch im Kopf, den sie irgendwo mal gehört hatte:

»Wenn du nicht tun kannst, was du liebst, lerne zu lieben, was du tust.«

Das nahm sie sich zu Herzen und versuchte, diese Liebe auch in ihre gegenwärtige Arbeit einzubringen. Kurz: Sie änderte ihre innere Einstellung und ihre Gedanken. Sie nahm sich vor, den Menschen mit ihrem Saubermachen etwas zu geben und die Räume zu transformieren. Dadurch stieg ihre Motivation: Sie gewann Autonomie zurück, indem sie ihre Arbeit selbst gestaltete und außerdem das, was zuvor bloßes, gewohnheitsmäßiges Putzen war, weiterentwickelte. Aus dem »Ich muss« wurde ein »Ich will«.

Mit dieser Einstellung änderte sich aber noch mehr. Das Putzen wurde zur Meditation! In ihr wuchs nach und nach die Liebe zu dieser Tätigkeit. Sie merkte, dass sie mit ihrer neuen Einstellung nicht nur das Außen, sondern auch ihr Inneres reinigte. So wurde der eigentlich nur aus der Not geborene Job, den sie zunächst als Zwang empfunden hatte, ihre Berufung. Sie gründete eine ökologische Reinigungsfirma, was ihr noch mehr Autonomie gab. Mittlerweile hat sie sogar ein Buch übers Putzen geschrieben, hält Vorträge, gibt Seminare und hilft Menschen mit Messie-Syndrom. Zum Sinn, ihre Familie zu versorgen, gesellte sich der übergeordnete Sinn, andere zu inspirieren, ihnen zu helfen, etwas für die Umwelt zu tun und ganz einfach diese Welt zu einem besseren Ort zu machen.

Diese Geschichte finde ich sehr inspirierend, denn sie zeigt, dass man im Grunde in fast jeder Tätigkeit und Situation einen Sinn finden kann. Auch unser deprimierter Busfahrer von vorhin könnte das versuchen. Er sieht zwar momentan keinen Sinn mehr in seiner Arbeit, aber vielleicht wäre es für ihn sehr schwierig, den Job zu wechseln, weil er keine andere Ausbildung hat oder der Arbeitsmarkt angespannt ist. Außerdem ist es noch lange nicht gesagt, dass es ihm in einem anderen Beruf besser ginge, so lange er in seiner Niedergeschlagenheit gefangen ist.

Darum ist es wirklich *sinn*voll, sich zunächst in dem, was sich direkt vor der eigenen Nase befindet, auf die Sinnsuche zu begeben. Der Busfahrer könnte sich daran erinnern, dass es wichtig ist, Menschen die Möglichkeit zu geben, öffentliche Verkehrsmittel zu benutzen, damit sie nicht mit Individualverkehr das Klima belasten und die Atemluft in der Stadt verpesten. Es ist auch *sinn*voll und sozial, Menschen von A nach B zu befördern, die sonst niemals irgendwohin kämen, weil sie kein eigenes Verkehrsmittel besitzen. Oder solche, die nicht fahren dürfen oder können – etwa, weil sie noch zu jung sind oder eine Behinderung haben.

Dieser Busfahrer könnte den Sinn in seinem Tun wiederfinden, wenn er sich das bewusst macht. Es kann sein, dass er sich sofort viel besser fühlt, wenn ihm klar wird: »Ich ermögliche den Menschen, ihre Familien zu versorgen, indem ich sie zu ihrem Arbeitsplatz bringe.«

Darüber hinaus könnte er sich die Aufgabe stellen, den Tag jedes Fahrgastes, dem er begegnet, etwas besser zu machen, indem er ihn zum Beispiel anlächelt oder ihm einen guten Tag wünscht. Wie wir schon wissen, wirkt Lächeln auf uns selbst und unser Wohlbefinden zurück. Er könnte bewusst danach Ausschau halten, wo er den Menschen, denen er begegnet, helfen kann. Etwa, indem er auf einen auf den letzten Drücker heranstürmenden Fahrgast wartet. Oder, indem er eine Auskunft gibt. Er könnte anfangen, seine Bustouren zu kleinen Sightseeing-Trips zu machen, indem er mehr über die Gegend herausfindet, durch die er fährt, und dann den Fahrgästen erklärt, was sie links und rechts der Straße sehen. Vielleicht könnte er auch ein Buch darüber schreiben, was er bei seinen Fahrten alles erlebt hat.

Damit findet er nicht nur den Sinn, sondern fühlt sich auch nicht mehr so fremdbestimmt, weil er Gestaltungsmöglichkeiten in seinem Beruf entdeckt. Und er entwickelt sich weiter, obwohl er zuvor immer glaubte, das Ende der Fahnenstange erreicht zu haben. Natürlich könnte er auch einen eher konventionellen Weg wählen und eine Weiterbildung machen – etwa zum Verkehrsmeister. Er könnte auch seinen Wirkungskreis verändern und beispielsweise Schulbusfahrer werden, als Nightliner-Fahrer Künstler auf Tournee befördern oder sich zum Fahrer für Menschen mit Behinderung ausbilden lassen. Oder er könnte zu einem Flughafen wechseln, wo er Fluggäste zur Maschine bringt.

DIE LEUCHTENDEN AUGEN

Es waren einmal drei Männer, die alle in einem Steinbruch arbeiteten und die gleiche Arbeit verrichteten. Ein Passant kam vorbei und fragte neugierig, was sie dort täten. Der erste Mann sagte, er behaue die Steine und transportiere sie ab. Der zweite gab die Auskunft, er versorge Frau und Kinder mit dem, was er für diese Arbeit bekomme. Der dritte erklärte, auch er behaue und transportiere die Steine, um seine Familie zu versorgen, aber vor allem helfe er beim Bau einer prächtigen Kathedrale, in der die Menschen noch lange nach seinem Tod beten würden.

Was glauben Sie, wessen Augen leuchteten am meisten?

DIE ENERGIEWOLKE

Die folgende Übung lädt Sie mit positiver Energie auf und macht Sie stressresistent, denn Sie trainieren damit Präsenz und die intuitive Denkweise, indem Sie das, was unbewusst ist, ins Bewusstsein heben – eine wichtige Voraussetzung, um einen vorurteilsfreien Blick zu bewahren. Wenn Sie die Übung morgens machen, bevor Sie zur Arbeit gehen, hilft sie Ihnen, Ihre Perspektive zu ändern, die positiven Seiten Ihrer Tätigkeit wahrzunehmen und neuen Sinn zu entdecken. Lesen Sie das Skript vor der Ausführung mehrfach, bis Sie wissen, was Sie zu tun haben. Sie können das Skript auch wieder aufnehmen oder sich vorlesen lassen:

Setz dich bequem und gerade hin.
Deine Füße stehen hüftbreit auseinander fest auf dem Boden.
Deine Hände liegen auf den Oberschenkeln.
Fixiere nun einen Punkt an der gegenüberliegenden Wand.
Diesen Punkt behältst du im Blick.

Spüre in dich hinein: Wie fühlt sich deine Atmung an?
Wie das Einatmen?
Wie das Ausatmen?
Konzentriere dich nur auf deine Atmung.
Ein und aus.
Ein und aus.

Richte nun deine Aufmerksamkeit auf deine Füße.
Spüre, wie sich die Fußsohlen anfühlen.
Die Zehen.
Die Fußrücken.
Die Knöchel.

Richte nun deinen Fokus auf deine Hände.
Spüre sie.
Fühle deine Handflächen.
Die Finger.
Die Handrücken.
Das Handgelenk.

Richte nun den Fokus auf das, was du hörst.
Auf deine eigenen Geräusche.
Die Geräusche im Raum.
Geräusche, die von weiter weg zu dir kommen.

Richte nun deine Aufmerksamkeit auf deine Augen.
Schließe sie.
Spüre das Gefühl der Entspannung, das sich in deinen Augen und um sie herum ausbreitet.
Spüre, wie sich die Entspannung weiter im Kopf fortsetzt, bis dein Kopf völlig entspannt ist.

Von hier aus breitet sich die Entspannung weiter aus.
Sie strömt durch deinen Hals in den Oberkörper.

Von dort in die Arme.
In die Hände.
In den Bauch.
In die Beine.
Und schließlich in die Füße.
Spüre die Entspannung.
Überall.

Nun stell dir eine helle Energiewolke vor,
die direkt über dir schwebt.
Atme nun tief durch die Nase in den Bauch ein.
Halte den Atem an und zähle bis sieben.
Dann lass den Atem ganz langsam durch den Mund wieder
hinausfließen.

Während du so ganz langsam ausatmest,
senkt sich die Energiewolke herab
und umhüllt nun deinen ganzen Körper.
Du bist in einem Nest aus Energie
und spürst fantastische Geborgenheit
wie im Mutterleib.
Du badest in dieser Energie,
spürst, wie du sie aufnimmst,
wie sie dich erfüllt.

Wenn du vollständig ausgeatmet hast,
schließe deinen Mund
und atme normal und fließend durch die Nase weiter.
Spüre nun, wie sich dein Körper anfühlt.
Spüre seine Temperatur.
Vielleicht prickelt er,
vielleicht fühlst du ein warmes Strömen.
Konzentriere dich auf die Empfindungen in deinem Körper.

Sitze nun eine Weile still
und atme ruhig weiter.

(Falls Sie dieses Skript aufnehmen oder sich vorlesen lassen, machen Sie an dieser Stelle bitte eine Pause von zwei Minuten.)

Nun stell dir die Energiewolke ein zweites Mal vor.
Wieder schwebt sie direkt über dir.
Atme nun tief durch die Nase in den Bauch ein.
Halte den Atem an und zähle bis sieben.
Dann lass den Atem ganz langsam durch den Mund wieder hinausfließen.

Während du sehr langsam ausatmest,
senkt sich die Energiewolke herab
und umhüllt nun deinen ganzen Körper.
Wieder badest du in dieser Energie,
spürst sie in jeder Zelle deines Körpers.

Wenn du vollständig ausgeatmet hast,
schließe deinen Mund
und atme normal und fließend durch die Nase weiter.
Erneut konzentrierst du dich auf die Empfindungen in deinem Körper.

Sitze nun wieder still
und atme ruhig weiter.

(Machen Sie an dieser Stelle bitte eine Pause von fünf Minuten.)

Je nachdem, wie viel Energie Sie benötigen, können Sie die wunderbare Wolke auch häufiger durch Ihren Körper schicken. Sie werden sich wunderbar erfrischt und fit fühlen.

Das Glück findet sich manchmal dort, wo man es nicht erwartet

Eine andere inspirierende Begebenheit zeigt, wie individuell der Weg zum erfüllten Leben sein kann. Ein Freund von mir ist Artist und Jongleur. Eines Tages lernte er eine Tänzerin kennen, die auf Mallorca lebte. Er verliebte sich und zog zu ihr. Auch das ist bereits eine wunderschöne Lovestory, aber sie stellt nur die Rahmenhandlung. Mein Kumpel fing auf Mallorca an, Golf zu spielen, und auf dem Golfplatz lernte er wiederum einen Mitgolfer kennen, nennen wir ihn Arndt. Und dieser Arndt erzählte meinem Artisten-Freund seine faszinierende Geschichte:

Arndt war vormals bei einem großen Autokonzern in leitender Position beschäftigt. Eines Tages erzählte ein Kollege Arndt von der traumhaften Finca auf Mallorca, die er vor einiger Zeit gekauft hatte. Allerdings konnte der Kollege die Vorzüge seiner tollen Residenz nur drei Wochen im Jahr genießen. Nun hatte Arndt insgeheim schon lange den Wunsch gehegt, dem stressigen Managerdasein den Rücken zu kehren. Oft träumte er sich an einen schönen Ort, an dem er in Ruhe seinen Interessen nachgehen konnte. Und plötzlich poppte aus seinem Unterbewusstsein eine Idee. Er fragte, zunächst halb im Scherz: »Weißt du was, ich kündige hier und mach dir auf Malle den Hausmeister! Hahaha!« Zu seiner Überraschung lachte der Kollege nicht. Er entgegnete, ganz im Ernst: »Du wirst es nicht glauben, aber ich brauche da tatsächlich jemanden.« Arndt schlug spontan vor: »Okay, dann machen wir es doch so: Ich heuere bei dir an. Du zahlst mir ein kleines Gehalt, so viel braucht man ja dort nicht. Als einziges Extra brauche ich eine zusätzliche Altersvorsorge, damit mein Ruhestand nicht gefährdet ist.«

So kam es dazu, dass Arndt seitdem auf Mallorca lebt, in

einer wunderschönen Luxus-Finca. Diese gehört ihm zwar nicht, aber er kann ihre Vorzüge täglich nutzen: den Pool, die großzügigen Räume, den Weinkeller. Er bezahlt keine Miete. Als Gegenleistung kümmert er sich um den Garten und alle Arbeiten, die im und am Haus anfallen. In den drei Wochen im Jahr, in denen sein ehemaliger Kollege Ferien macht, zieht Arndt ins Hotel oder macht seinerseits Urlaub. Arndt erzählte meinem Artistenfreund, dass er damals im Gespräch mit dem Managerkollegen den besten Geistesblitz seines Lebens hatte. Sein Leben ist extrem entspannt, und er genießt jeden Tag die Sonne Spaniens. Er liebt sein Leben, obwohl er extrem wenig besitzt. Die Tage, als er als wichtiger Manager durch die Weltgeschichte sauste und in Senator Lounges und anonymen Hotel-Suiten wohnte, vermisst er kein Stück. Diese Geschichte zeigt, dass man nicht viel besitzen muss, um ein erfülltes Leben zu haben. Und dass es möglich ist, zugunsten eines entspannteren und erfüllteren Daseins einen Gang zurückzuschalten.

Nun denken Sie vielleicht: Der Mann hatte eben Glück. Das stimmt. Er hatte das »Glück«, das jeder von uns haben kann, wenn wir unser Unterbewusstsein mit unseren Herzenswünschen füttern. Arndt hatte, ohne es richtig zu merken, in Tagträumen immer wieder seinen Wunsch visualisiert: ein Leben fernab der Hektik an einem schönen Ort. Sein Unterbewusstsein hatte das als Auftrag angenommen. Nur so konnte es im rechten Augenblick eine sich bietende Möglichkeit erkennen und Arndt den alles entscheidenden Vorschlag machen lassen: »Ich kündige und werde bei dir Hausmeister.« Hätte ihn sein Unterbewusstsein nicht zu dieser Äußerung ermuntert, wäre sein Kollege niemals auf die Idee gekommen, ausgerechnet seinen Managerkumpel Arndt für die Hausmeisterstelle anzuheuern. Er hätte stattdessen jemand anders gesucht, die Gelegenheit wäre unerkannt an Arndt vorbeigezogen.

Wie Sie herauskriegen, wo Sie in Ihrem Leben am besten ansetzen, um mehr Sinn und Spaß zu verspüren, keine Chancen zu verpassen und dabei eklatant weniger Stress zu haben, dazu komme ich jetzt. Und sobald Sie dann Ihre Ziele kennen, erfahren Sie auch gleich, wie Sie Ihr Unterbewusstsein auf deren erfolgreiches und entspanntes Erreichen programmieren.

Kapitel 11

Suggestionen und Visionen: Entspannt erreichen Sie alles, was Sie von Herzen wollen – und manchmal können Sie so sogar zaubern

> Du bist nie zu alt, dir ein neues Ziel zu setzen
> oder einen neuen Traum zu träumen.
>
> *Clive Staples Lewis*

Es gibt eine Regel unter Musikern: Den Ton, den sie sich in Gedanken vorstellen können, den können sie normalerweise auch singen oder spielen. Dieses Prinzip gilt auch für alle anderen Gedanken: Wenn Sie eine Vorstellung davon haben, was Sie wollen, haben Sie schon den wichtigsten Part zur Verwirklichung der Gedanken getan.

Doch diese Vorstellung zu entwickeln, ist nicht immer ganz leicht. Sie haben im vorigen Kapitel gesehen, wie wichtig das Erleben von Sinn ist. Die Lektüre hat möglicherweise den Eindruck verstärkt, dass Sie unbedingt etwas ändern möchten. Aber irgendwie wissen Sie noch nicht so genau, was. Lassen Sie sich bitte Zeit damit, das herauszufinden! Denn oft ist das, wovon wir uns spontan Glück und Zufriedenheit und insgeheim auch Sinn versprechen, eine Mogelpackung. Vielleicht haben Sie ja Michael Endes Buch »Die unendliche Geschichte« gelesen. Darin erhält die Hauptfigur Bastian ein Amulett, das die Inschrift »Tu, was du willst« trägt und mit dem Versprechen verbunden ist, dass sich alles erfüllt, was er sich nur wünscht. Er deutet es zunächst wie: Tu, was immer dir in den

Sinn kommt. Dann testet er die Zauberkraft des Amuletts. Er, der pummelige Junge, zaubert sich zum Beispiel schlank, stark und mächtig. Während er sich einen »Wunsch« nach dem anderen erfüllt, vergisst er aber immer mehr, was eigentlich wichtig ist. So verliert er fast das Wissen, wie er wieder nach Hause kommt und dass er überhaupt ein Zuhause hat. Erst im letzten Moment kommt er auf die wahre Bedeutung der Inschrift: Tu das, wozu dein Herz, dein Inneres, dich drängt.

Viele Menschen verhalten sich ähnlich, wie Bastian es zunächst getan hat. Sie erfüllen sich »Wünsche«, indem sie zum Beispiel Konsumgüter anhäufen. Das tun sie, weil sie meinen, das sei es, was ihnen zum Glücklichsein fehlt. Denn dass irgendetwas fehlt, es eine Lücke gibt, das spüren sie. Und diese Lücke versuchen sie zu stopfen. Leider funktioniert das nicht. Die Einkäufe sind bereits uninteressant geworden, wenn die Menschen wieder auf der Straße vor dem Geschäft stehen. Manche kommen zum Schluss, sie müssten nur schöner sein, um Sinn zu erfahren, und investieren viel Geld in Beauty-Behandlungen oder gar Operationen. An die künstlich hergestellte »Schönheit« gewöhnen sie sich. Bald sind sie wieder unzufrieden und die nächste Maßnahme muss her. Die Lücke in der Seele bleibt dagegen immer ungefüllt. Aber statt sich auf die Suche nach dem, was eigentlich zählt, zu machen, lenken sie sich ab. Mit noch mehr Shoppen. Mit Feiern. Auch Glücksspiel und andere Süchte sollen eine Lücke füllen, verhindern aber letztlich, dass wir das finden, was uns wirklich zufrieden macht.

Spüren Sie also einen innerlichen Drang nach Veränderung, ist es wichtig, nicht in diese Falle zu tappen und kurzfristige Vergnügen oder äußerliche Veränderungen mit dem Schlüssel zum Glück zu verwechseln. Wenn Sie dagegen herausfinden, was Sie wirklich erfüllt, und es in Ihr Leben integrieren – zum Beispiel mithilfe von Selbsthypnose –, haben Sie die Weichen für Erfolg gleich doppelt gestellt. Das, was Sie im Herzen erfüllt, macht Sie glücklich. Und das, was Sie glücklich macht, bringt mit großer Wahrscheinlichkeit auch Erfolg: Der Psychologe und Glücksforscher Shawn Achor hat bei seinen Forschungen festgestellt, dass Glück fast automatisch erfolgreich macht, während Erfolg (oder was man dafür hält) nicht automatisch glücklich macht.

Ihr Unterbewusstsein weiß, was Ihnen guttut

Da ist es ein Glück – im wahrsten Sinne des Wortes –, dass Ihr Unterbewusstsein bereits Bescheid weiß. Es spuckt das Wissen über das, was uns in unserer Seele berührt und wahrhaft glücklich macht, allerdings oft nur aus, wenn wir gezielt danach fragen: Viele von uns haben gelernt, dass Selbstverwirklichung und Spaß weniger wert sind als Pflichtbewusstsein und Anstrengung. Wer an sich denkt, gilt als egoistisch. »Erst die Arbeit, dann das Vergnügen« ist einer der Sprüche, mit denen Kinder lange Zeit aufwuchsen. So eine Einstellung trägt dazu bei, große Bereiche unseres Lebens – eben die Arbeit und im weitesten Sinne alles, was in irgendeiner Form getan werden muss – als etwas zu brandmarken, das man erdulden und irgendwie hinter sich bringen muss. Etwas, das in keinem Fall Spaß bringt. Generationen von Menschen haben dadurch ihr wahres Erfolgspotenzial verkannt und verkennen es noch. Und obendrein bedeutet diese strikte Trennung jede Menge Stress, denn wenn Arbeit uns kein Vergnügen bereiten kann, kann sie uns auch nicht entspannen.

Schluss mit diesen Vorurteilen!

Mit der folgenden, vielfach einsetzbaren selbsthypnotischen Meditation begeben Sie sich auf Forschungsreise in Ihr Innerstes, um Ihren tatsächlichen inneren Wünschen, Bedürfnissen und Glücksbringern auf die Spur zu kommen. Die Meditation richtet sich an den Teil Ihres Unterbewusstseins, der nicht nur Erinnerungen sammelt und archiviert, sondern diese

Daten verwendet, um alles über die Person zu lernen, die diese Erfahrungen macht: Sie. Sie können sich diesen Teil als einen wichtigen Mitarbeiter Ihres Inneren Bibliothekars vorstellen. Wenn Sie möchten, können Sie ihm ebenfalls eine Gestalt verleihen. Wie wäre es zum Beispiel mit einem kleinen Buddha oder einer weisen alten Frau? In diesem Fall können Sie die Übung in »Die, die weiß« umbenennen (der Titel leitet sich eigentlich von »dem Teil, der weiß« ab, nur darum die männliche Form).

DER, DER WEISS

Sie können als Einstieg in diese Übung einfach die Augen schließen und sich auf den Fluss Ihres Atems konzentrieren, bis Sie sich ruhig und fokussiert fühlen. Sollte Ihnen das schwerfallen, weil Ihre Gedanken immer wieder abschweifen, machen Sie die kürzere (zweite) Variante der 4711-Atmung von Seite 172, gefolgt von der Elman-Induktion von S. 74.

Lesen Sie das Skript mehrfach, bis Sie wissen, was zu tun ist, und Sie es auch mit geschlossenen Augen durchführen können. Legen Sie bitte ein Notizbuch und einen Stift bereit. Wie beim inneren Mantra, das Sie bereits aus Kapitel fünf kennen, wird aus Ihrer inneren Weisheit das Gesuchte emporsteigen.

Setz dich bequem und gerade hin.
Im Schneidersitz auf den Boden oder auch auf einen Stuhl.
Deine Hände liegen mit den Handflächen nach oben auf den Oberschenkeln, bereit, Weisheit zu empfangen.
Mach die Augen zu.
Lächle.
Konzentriere dich auf deinen Atem.
Atme tief in den Bauch ein.
Und wieder aus.
Ein.

Und aus.
Nun richte deine Aufmerksamkeit nach innen.
Auf den Teil deiner selbst, der die Weisheit über dich hütet.
Auf den, der weiß.
Wecke den, der weiß, mit deinem Atem.
Atme in ihn hinein.
Spüre, wie er langsam erwacht.
Wenn du spürst, dass er bereit ist, frage den, der weiß:

»Was brauche ich zum Glück?
Gibt es etwas, was fehlt?
Etwas, wovon ich mehr im Leben brauche?«

Dann warte auf die Bilder, die der, der weiß, dir schickt.
Lass sie kommen.
Betrachte sie.
Fühle ihre Vibrationen.
Tauche ein.

(Falls Sie sich das Skript vorlesen lassen oder es aufnehmen, machen Sie hier bitte eine Pause von ein bis zwei Minuten, damit das Unterbewusstsein Zeit hat, Ihrer Aufforderung nachzukommen und Ihnen die Bilder zu schicken, möglicherweise sind es mehrere.)

Nun danke dem, der weiß.
Konzentriere dich auf deinen Atem.
Atme tief in den Bauch ein.
Und wieder aus.
Ein.
Und aus.
Richte langsam deine Aufmerksamkeit wieder nach außen.
Spüre, wie du von frischer Kraft durchströmt wirst.
Und schlag die Augen auf.

Jetzt greifen Sie zu Ihrem Notizbuch und schreiben Sie auf, was Sie gesehen haben. Das kann alles Mögliche sein. Ein Tier. Ein Schlüssel. Ein Flugzeug. Eine speziell geformte Wolke. Ein Palmenstrand. Vielleicht ein wunderschöner Garten voller Blüten. Sie selbst lachend inmitten einer Gruppe von Menschen. Diese Dinge und Szenen sind Symbole, denn das Unterbewusstsein spricht in Bildern. Horchen Sie in sich hinein und schreiben Sie Ihre Assoziationen auf. Es kommt nicht auf »offizielle« Deutungen an, wie Sie sie zum Beispiel auf Traumdeutungsseiten finden, sondern auf das, was das Bild in Ihnen auslöst. Ein Flugzeug kann für den einen mehr Freiheit symbolisieren, die er zum Glück braucht, weil etwas ihn einengt. Für den Nächsten bedeutet es Ruhe, weil er mit einem Flieger Urlaub und eine Pause vom Alltag verbindet. Dahinter könnte stecken, dass er sich einfach zu viel aufgehalst hat und Wege finden muss, sein Pensum zu verringern. Der Dritte sehnt sich, ganz im Gegenteil, nach einer neuen Herausforderung, die ihn »abheben« lässt. Und für einen Vierten bedeutet ein Flugzeug vielleicht ganz konkret den Pilotenschein, von dem er träumt, seit er ein kleines Kind war.

Sehen Sie Ihren ehemaligen Uni-Professor, bedeutet das nicht unbedingt, dass Sie heimlich verliebt sind. Vielleicht sehnen Sie sich nach etwas, von dem Sie während des Studiums jede Menge gehabt haben, das aber in Ihrem aktuellen Leben Mangelware ist. Die Freiheit, neue Dinge auszuprobieren etwa. Die intellektuelle Anregung. Es kann auch bedeuten, dass der Professor für Weiterentwicklung steht. Oder für etwas nicht Abgeschlossenes, weil Sie Ihr Studium mittendrin abgebrochen haben, was Ihnen unbewusst vielleicht noch zu schaffen macht. Auch hier kommt es ganz allein auf Ihre individuelle Deutung an.

Je häufiger Sie diese Übung machen, umso klarer wird die Botschaft. Machen Sie sie abends vor dem Einschlafen, ermuntern Sie Ihr Unterbewusstsein, Ihnen auch im Traum weitere

Hinweise zu schicken. Sie tun mit dieser Übung aber noch etwas anderes: Sie polen Ihre Wahrnehmung bereits auf das, was Ihnen Glück bringt.

Was Ihr Unterbewusstsein und Musikstreaming-Dienste gemeinsam haben

Vielleicht wissen Sie nun, dass Sie mehr Freiraum brauchen. Oder mehr Ruhe. Mehr Bewegung. Mehr Zeit mit Ihrer Familie. Eine neue Herausforderung. Mehr Entspannung in der Natur. Das sind schon mal sehr wertvolle Erkenntnisse. Sehr konkret sind sie aber noch nicht, weil Sie auf viele verschiedene Arten umgesetzt werden können. Um im Bild zu bleiben: Sie wissen noch nicht genau die Melodie, die Sie spielen wollen, aber Sie kennen bereits das Genre. Das hat schon einen riesigen Vorteil: Sie haben das, was potenziell etwas in Ihnen zum Klingen bringt, eingegrenzt. Und Sie haben eine positive Motivation, diese Komponenten in Ihr Leben zu integrieren, weil Sie wissen, dass Sie sich damit auf den Weg zum Glück machen. Damit haben Sie bereits den Treibstoff mit, der zur Verwirklichung notwendig ist.

Wollen Sie diese Komponenten weiter konkretisieren, können Sie ebenfalls auf die Hilfe Ihres Unterbewusstseins zurückgreifen. Stellen Sie sich vor, es wäre ein Musikstreaming-Dienst wie Spotify oder Apple Music. Wenn Sie dort Jazz eingeben, werden Ihnen in einer Playlist Vorschläge gemacht. Das, was Sie nicht mögen, klicken Sie weg. Von den Künstlern, die Ihnen gefallen, hören Sie vielleicht mehrere Alben. Daraufhin unterbreitet Ihnen der Dienst wieder passende Vorschläge. Und eines Tages haben Sie plötzlich einen neuen Lieblingskünstler.

Ein Beispiel: Nehmen wir an, eine Frau arbeitet als Freiberuflerin von zu Hause aus. Nehmen wir weiter an, sie ist gerade in einen anderen Ort weit weg von ihrem bisherigen Zuhause gezogen, weil ihr Partner dort eine neue Stelle bekommen hat. Bald spürt sie eine unterschwellige Unzufriedenheit. Sie denkt schon daran, dass mit ihrer Beziehung etwas nicht stimmt, weil sie und ihr Mann sich plötzlich häufiger streiten. Oder dass sie das Leben auf dem Land/in der Kleinstadt/in der Großstadt – wohin es sie eben verschlagen hat – nicht verträgt und unbedingt zurückmuss in ihr altes Umfeld. Doch mit der Übung »Der, der weiß« ist ihr bewusst geworden, dass ihr zu ihrem Glück eigentlich »nur« mehr Sozialkontakte vor Ort fehlen. Freunde. Ein Netzwerk. Sie weiß aber nicht so recht, wie sie das anstellen soll, denn anders als ihr Partner hat sie keine Arbeitsstelle, an der sie regelmäßig Leute trifft. Dann könnte sie damit beginnen, eine Frage nach dem Muster zu formulieren, das Sie in Kapitel sechs kennengelernt haben:

Wie kann ich neue Freunde finden?

Diese Frage kann die Freiberuflerin nun wiederum »dem, der weiß« stellen und ihm auftragen, ihr Hinweise zu liefern. Die kann er ihr innerhalb der Übung als Symbole zur Verfügung stellen, aber auch als glückliche Fügungen im Alltag.

Sie kann auch Altmeister Coué bemühen und, wie in Kapitel zwei im »Lachwunder à la Coué« (S. 49) beschrieben, ihre Suggestion nach seiner Vorlage gestalten. In diesem Fall: *Jeden Tag erweitere ich mein Netzwerk und finde mehr und mehr neue Freunde!* Dabei muss man nicht unbedingt das Lachritual vorher machen, viele andere der in diesem Buch vorgestellten Übungen erhöhen ebenfalls die Empfänglichkeit für Suggestionen. Vielleicht folgt sie aber auch Coués Empfehlung: Seine Suggestion sollte täglich vor dem Einschlafen und nach dem Aufwachen zwanzig Mal halblaut aufgesagt werden, damit sie auch über den Hörsinn Eingang ins Unterbewusstsein findet.

Hat sie ihr Unterbewusstsein einmal auf den richtigen Kanal »eingestellt«, werden ihr – wie bei den Streaming-Diensten –

unermüdlich Vorschläge unterbreitet. So kann es sein, dass ihr in der Zeitschrift, die sie beim Friseur liest, plötzlich ein Artikel wie jener auffällt, den ich einmal gelesen habe und den ich mir gemerkt habe, weil ich die Idee so nett fand: Darin ging es um eine Studentin, die mit einem selbst gebackenen Kuchen zu ihren Nachbarn im Wohnblock gegangen ist, um sich vorzustellen. Jeden Nachmittag zu einem anderen. Fast immer wurde sie hereingebeten und zum Kaffee eingeladen und viele der Nachbarn machten einen Gegenbesuch. Nach ein paar Wochen kannte sie ihr ganzes Viertel und mit einigen entwickelte sich eine Freundschaft.

Möglicherweise fällt unserer kontaktsuchenden Freiberuflerin auch in der Zeitung oder im Netz eine Notiz auf, in der zu einem Netzwerk für Einzelunternehmer und andere Selbstständige eingeladen wird. Vielleicht entdeckt sie eine Volleyballfreizeitgruppe in ihrer Nähe und ihr fällt ein, dass sie ihr altes Hobby ja wieder aufleben lassen könnte. Oder sie bekommt beim Bäcker mit, dass das Großreinemachen im Dorf ansteht, bei dem alle mitmachen dürfen – eine hervorragende Gelegenheit, neue Leute kennenzulernen.

DIE BIENE, DER WEG UND DER NEKTAR

Eine Biene fliegt aus ihrem Bienenstock los und sucht nach Nektar. Sie fliegt in vielen Kurven über die Landschaft und hält Ausschau, bis sie eine fantastische, riesige Blumenwiese entdeckt. Die Biene denkt: »Wow! Das muss ich meinen Kumpels erzählen, dann können wir hier alle sammeln!« Gedacht, getan: Die Biene fliegt schnurstracks auf direktem Weg zurück zum Bienenstock und berichtet von ihrer Entdeckung. Das lassen sich die anderen Bienen nicht zwei Mal sagen. Sie haben gesehen, woher die Biene gekommen ist, und fliegen sofort ohne Umwege zur Blumenwiese und beginnen damit, Nektar zu sammeln. Die Biene fliegt auch wieder zurück – sie nimmt dabei allerdings aus Gewohnheit den alten verschlungenen und viel längeren Weg, auf dem sie auch das erste Mal gekommen ist – und wundert sich, als sie ankommt, dass der ganze Nektar schon weggesammelt ist.

Wir alle sind manchmal wie die Biene: Wir möchten etwas schaffen, aber benutzen immer wieder die alten Wege. Dabei gibt es vielleicht viel direktere, stressfreiere und Erfolg versprechendere Wege zum Ziel. Die Bienen, die den alten Weg nicht kannten, machen es vor. Sie waren völlig offen und haben intuitiv den besten Weg gewählt.

Viele Wege führen ans Ziel: Zu wissen, was Sie wollen, bedeutet nicht, dass Sie auch den besten Weg dorthin kennen

Vielleicht hat sich bei der Befragung des Unterbewusstseins auch etwas ganz Konkretes ergeben. Stellen wir uns einen Mann vor, der auf einmal *weiß*, dass er in einem Haus mit einem wunderschönen Garten leben möchte und nicht mehr in einer Stadtwohnung mit Verkehrslärm und grauem Häusermeer rundherum. Das ist es, was ihm zum Glücklichsein fehlt, davon ist er überzeugt. So weit, so legitim.

Doch nun macht er einen Fehler: Er nimmt an, sein vorrangiges Ziel müsse es sein, viel Geld zu verdienen, weil er sich genau dieses Traumhaus kaufen möchte. Schlussfolgert er auf diese Weise, übersieht er allerdings etwas Wichtiges: Das, was er sich wünscht, ist in Wirklichkeit kein Geld und auch nicht der Besitz eines Hauses. Es ist das *Wohlgefühl*, das er sich davon verspricht, in diesem Haus mit Garten zu sein. Eigentlich weiß er das auch, aber er hat eben im Verlauf seines Lebens gelernt, dass man Traumhäuser kauft. Vielleicht, weil seine Eltern das getan haben oder alle für ihn wichtigen Menschen um ihn herum. Durch dieses Bezugssystem im Kopf glaubt er seinen

Wunsch nur verwirklichen zu können, indem er genügend finanzielle Mittel zusammenträgt. Eine solche Annahme ist allerdings ein Vorurteil – und wie uns Vorurteile in die Irre leiten können, haben wir ja schon in Kapitel neun gesehen.

Füttert er sein Unterbewusstsein nun also allein mit Suggestionen, die auf das Verdienen von Geld ausgerichtet sind, und scannt er bewusst und unbewusst fortan alles, was ihm begegnet, allein auf den größtmöglichen finanziellen Gewinn, kann es nicht nur sein, dass er sich jede Menge Stress einhandelt. Es ist auch möglich, dass er wunderbare Gelegenheiten verpasst, die ihm das Gewünschte – nämlich das Leben in einem Haus mit Garten – auch auf anderem Wege und schneller bescheren könnten.

Denken Sie an Arndt aus dem vorigen Kapitel: Wäre er ausschließlich aufs Geldverdienen fixiert gewesen, um sich seinen Wunsch vom Leben am Meer zu erfüllen, hätte er niemals seinen schicksalhaften Vorschlag gemacht, relativ bescheiden entlohnter Hausmeister zu werden. Stattdessen hätte er seinen stressigen und ihn nicht mehr erfüllenden Managerjob behalten, um mehr Geld zu verdienen. Vielleicht hätte er sogar einen noch besser bezahlten, noch stressigeren Job angenommen – und lange, bevor er das Geld zusammengehabt hätte, ein Burn-out gehabt. Vielleicht hätte er noch Schlimmeres bekommen – Sie haben ja gesehen, was Stress anrichten kann –, oder wäre gar gestorben. Oder er hätte so lange weitergemacht, bis er eines Tages in der gleichen Lage gewesen wäre wie sein Kollege: Er hätte endlich ein Haus an seinem Traumort gekauft. Aber er hätte keine Zeit gehabt, je dort zu sein, weil er seine Arbeit genau so hätte fortsetzen müssen, um die Hypothek abzubezahlen. Sein Wunsch vom Leben am Meer wäre unerfüllt geblieben, weil er einen unüberlegten Fokus gesetzt hat.

Damit möchte ich nicht sagen, dass hinter jeder Ecke exakt so eine Gelegenheit lauert, wie Arndt sie ergriffen hat. Oder dass man Häuser nicht auch kaufen kann – kündigen Sie jetzt bitte nicht Ihren Bausparvertrag! Aber es gibt *immer* die Möglichkeit, dass auch alternative Wege zum Ziel führen. Und um solche Möglichkeiten überhaupt wahrnehmen zu können, wenn sie sich bieten, müssen wir offen sein. Der Mann, der sich das Haus mit Garten erträumt, wäre mit seiner Fixierung aufs Geldverdienen zum Beispiel nie auf die – eigentlich naheliegende – Idee gekommen, dass man so eine Bleibe auch mieten kann. Oder vielleicht wäre zeitweiser Wohnungstausch eine Möglichkeit gewesen. Oder eine schöne Gartenlaube irgendwo. Um nur das zu nennen, was mir spontan an Ideen kommt.

Wir erschweren die Realisierung unseres Wunsches, wenn wir vorab zu wissen glauben, wie er erreichbar ist. Das ist so, als würde unser Navi im Auto nur einen einzigen Weg zu einem bestimmten Ziel kennen. Wenn dann auf der Strecke eine Baustelle, eine Überschwemmung oder eine Vollsperrung ist, bleiben wir stehen und kommen einfach nicht an. Etwa, wenn wir es nicht schaffen, das nötige Geld zusammenzubekommen. Unser Gehalt ist zu gering, die Bank gibt uns keinen Kredit, eine reiche Erbtante ist weit und breit nicht in Sicht und im Lotto gewinnen wir – Überraschung! – blöderweise auch nicht. Das war's dann mit dem Traum, bevor wir uns dem Ziel auch nur einen Millimeter genähert haben. Jedenfalls dann, wenn Geld der einzige Weg ist. Vielleicht begraben wir unseren Wunsch auch direkt, weil wir uns nicht vorstellen können, wie er erfüllt werden soll. Das wäre sehr schade. Dann verkennen wir, dass unser kreatives Unterbewusstsein sehr viel fähiger ist, als unser überheblicher Verstand jemals verstehen wird.

Geld steht immer für etwas anderes

Haben Sie also ein Ziel formuliert, wie »viel Geld verdienen« oder »reich sein«, geht es nie um Geld – es sei denn, Sie sind Onkel Dagobert und möchten buchstäblich in Ihren Reichtümern baden. Es geht um das, was Sie mit dem Geld kaufen möchten. Eben das, was Ihnen ein gutes Gefühl verspricht. Das sind dann Ihre Ziele. Geld ist nur ein Mittel, das zur Verwirklichung führen *kann*, aber nicht muss.

Was nicht heißen soll, dass ich etwas gegen lukrative Tätigkeiten hätte, sofern diese anderen nicht schaden. Am besten sind sie, wenn sie den, der sie ausführt, wirklich glücklich machen. Viel Geld zu haben, ist tatsächlich eine wunderbar bequeme Sache. Nur haben die wenigsten Menschen – selbst die, die sehr gut verdienen – so viel zur Verfügung, dass sie hingehen können und sich eine doch eher teure Sache wie ein Haus einfach so kaufen können. Die meisten müssen sich dafür Geld leihen, mal mehr, mal weniger. Und dann müssen sie es zurückzahlen. Dieses Geld muss irgendwo herkommen. Dieser Rückzahlungszwang kann ein großer Druck sein, besonders, wenn der Betrag, den man nun jeden Monat zusammenklauben muss, wenig Spielraum für anderes lässt – man lebt und arbeitet plötzlich nur noch für die Anschaffung, die man gemacht hat.

Selbst wenn man für die Finanzierung das tut, was man wirklich will, kann dieser Druck den Spaß erheblich dämpfen. Aber das, was Ihnen Spaß macht und Sie erfüllt, schien Ihnen vielleicht sowieso nicht die beste Finanzstrategie zu sein. Darum machen Sie etwas anderes. Natürlich ist es unter Umständen möglich, auch in einer zunächst ungeliebten Tätigkeit Erfüllung zu finden, wie Linda Thomas es vorgemacht hat. Aber wenn Sie Zahlen hassen und sich trotzdem als Bankbetriebswirt, Controller oder Sales-Manager verdingen, weil

Sie glauben, das sei sicher und Erfolg versprechend im Sinne von »Damit kann man Kohle machen«, ist das ein direkter Weg ins berufliche Unglück. Dann haben Sie sich ganz von Ihrer Intuition verabschiedet und verschenken Lebenszeit. So glücklich kann selbst ein Traumhaus nicht machen, dass es diese selbst gewählten Opfer ausgleicht.

Denken Sie an die Forschung von Shawn Achor: Wer glücklich ist, hat auch Erfolg. Wer Erfolg hat, ist nicht unbedingt glücklich.

Entschlüsseln Sie die Symbole Ihres Unterbewusstseins

Hinzu kommt: Stecken Sie sich in der Zukunft liegende Ziele, ist das Erreichen des Ziels nur ein einziger Punkt auf einer Zeitachse. Wenn Sie erst ab Erreichen dieses Punktes glücklich sein können – oder Sie gar nur dieser Zeitpunkt glücklich machen kann –, läuft irgendwas falsch. Jemand, der einen Marathon bestreiten möchte, würde in so einem Fall niemals die anstrengende Vorbereitung überstehen. Der braucht bei jedem Training einen Ansporn, die Sportschuhe anzuziehen. Das können ganz unterschiedliche Dinge sein. Das Runner's High. Die Ausschüttung von Endorphinen beim Laufen. Das Gefühl, sich stetig zu verbessern. Das triumphale Gefühl, den inneren Schweinehund gezähmt zu haben. Leistungsfähiger zu werden. Sich danach etwas Besonderes zum Essen gönnen zu können, ohne über die Kalorien nachdenken zu müssen. Und und und.

Bleiben wir aber noch mal bei dem Haus mit Garten. Wir haben ja schon gesehen, dass es nicht Geld und Besitz sind, auf die es hier ankommt. Das Haus mit Garten ist ein Symbol. Es steht für das Gefühl, das man mit ihm verbindet. Und genau dieses Gefühl ist es, was unserem Beispielmann im

Leben fehlt – und zwar *jetzt*, nicht erst in einem, drei oder zehn Jahren.

Wenn auch Sie einen ähnlich konkreten Wunsch haben, überlegen Sie also:

Was genau verspreche ich mir vom Erreichen meines Traums?

So wie ein Raucher niemals raucht, weil er es so toll findet, giftige Stoffe in seine Lunge zu pumpen, sondern weil er damit viele angenehme Dinge verbindet – etwa eine Pause, soziale Kontakte oder ganz simpel Entspannung[15] –, steht ein Haus mit Garten für bestimmte »Nebenwirkungen«. Wahrscheinlich möchte der Mann in unserem Beispiel sich dort entspannen. Er stellt sich vor, wie schön es ist, den Blick in den grünen Garten schweifen zu lassen. Er sehnt sich danach, bei der Gartenarbeit die Zeit zu vergessen. Dann hat sein Unterbewusstsein die Wünsche nach Entspannung, nach Aufenthalt in der Natur und nach einer erfüllenden Tätigkeit im Symbol »Haus mit Garten« zusammengefasst.

Verstehen Sie mich nicht falsch, ich meine nicht, dass man sich einen solchen Wunsch nicht erfüllen darf. Im Gegenteil. Wenn es sich um eine Herzensangelegenheit handelt, spricht nichts dagegen. Aber unser Beispielmann wäre schlecht beraten, wenn er mit dem Stillen seiner drängenden inneren Bedürfnisse wartete, bis er endlich in sein Traumhaus einziehen kann. Das kann nämlich eine Weile dauern. Unser Unterbewusstsein kann uns zwar beim Erreichen unserer Ziele effektiv unterstützen und oftmals ist seine Wirkung tatsächlich

---

15 In meinem Buch »Nichtraucher in 120 Minuten« zeige ich Ihnen, wie Sie ohne Entzugserscheinungen, Stress und Gewichtszunahme mit dem Rauchen aufhören können. Das Buch ist übrigens nach meinem insgesamt 120 Minuten dauernden Internetkurs benannt, das Lesen dauert möglicherweise ein bisschen länger.

magisch. Trotzdem ist die Selbsthypnose mit Suggestionen und Visualisierungen kein Trick, bei dem man nur mit dem Finger zu schnippen braucht und das Gewünschte steht – Simsalabim! – vor uns, ohne dass wir auch nur das Geringste dafür tun müssen.

Wann denn, wenn nicht jetzt?

Im Englischen gibt es die Redewendung *the time is now*, was man in etwa mit »Jetzt ist der entscheidende Moment!« übersetzen kann. Sie erinnert uns daran, wirklich Wichtiges nicht zu verschieben, bis es zu spät ist. Verräterisch sind hier Wenn-dann-Sätze: *Wenn ich erst in Rente bin, dann reise ich. Wenn ich erst die perfekte Frau gefunden habe, dann bin ich glücklich. Wenn ich erst schlank bin, dann finde ich Freunde.* Erzählen wir so etwas unserem Unterbewusstsein, dann wird es uns nicht helfen, die gewünschten Dinge *jetzt* umzusetzen. Es glaubt uns nämlich aufs Wort. Eine bessere Strategie ist es, zu identifizieren, was uns fehlt, und es *jetzt* in unser Leben zu holen. *Jetzt* Platz dafür zu machen. Die Bedürfnisse *jetzt* wichtig zu nehmen, statt die Erfüllung der Wünsche in die Zukunft zu projizieren.

Für unseren Mann wären das: Entspannung, Naturerlebnisse, eine sinnstiftende Freizeitbeschäftigung. Zunächst kann er sich gezielt überlegen, wie er das anstellt. Sich hinsetzen und ein Brainstorming machen. Damit geht er die Sache analytisch-planerisch an. Auf seiner Liste steht dann vielleicht zum Thema Entspannung: *Kurs autogenes Training? Rituale und Meditationen aus Jan Beckers Buch?* Zum Thema Natur: *Mittagspause im Park! Radtour am Wochenende (Rad endlich reparieren!!!)* Zum Thema Hobby: *Fotokurs? Könnte man auch mit mehr Natur kombinieren!*

Fällt ihm hier nichts mehr ein, ist es Zeit, die Sache an seine

Intuition zu überstellen. Dazu stehen ihm verschiedene selbsthypnotische Werkzeuge zur Verfügung, die Sie bereits kennengelernt haben. Er kann etwa noch einmal die »Der, der weiß«-Übung machen – mit geänderten Fragen. Einmal fragt er: *Was entspannt mich?* Das nächste Mal: *Wie kann ich mehr Zeit in der Natur verbringen?* Und schließlich: *Was macht mir wirklich Spaß?* Sein Unterbewusstsein hat nun vermutlich Ergänzungsvorschläge, auf die er mit gezieltem, analytischem Nachdenken nicht gekommen ist. Vielleicht erinnert es ihn daran, dass er beim Schwimmen immer so gut abschalten kann. Und dass er doch früher immer richtig zeichnen lernen wollte.

Er hat bei der Umsetzung seiner Ziele einen entscheidenden Startvorteil: Er sehnt sich bereits nach dem, was diese Dinge ihm geben können. Das heißt, er muss sich nicht trickreich motivieren, wie jemand, der das Rauchen aufgeben »will«, weil ihm der Arzt gesagt hat, er müsse dringend etwas für seine Gesundheit tun. Und wer motiviert ist, bleibt auch dran. Jetzt muss er diese Dinge nur noch in seinen Alltag einbauen.

Der Schreibzauber von S. 128 ff. ist dabei sehr hilfreich. Hier setzt unser Mann seine Fragen ein. So beauftragt er sein Unterbewusstsein damit, ihm täglich Entspannung und Naturerlebnisse zu bescheren. Mit einem Mal ist sein alltäglicher Fokus ein ganz anderer. So fällt ihm bei der Arbeit vielleicht ein Konferenzraum mit Blick ins Grüne auf. Er hat einen Geistesblitz – sein Chef ist einverstanden, dass er den Konferenzraum zu seinem Büro macht. Obendrein entdeckt er zufällig ein Waldschwimmbad, wo er nun morgens vor der Arbeit seine Runden dreht. Am Wegweiser dorthin ist er schon unzählige Male vorbeigekommen, erst jetzt ist er ihm, dank seines neuen, vom Unterbewusstsein gesteuerten Blickwinkels, aufgefallen. Am Wochenende macht er einen Zeichenkurs – auf dem Land. Und während er so an den Sinnschräubchen dreht, wird sein Leben nach und nach entspannter und erfüllender. Der Stress, der früher sein zweiter Vorname war, perlt immer mehr an ihm ab.

Es kann passieren, dass das Haus mit Garten jetzt überhaupt nicht mehr wichtig ist. Schließlich hat er das, was er damit verbindet, bereits in seinem Leben. Nehmen wir aber einmal weiter an, er möchte sich das Haus mit Garten dennoch als Fernziel setzen. Unter anderem, weil ihn die Aussicht darauf im Alltag motiviert. Dann ist es gut, wenn er das Haus mitsamt der damit verknüpften angenehmen Gefühle visualisiert. So versteht sein Unterbewusstsein diesen Wunsch als Priorität und wird alles daransetzen, Wege zu finden, ihn umzusetzen. Schritt für Schritt.

FILM AB: AM ZIEL DEINER TRÄUME

Zunächst lesen Sie den Text dieser sehr wirksamen Übung genau durch, bis Sie wissen, was zu tun ist. Zum Einstieg machen Sie dann eine der folgenden Übungen: Lachyoga (S. 19), die Jubelpose (S. 86), die 4711-Atmung (S. 172) oder die Elman-Induktion (S. 74). Diese Übungen entspannen Sie und erhöhen Ihre Suggestibilität. Setzen Sie sich dann bequem hin, schließen Sie die Augen (falls Sie es nicht schon getan haben, weil Sie zum Beispiel die Elman-Induktion gemacht haben). Dann heißt es »Film ab« im Kopfkino:

Der Film   Stellen Sie sich vor, Sie sitzen in einem abgedunkelten Raum vor einem großen Bildschirm. Sie haben eine Fernbedienung in der Hand und drücken auf »Ein«. Sofort flimmert der Titel »Das Haus mit Garten« (wir nehmen jetzt der Einfachheit halber einmal an, das sei auch Ihr Wunsch, selbstverständlich funktioniert auch jedes andere konkrete Ziel) über den Bildschirm. Nun beginnt der Film: Sie sehen *Ihr* Traumhaus auf dem Bildschirm. Es ist wunderschön. Genauso, wie Sie es haben wollen. Sie sehen alle Details: eine herrliche

Terrasse, den Garten voller Blumen, vielleicht scheint die Sonne. Und plötzlich sehen Sie sich selbst. Sie kommen aus dem Haus heraus. Vielleicht stellen Sie ein Tablett mit Getränken auf einen Terrassentisch. Vielleicht gießen Sie die Blumen im Garten. Dann gehen Sie wieder hinein, die Kamera folgt Ihnen. Auch im Inneren ist alles so, wie Sie es sich erträumen. Vielleicht ist da ein Kamin, alte Balken oder auch modernes Design. Sie sehen Ihre Familienmitglieder, da sind Ihre Haustiere, vielleicht sind Freunde zu Besuch. Sie sehen sich, wie Sie alltägliche Dinge tun. Sie lachen. Schauen glücklich aus dem Fenster ins Grüne. Vielleicht klingt Ihre Lieblingsmusik aus den Boxen. Vielleicht hört man nur Vogelgezwitscher. Spüren Sie alle angenehmen Empfindungen, die das in Ihnen auslöst.

Das Hologramm Sie nehmen die Fernbedienung zur Hand. Darauf gibt es eine Taste mit der Aufschrift »Hologramm«. Sie drücken drauf und auf einmal sehen Sie das ganze Geschehen nicht mehr nur auf dem Bildschirm. Sie sind mittendrin. Sie gehen durch die Räume, spüren vielleicht den warmen Holzboden unter Ihren bloßen Füßen. Oder werfen sich aufs Bett. Sie spüren die Sonne auf der Haut, die durch die Fenster fällt … Das sind alles nur Beispiele, stellen Sie sich vor, was auch immer Sie möchten. Tauchen Sie völlig in diese Vorstellung ein. Sehen Sie jedes Detail dessen, was Sie sich wünschen. Riechen Sie. Hören Sie. Und vor allem: Fühlen Sie, wie wunderbar sich das anfühlt.

Die Wunscherfüllungs-Vitamine Sie nehmen erneut die Fernbedienung zur Hand und klicken auf »TV«. Das Hologramm verschwindet. Sie sitzen wieder im abgedunkelten Fernsehzimmer, auf dem Bildschirm läuft weiterhin der Film über Ihren Herzenswunsch. Nun stellen Sie sich vor, wie Sie nach dem Bildschirm greifen und ihn dabei schrumpfen lassen, bis er so klein ist wie eine Multivitamin-Brausetablette. Sie sehen darauf immer noch, winzig klein, den Film. Nun nehmen Sie ein Glas Wasser und werfen die Brausetablette hinein. Sie löst sich sprudelnd auf und verteilt sich in unzähligen Partikeln im Wasser. In jedem Partikel ist die Information über Ihren Herzenswunsch enthalten. Die Vitamine, die Sie zu seiner Verwirklichung brauchen. Nun trinken Sie das Brausegetränk, es schmeckt köstlich erfrischend. Die Herzenswunsch-Vitamine werden weitergeleitet in jede Zelle Ihres Körpers und entfalten dort subtil Ihre Wirkung.

Ihr Unterbewusstsein kennt den Weg

Diese Visualisierungsübung trainiert Ihre Vorstellungskraft durch Perspektivwechsel. Das verankert Ihr Ziel besonders effektiv in Ihrem Unterbewusstsein, weil jeweils andere neuronale Pfade aktiviert werden. Ihr »Imaginationsmuskel« wächst. Sie können diese Übung auch nutzen, um sich für Ziele zu motivieren, die viel Durchhaltevermögen erfordern. Wenn Sie sich zum Beispiel auf Ihr Examen vorbereiten, können Sie sich vorstellen, wie Sie freudig Ihr Zeugnis mit Bestnote entgegennehmen und Sie Ihren Abschluss feiern. Wenn Sie krank sind, können Sie mit dieser Übung Ihre Genesung beschleunigen, indem Sie sich vorstellen, wie Sie wieder gesund und munter Ihren täglichen Aufgaben nachgehen.

Vergessen Sie bei alledem aber nicht, dass das Erreichen eines Ziels ein Prozess ist, der Zeit in Anspruch nimmt. Eine Wanderung, die aus vielen kleinen Schritten besteht, von denen jeder für sich gewürdigt werden möchte. Eine Wanderung machen Sie ja auch nicht nur, um am Gipfelkreuz anzukommen, sondern um den Weg zu genießen!

Visualisierungen stehen übrigens nicht im Widerspruch zur intuitiven Denkweise. Sie träumen sich ja nicht fort – zum Beispiel zu einem zukünftigen Urlaub oder zurück in den vorherigen –, um dem Jetzt zu entfliehen. Ganz im Gegenteil: Sie nutzen die Visualisierung, um sich danach wieder voll und ganz und mit Genuss aufs Hier und Jetzt konzentrieren zu können. Die Visualisierung hilft Ihnen, mit schlafwandlerischer Sicherheit den Weg zu Ihrem Ziel zu gehen, ohne ständig zu bedauern, dass Sie es noch nicht erreicht haben.

Haben Sie Ihr Fernziel ins Unterbewusstsein sinken lassen, können Sie darauf vertrauen, dass es Sie auf die Maßnahmen, die zum Erreichen des Ziels nötig sind, aufmerksam machen wird, sobald diese anstehen und möglich sind – und Sie dann auch wissen, was zu tun ist. Sie können also getrost zurück in die intuitive Denkweise schalten und sich mit Ihrer vollen Aufmerksamkeit dem widmen, was Sie jetzt zu tun haben. Den Augenblick genießen. Das Hier und Jetzt. Sie erinnern sich: Das Hier und Jetzt ist der einzige Punkt in Zeit und Raum, an dem Sie die Möglichkeit haben, glücklich zu sein.

Die Arbeit mit eigenen Suggestionen

Oft erfordert das Erreichen eines Ziels auch kontinuierliche Aktion. Das wäre zum Beispiel der Fall, wenn Sie etwas Neues lernen möchten. Egal ob Sprache, Sportart oder Musikinstrument, dabei muss man regelmäßig üben, sonst kommt man nicht weit. Vielleicht haben Sie auch festgestellt, dass Sie zwar keine neue Sportart erlernen möchten, aber als Ausgleich dringend mehr Bewegung brauchen.

Selbst wenn Sie sehr positiv motiviert sind, droht die Gefahr, dass Sie im Alltagstrott in alte Gewohnheiten zurückfallen und Ihre neuen Routinen buchstäblich wieder vergessen, noch bevor sie sich etabliert haben. Gewohnheiten, egal ob gute oder schlechte, sind sehr widerstandsfähig. Suggestionen unterstützen Sie dabei, hier auf Kurs zu bleiben. Sie haben ja schon einige Beispiele der Suggestionsgestaltung bekommen, wie etwa Coués Vorlage. Sie können aber auch ganz eigene, maßgeschneiderte Suggestionen entwickeln, die perfekt zu Ihnen und Ihrem Vorhaben passen. Hier kommen ein paar Regeln, wie Sie sie gewinnbringend formulieren:

1. **Bleiben Sie im Präsens.** Was fürs intuitive Denken gilt, ist auch das A und O der Suggestionsformulierung: Die Fokussierung auf den Moment. Sagen Sie also »Ich jogge ...« und nicht »Ich werde joggen«, sonst versteht Ihr Unterbewusstsein, dass Sie erst irgendwann in der Zukunft joggen gehen möchten. Aber niemals jetzt. Ergo nie.

2. **Schaffen Sie ein Bild.** Ihr Unterbewusstsein spricht in Bildern, also muss Ihre Suggestion eine möglichst konkrete, ansprechende Vorstellung in Ihrem Kopf erzeugen. Es ist eine wirksamere Suggestion, wenn Sie sagen: »Ich jogge jeden Morgen am Seeufer entlang«, als wenn Sie nur neutral sagen: »Ich jogge.«

3. **Wecken Sie positive Gefühle.** Reichern Sie Ihre Suggestion mit Formulierungen an, die für Sie persönlich für Genuss, Spaß und Wohlgefühl stehen. Etwa: »Ich genieße es, jeden Morgen am Seeufer entlangzujoggen.« Oder: »Glück durchströmt mich, wenn ich jeden Morgen am Seeufer entlangjogge.« Fühlen Sie, während Sie Ihre Suggestion sprechen, bereits das Wohlgefühl, das Ihnen das Angestrebte vermittelt. Gefühle geben Ihrer Suggestion die Energie, sich zu verwirklichen.

4. **Bleiben Sie knapp und klar.** Benutzen Sie so wenige Wörter wie möglich und so viele Wörter wie nötig. Also nicht »Ich genieße es, während die Möwen kreischend den Beginn des Tages ankündigen, der Morgendunst malerisch auf dem See liegt und die Hobbysegler ihre Jollen aus dem Hafen steuern, am Seeufer entlangzujoggen.« Da haben Sie – und Ihr Unterbewusstsein – am Ende schon wieder den Anfang vergessen.

5. Gestalten Sie eigene Skripts und Visualisierungen. Falls Sie Möwenkreischen, Morgendunst und Segelboote als Szenerie motivierend finden, gestalten Sie daraus ein kleines Skript aus mehreren Suggestionen – jeder Satz ist dabei eine Suggestion (»Ich jogge am Ufer entlang. Es ist Morgen und ein malerischer Dunst liegt auf dem See. Die Möwen kreischen. Hobbysegler steuern ihre Jollen aus dem Yachthafen.«) Daraus machen Sie eine Visualisierung, also einen kleinen Film im Kopfkino. Falls Sie sich Ihr Skript vorlesen lassen – entweder von jemand anderem oder einer selbst gesprochenen Aufnahme –, verwenden Sie bitte statt einer »Ich«- eine »Du«-Formulierung.

6. Variation ist Trumpf. Nicht jede Suggestion wirkt jeden Tag gleich gut. Wenn Sie immer nur die gleich formulierte Suggestion verwenden, kann es sein, dass Sie sie irgendwann nur noch mechanisch aufsagen und Ihr Unterbewusstsein gar nicht mitbekommt, dass es angesprochen wird. Ein Tipp ist es, jedes Mal den Fokus auf andere Aspekte des Erlebens zu legen. Zum Beispiel einmal: »Ich spüre, wie ich beim Joggen jeden Tag mehr Energie habe.« Und ein andermal: »Das Joggen wird von Tag zu Tag leichter.«

7. Positiv bleiben. »Ich esse *nicht* erst ein Croissant mit Marmelade, sondern gehe sofort joggen« wird Ihnen eher auf das Croissant Lust machen als aufs Joggen. Das, was Sie nicht wollen, hat in Ihren Suggestionen nichts zu suchen.

8. Immer nur ein Thema auf einmal. Ihr Unterbewusstsein kann kein Multitasking. Auch wenn Sie mehrere Dinge in Ihrem Leben verändern möchten, kombinieren Sie sie nicht in Ihren Suggestionen (»Ich jogge morgens am Seeufer und lerne danach jedes Mal eine Lektion im Dänisch-Buch.«). Konzentrieren Sie sich vielmehr einmal aufs Joggen, ein andermal auf Ihren Dänisch-Sprachkurs, sonst weiß Ihr Unterbewusstsein nicht, was es tun soll – das ist dann so, als zöge man von zwei Seiten an ihm.

Gesetzt den Fall, Sie haben sich nach diesem Schema ein hübsches Set aus Suggestionen kreiert, kann es dann sofort losgehen:

- Machen Sie zunächst eine der Übungen, die Sie schon kennen: Lachwunder (S. 19), Elman-Induktion (S. 74), Punkttrance (»Machen Sie mal einen Punkt«, S. 106), Jubelwunder (S. 86), Gedankenstopp (S. 135; machen Sie die Übung in diesem Fall bis inklusive Punkt drei), 4711-Atmung (S. 172), oder auch jede andere Entspannungsübung, die Ihre Gedanken zur Ruhe und Sie damit in eine leichte Trance bringt. Dann sagen Sie Ihre Suggestion laut oder halblaut auf. Stellen Sie sich dabei plastisch vor, was Sie tun möchten. Damit nutzen Sie bereits zwei Sinne, den visuellen und den auditiven, um die Botschaft ins Unterbewusstsein zu befördern.
- Präsentieren Sie sich Ihre Suggestionen immer wieder anders. Sie können sich ein Bild suchen, das zu Ihrer Suggestion passt (zum Beispiel eine schöne Postkarte mit Möwen, Jollen und Morgendunst), und darauf Ihre Suggestion schreiben. Oder/und schreiben Sie sie auf Post-its, die Sie an den Spiegel heften, an den Computer oder aufs Lenkrad. Wenn Sie möchten, machen Sie einen lustigen Song daraus. Lassen Sie sich auf Ihrem Mobiltelefon mit Ihrer Suggestion begrüßen und so weiter.
- Apropos Schreiben: Auch das bewusste Schreiben ist, wie ich bereits erwähnte, ein hervorragender Weg, Botschaften ins Unterbewusstsein zu befördern. Schreiben Sie zum Beispiel sämtliche Suggestionen einmal pro Woche handschriftlich und in Ruhe auf und lesen Sie sie dann laut.
- Sie unterstützen die Wirksamkeit Ihrer Suggestionen, wenn Sie die Augen schließen. Das bewirkt, dass das Gehirn entspannende Alphawellen erzeugt und Sie suggestibler werden.

- Einen ähnlichen Effekt hat es, wenn Sie bei der Arbeit mit den Suggestionen klassische Musik – etwa Mozart, Bach oder Brahms – knapp über der Hörschwelle abspielen. Auch das erzeugt entspannende Alphawellen im Gehirn. Übrigens auch ein hervorragender Tipp, um Lerninhalte zu verfestigen. Wichtig: Laute oder in normaler Lautstärke abgespielte klassische Musik hat keinen derartigen Effekt. Auch andere Musik lenkt eher ab.

- Das Flackern von Kerzen oder Kaminfeuer hat ebenfalls den hypnotischen Alphawellen-Effekt (allerdings sollten Sie schon erkennen können, was Sie lesen, und bitte kein Feuer am oder im Bett!).

- Wo ich gerade das »Bett« erwähnt habe: Kurz vor dem Einschlafen gelesen oder aufgesagt haben Suggestionen einen besonders großen Effekt, weil Sie diese mit in den Schlaf – und damit ins Unterbewusstsein – nehmen. Wenn Sie sie dann morgens wiederholen, wecken Sie sie auf und erinnern Ihr Unterbewusstsein an seinen Job!

- Finden Sie sich in einer Situation wieder, in der Sie genau das erleben, was Sie mit Ihren Suggestionen erreichen wollen (zum Beispiel: Sie sind gerade tiefenentspannt in der Sauna; Sie haben Spaß mit neuen Freunden; Sie freuen sich, weil Sie nach all dem Dänischlernen im Urlaub in Kopenhagen problemlos einen Kaffee bestellen können etc.), setzen Sie unbedingt sofort Ihre Suggestion! Sie bestätigen damit, dass es stimmt, was Sie sich suggerieren – ein Loop, der die Wirksamkeit der Suggestionen extrem verstärkt. Setzen Sie außerdem einen Anker (siehe S. 51), zum Beispiel ein Fingerschnippen.

PSST, DAUMENDRÜCKEN! DAS ZAUBERHAFTE GEHEIMNIS DER SOFORTIGEN WUNSCH-ERFÜLLUNG

Nun hatte ich eben erwähnt, dass die Arbeit mit Suggestionen kein Trick ist, mit dem uns das Gewünschte im Handumdrehen in den Schoß fällt. Jetzt muss ich eine kleine Einschränkung machen: Manchmal kann man eben doch zaubern! Wenn Sie einen ganz bestimmten Wunsch haben, können Sie das Gewünschte mit der im Folgenden beschriebenen Fingerübung – der sogenannten Kubera-Mudra – entweder in kurzer Zeit herbeizaubern (bei kleineren Wünschen) oder der Erfüllung Ihres Wunsches einen ordentlichen Schubs geben (bei größeren Wünschen).

Mudras sind Fingerstellungen aus dem Yoga, die normalerweise positive Wirkungen auf die Gesundheit haben. Die Kubera-Mudra öffnet und entschleimt zum Beispiel die Stirnhöhlen. Sie kann aber viel mehr! Benannt ist sie nach dem vedischen Gott aller Schätze der Erde, Kubera, denn sie hat tatsächlich Zauberkräfte. Sie ist das beste Beispiel dafür, dass man zwar vieles, aber eben doch nicht alles erklären kann, was geschieht. Probieren Sie es aus! Wichtig ist nur, dass Sie genau wissen, was Sie wollen – oder, um zum Bild vom Beginn dieses Kapitels zurückzukehren, Sie müssen den Ton kennen, den Sie spielen möchten.

Bevor Sie das Gewünschte »bestellen«, konzentrieren Sie sich auf Ihren Atem. Wenn Sie ruhig und fokussiert sind, fragen Sie Ihr Herz, ob eine Erfüllung des Wunsches zu Ihrer inneren und äußeren Erfüllung beiträgt und ob er Gutes in die Welt bringt. Können Sie all das bejahen, formen Sie die Kubera-Mudra. Dazu legen Sie in beiden Händen jeweils Daumen, Zeige- und Mittelfinger zusammen, die beiden restlichen Finger liegen gekrümmt in der Handmitte. Schließen Sie die Augen. Drücken Sie die drei Finger jeder Hand fest zusammen und murmeln Sie drei Mal Ihren Wunsch. Denken Sie dabei fest an das Gewünschte.

Sie werden feststellen, dass sich viele kleinere Wünsche tatsächlich nahezu sofort erfüllen. Etwa, wenn Sie vorm Losfahren einen Parkplatz bestellt haben, sobald Sie zu Hause ankommen. Oder Sie bekommen genau die richtige Info, die Sie in einer Sache weiterbringt. Sie finden mühelos die perfekten Worte in einer E-Mail, die genau das zum Empfänger transportieren, was Sie sagen möchten. Sie finden plötzlich den Anhänger, den Sie schon lange schmerzlich vermissen. Und so weiter.

Andere Wünsche brauchen etwas länger, den Weg erspart auch die Kubera-Mudra nicht – aber dass sich die Wünsche erfüllen, dessen können Sie nun sicher sein, und sich selbstbewusst, Schritt für Schritt, auf Ihr Ziel zubewegen, bis Sie es erreicht haben. Machen Sie die Mudra bei größeren Vorhaben jeden Tag, bis sie wahr geworden sind. Ich habe sie jeden Tag gemacht, während ich dieses Buch geschrieben habe, und habe um die richtigen Worte gebeten.

Viel Erfolg!

Kapitel 12

Das Geheimnis der Erde: Wie eine uralte Orakelkunst Ihnen den Weg aus dem Stress weist

Der Mensch, das Augenwesen, braucht das Bild.
Leonardo da Vinci

Unser Unterbewusstsein »denkt« und »spricht« in Bildern. Darum kann man Symbole nutzen, um mit ihm in Kontakt zu treten, und darum verstehen wir Symbole oft intuitiv besser, als wenn wir etwas rational erklärt bekommen. Darauf beruht zum Beispiel das Tarot, das Sie sicher kennen. Ich habe vor einiger Zeit eine andere Schule der Symbolik kennengelernt, die Geomantie. Die Geomantie ist eine uralte Orakelmethode, der Begriff setzt sich zusammen aus dem altgriechischen Wort *geo*, das »Erde« bedeutet, und *mantaia*, »Weissagung«, die Kunst, aus der Erde zu weissagen. Ursprünglich betrachtete man dabei natürliche Formierungen des Untergrunds, zum Beispiel aus Sand oder Steinen. Auf diese Weise sagte man die Zukunft voraus. Ich nutze die Geomantie auf etwas andere Art.

16 Symbole, 16 Grundbedürfnisse

Die Geomantie umfasst 16 Symbole, die die Grundbedürfnisse des Menschen beschreiben. So können sie uns, ähnlich wie das Tarot, mit unserem Inneren in Verbindung bringen, denn sie stehen für typische Situationen im Leben und können Impulse geben, wie wir ihnen besser und entspannter begegnen. Die

Symbole helfen zum Beispiel einzuschätzen, wie wir aktuell mit Stress umgehen – und wie wir es besser machen können.

Doch schauen wir uns zuerst einmal die Symbole an:

Puer (Junge)	Fortuna Major (Großes Glück)	Acquisitio (Gewinn)	Cauda Draconis (Drachenschwanz)
Amissio (Verlust)	Conjunctio (Konjunktur)	Carcer (Kerker)	Caput Draconis (Drachenkopf)
Albus (Weiss)	Rubeus (Rot)	Tristitia (Trauer)	Fortuna Minor (Kleines Glück)
Populus (Leute)	Puella (Mädchen)	Laetitia (Freude)	Via (Weg)

Da ist zum Beispiel Via, der Weg, das Symbol, das Sie unten rechts sehen – es besteht aus vier Punkten übereinander. Das symbolisiert einen Schritt nach dem anderen auf einem geraden Weg, von dem man sich nicht abbringen lässt. Erinnert Sie das an etwas? Genau: das unbeirrte Verfolgen unserer Ziele und Erfüllen unserer Wünsche, bei dem wir fokussiert auf das, was gerade anliegt, entspannt einen Schritt nach dem anderen tun.

Dann gibt es etwa den Caput Draconis, den Drachenkopf, zwei Felder darüber. Der besteht aus zwei Punkten nebeneinander und weitere drei Punkte symbolisieren wieder den Weg. Die zwei Punkte nebeneinander könnte man als die Abdrücke von zwei Füßen sehen, die am Anfangspunkt eines Weges stehen. Hier ist jemand, der sich den Weg erst einmal genau anschaut, bevor er losgeht. Das ist der Moment des Ziele-Setzens. Des Sich-klar-Werdens, was man will. Auch mit der Wichtigkeit dieses Moments haben wir uns schon eingehend befasst.

Nun betrachten wir das Symbol des Populus eingehender. Dieser Begriff bedeutet ursprünglich so viel wie »Volk«, eine andere Bedeutung ist »Publikum«. Im Populus-Symbol liegen zweimal vier Punkte nebeneinander – wie ein geöffneter Reißverschluss:

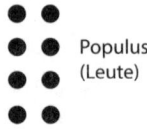

Populus
(Leute)

Diese Figur ist das offenste aller Geomantie-Symbole. Es steht für das Wahrgenommenwerden von außen, das ist eines unserer angeborenen Grundbedürfnisse. Da ist einmal die Reihe zu sehen, die den Weg darstellt, aber da ist zusätzlich eine weitere. Das sind Menschen, die uns dabei beobachten, während wir unseren Weg gehen, die kommentieren und vielleicht auch Einfluss nehmen. Gleichzeitig beobachten wir genau, wie die anderen auf uns reagieren, und ändern unser Verhalten möglicherweise, je nachdem, was die anderen tun oder sagen. Das heißt, wir gehen unseren Weg nicht unbeirrt, sondern sind durch die Beobachtung durch die anderen sehr anfällig für Störungen.

Für Babys ist es erst mal überlebenswichtig, wahrgenommen zu werden. Sie sind vollkommen abhängig davon, dass sie mit allem Wichtigen versorgt werden: Nahrung, Liebe, Wärme, Sauberkeit. Babys müssen dafür sorgen, gesehen zu werden, darum schreien sie. Ältere Kinder lernen dann, dass sie besondere Aufmerksamkeit bekommen, sobald sie bestimmtes Verhalten zeigen, das den Eltern oder den Erziehern gefällt: Sie werden geherzt und mit Lachern belohnt, wenn sie besonders lustig sind, bekommen Applaus für ein tolles Bild und werden gelobt, wenn sie ihre Spielsachen wegräumen. Auf diese Weise werden wir schon von Kindesbeinen an konditioniert, bestimmte Dinge zu tun, um gesehen zu werden.

Ein gewisses Bedürfnis nach Anerkennung durch andere Menschen ist völlig normal, denn wir sind soziale Wesen. Trotzdem werden wir im Idealfall mit den Jahren unabhängiger von der Aufmerksamkeit unserer Umgebung. Schließlich können wir uns als Erwachsene selbst mit Nahrung, Kleidung und einem Dach über dem Kopf versorgen. Und wir wissen im Idealfall, was wir können und dass wir ein wertvoller, liebenswerter Mensch sind. Je geringer aber unser Selbstwertgefühl ist, umso abhängiger fühlen wir uns auch als Erwachsene von der Anerkennung anderer Menschen.

Das ist leider problematisch.

Zum einen, weil einfach nicht immer jemand da ist, der uns Applaus spenden kann – oder will. Zum anderen, weil wir dann ständig etwas zu liefern versuchen, wofür wir uns Anerkennung erhoffen. Viele Frauen wollen sich zum Beispiel in der Familie unersetzlich machen, indem sie sich ständig um alle und alles kümmern. Männer versuchen typischerweise eher, im Beruf Erfolge einzuheimsen. Und viele von uns verwenden mittlerweile jede Menge Zeit darauf, in den sozialen Medien zu glänzen – mit den tollsten Profilbildern, witzigsten und interessantesten Posts und schönsten Urlaubsfotos, die die meisten »Likes«, »Loves« und »Wows« bekommen.

Unser Gehirn treibt uns auf die Bühne der sozialen Medien

Populus ist ein Sinnbild unserer Zeit. Jeder will gesehen werden, jeder will von so vielen wie möglich wahrgenommen werden, seine Portion »Ruhm« einheimsen. Dafür bieten die sozialen Medien eine Bühne. Das echte, nicht virtuelle Leben mit echten Menschen, die wir zum Kaffee treffen und mit denen wir im Wald spazieren gehen können, tritt in den Hintergrund. Dass diese Verschiebung auch ein enormes Stressmoment ist, wird immer mehr Menschen klar. Ständig auf den verschiedenen Kanälen präsent zu sein, raubt sehr viel Energie und Zeit – gibt dabei aber oft wenig mehr zurück als die Simulation eines sozialen Miteinanders und die Illusion, wahrgenommen zu werden. Wenn Personen, die auf Facebook »Freunde« sind, sich tatsächlich zufällig mal »in echt« begegnen, grüßen sie sich oft nicht einmal – so unverbindlich ist das Ganze.

Der Erfolg der sozialen Medien liegt in der Chemie unseres Gehirns begründet. Facebook und Konsorten sind wahre Dopamin-Maschinen. Dopamin ist der Hauptdarsteller unseres Belohnungssystems. Es soll uns dazu bringen, all das zu tun, was unser Überleben sichert – sowohl als Spezies Homo sapiens als auch als Individuum. Zu den Dingen, die das Belohnungssystem stimulieren, gehören zum Beispiel Essen, Brutpflege – also das Kümmern um Babys und Kinder –, Sex, aber auch alles, was unsere Position in der Gemeinschaft stärkt und sichert. Wer viele Freunde hatte, der hat im Laufe der Evolution eher überlebt: Viele Freunde waren für unsere Vorfahren gleichbedeutend mit vielen Unterstützern in einer Notsituation.

Viele Freunde bei Facebook vermitteln uns vordergründig das gleiche Gefühl eines hohen sozialen Status – wenn auch im Ernstfall die allermeisten dieser Freunde uns nicht zur Seite stehen werden. Unser Gehirn nimmt nur wahr: viele Freunde. Hinzu kommt, dass durch das unmittelbare Feedback per »Like« oder Kommentar soziale Zuwendung simuliert wird, und auf die reagiert unser Gehirn mit Dopaminausschüttung. Anders als oft behauptet, macht der Botenstoff nach neuerer Forschung nicht selbst high. Stattdessen führt er zu einer Kettenreaktion, an deren Ende die Bildung von Endorphinen steht, das sind körpereigene Opiate – und die geben uns tatsächlich einen Kick. Dopamin stiftet uns dazu an, das, was zu dieser Ausschüttung geführt hat, noch einmal zu tun: zum Beispiel Posts zu erstellen, denen andere ihr Like geben können.

Aber gleichgültig, ob wir nach Anerkennung in sozialen Medien streben oder uns im Job oder der Familie verausgaben, um uns beliebt zu machen: Es treibt uns der gleiche Mechanismus, der Schauspieler, Musiker und andere Künstler vom Applaus abhängig macht. Doch der Kick, den wir bekommen, hat seinen Preis und der heißt Stress! Einerseits, weil wir so nie zur Ruhe kommen. Andererseits empfinden wir es als Katastrophe, wenn etwas, was wir tun, nicht ausgiebig beklatscht wird – dann entwertet das die ganze Bemühung. Hinzu kommt, dass jemand, der nach außen orientiert ist, sich völlig ausliefert. Alle Schutzschilde sind heruntergefahren und so strömt auch alles ungehindert ein: Bewunderung und Applaus, aber auch Kritik und Konkurrenz. Das zerrt an den Nerven.

Vorübergehend geschlossen: Die innere Inventur

Die sozialen Medien sind aus unserem Alltag nicht mehr wegzudenken, aber wir sollten uns bewusst sein, was sie potenziell mit uns anstellen. Darum ist es ganz wichtig, auch einmal nach außen zuzumachen und sich auf sich selbst zu besinnen. Völlig unabhängig von allen anderen. Die eigenen Stärken bewusst *selbst* zu betrachten und *selbst* anzuerkennen – und zu merken, dass wir auch ohne die ständige Spiegelung im Außen liebenswerte, wunderbare, talentierte Menschen sind. Wenn man diese innere Inventur regelmäßig macht, führt das zu *Selbst*bewusstsein und ist noch dazu ein Baustein für mehr *Selbst*vertrauen.

Wenn Sie sich gerade in einer stressigen Populus-Situation befinden, in der Sie unter Beobachtung stehen – ob nun vom Chef, der Familie, der *Social Media*-Gemeinde oder anderen –, gibt Ihnen Geomantie eine wunderbare Schritt-für-Schritt-Anleitung, wie Sie wieder herunterkommen und sich entspannen können. Ebenso, wenn Sie ganz generell das Bedürfnis verspüren, mehr Ruhe und Präsenz in Ihr Leben zu bringen. Um unseren Weg vom Stress hin zur Entspannung sichtbar zu machen, bauen wir das Populus-Symbol Stück für Stück um. So, als würden wir einen Reißverschluss von oben nach unten schließen. Jede dieser symbolischen Veränderungen begleiten wir mit je einer inneren Handlung. So entspannen wir Stück für Stück und kommen schließlich in einen angenehmen Zustand der fokussierten Ruhe. Dieser ist nicht gleichzusetzen mit einem Zustand der Untätigkeit, im Gegenteil: Wir sind aufmerksam aufs Jetzt fokussiert und handlungsfähiger denn je – wenn wir das wollen. Wir können aber auch einfach ausruhen und unsere Batterien aufladen.

Sie können mit den Geomantie-Symbolen auf unterschiedliche Weise arbeiten. So können Sie beispielsweise jeden Punkt durchgehen und zu jedem eine Frage formulieren. Bei Schritt 1 könnte diese lauten: Welche Erfolge kann ich feiern? Bei Punkt 3: Was ist erledigt, was kann ich zur Seite legen? Diese Frage können Sie dann spontan beantworten, Sie können diese aber auch »Dem, der weiß« (S. 234) stellen oder sie in Ihren Schreibzauber (S. 128 ff.) aufnehmen. Dann können Sie in Ihrem Notizbuch, vielleicht unter dem jeweiligen Symbol, die Antworten festhalten. So entwirren Sie die Fäden, die unbewusste Stressfaktoren durch Ihren Alltag spinnen.

Wenn Sie die Geomantie-Symbole und ihre Bedeutung schon etwas besser kennengelernt haben, können Sie sie auch für eine symbolisch geführte Meditation nutzen. Dabei malen Sie die Symbole jedes einzelnen Schrittes auf ein Blatt Papier und heften sie gegenüber an eine Wand. Meditieren Sie dann über jedem Schritt. Lassen Sie Assoziationen kommen, bevor Sie spüren, dass Sie reif sind, um zum nächsten Schritt weiterzugehen.

Und so geht's:

Schritt 1: Erfolge feiern

Zunächst vereinen wir die obersten beiden Punkte im **Populus**-Symbol zu einem einzigen Punkt in der Mitte.

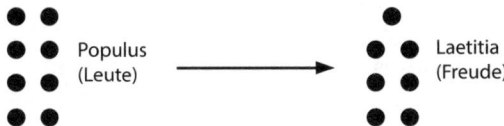

Wir treten damit bildlich von der Aufmerksamkeit einen Schritt zurück und halten inne. Statt nach außen zu den anderen schauen wir nach innen. Der vereinte Punkt symbolisiert unsere Zentrierung, wir wenden uns vom Außen zum Innen. Mit diesem Umbau haben wir nun das Symbol Laetitia vor uns. Der lateinische Begriff **Laetitia** bedeutet Freude. Hier geht es um die Freude über unsere bisherigen Erfolge. Es ist egal, ob Sie diese gedankliche Übung abends nach der Arbeit machen oder wenn Sie gerade in einer stressigen beruflichen oder auch familiären Situation – vermeintlich – feststecken.

Sie machen sich erst einmal bewusst, was Sie bis zu diesem Zeitpunkt schon alles geschafft haben. Dazu müssen Sie Ihr eigentliches Ziel noch nicht erreicht haben! Jedes Vorwärtskommen ist bereits ein Erfolg, für den Sie sich auf die Schulter klopfen dürfen. Tun Sie das ruhig einmal tatsächlich: Klopfen Sie sich selbst auf die Schulter und sagen Sie: »Gut hast du das gemacht!« Etwas nicht nur zu denken, sondern in eine Handlung zu übersetzen, hat einen noch viel tiefgreifenderen Effekt auf unser Unterbewusstsein.

Erfolge sind bereits kleinste, in sich abgeschlossene Einheiten (zur Wichtigkeit des Abschließens kommen wir gleich noch). So eine Einheit kann etwa eine komplizierte Passage in einem Aufsatz sein – Sie müssen noch nicht den ganzen Aufsatz fertig haben. Oder ein Plan, wie Sie ein Projekt angehen möchten – das Projekt muss noch nicht beendet sein. Ein erster Erfolg ist es auch, wenn Sie beim Hausputz schon mal alles Herumliegende aus dem Weg geräumt haben. Oder wenn Sie endlich Ihre Bewerbungsunterlagen für den potenziellen neuen Job zusammengetragen haben. Und so weiter.

Es ist egal, worum es geht: Jeder Schritt zählt! Mit jedem Schritt kommen Sie voran! Das Tempo ist unerheblich. Jemand, der kontinuierlich und ruhig einen Schritt nach dem anderen tut, kommt schneller voran, als derjenige, der kopflos losrennt, sich völlig verausgabt und dann erschöpft pausieren muss – oder sogar ganz aufgibt.

Egal, wie weit Sie also schon gekommen sind, freuen Sie sich darüber! Bereits dieser Moment ist eine Pause in der Hektik. Er stoppt die vorauseilenden, Stress erzeugenden Gedanken, was noch alles zu tun ist. Dieser Augenblick des Innehaltens erdet Sie und lässt Sie in eine positive Grundschwingung kommen, zurück ins intuitive Denken.

Vor allem aber signalisiert das Feiern des Erfolgs Ihrem Unterbewusstsein, dass Sie welchen haben! Das ist extrem wichtig. Wenn Sie das nicht tun, trainieren Sie sich die Fähigkeit ab, Ihre Erfolge und Fortschritte überhaupt wahrzunehmen. Und dadurch werden Sie auch nie Erfolge und Fortschritte haben, denn Ihre Wahrnehmung kreiert, wie Sie ja wissen, Ihre Wirklichkeit. Was glauben Sie, warum in vielen Unternehmen jeder winzige Fortschritt enthusiastisch gefeiert wird? Nur deswegen!

Apropos: Wenn Sie ein größeres Projekt abgeschlossen haben, ist es darum auch keine Geldverschwendung, das nicht nur im Kleinen zu würdigen, sondern in eine richtige Party zu investieren – damit bereiten Sie tatsächlich den Boden für weitere Erfolge in der Zukunft. Denn so merken auch alle anderen, dass Sie was können.

Schritt 2: Dankbarkeit für die täglichen Glücksmomente

Nun vereinen wir auch die nächsten beiden nebeneinanderliegenden Punkte zu einem und vertiefen damit unsere Zentrierung.

Laetitia (Freude) → Fortuna Minor (Kleines Glück)

So erhalten wir das Symbol für **Fortuna Minor**, das kleine Glück. Mit diesem Bild können Sie noch einen weiteren Schritt von der akuten Stresssituation oder dem Stress des Tages zurücktreten. Dazu richten Sie den Blick einmal mehr auf die kleinen Glücksmomente des Alltags. Überlegen Sie: Was hat Sie heute schon glücklich gemacht? Die dampfende Tasse Kaffee am Morgen? Eine gelungene Formulierung? Ihr Partner? Ihr Kind? Der Blick aus dem Fenster? Der Wind auf der Haut? Eine Pflanze, die gut gedeiht? Das Schnurren Ihrer Katze? Das Lob eines Kollegen? Ein Lächeln in der U-Bahn? Nichts ist zu unbedeutend, um es als Glücksmoment zu identifizieren. Entscheidend ist, dass es Ihnen ein gutes Gefühl gegeben hat. Spüren Sie bewusste Dankbarkeit für dieses Glück. Achtung, denken Sie hier wirklich nur an die vielen kleinen Momente, nicht an das große Glück (wie das große Haus, das Sie sich wünschen, aber noch nicht haben, eine »perfekte« Beziehung oder die Beförderung, die Sie gerne hätten). Das Streben nach dem großen Glück ist es oft, das uns erst in Stress geraten lässt – denn wenn wir zu viel auf einmal zu schnell erreichen wollen, machen wir nicht mehr einen Schritt nach dem anderen.

Zu meinen täglichen Glücksquellen gehören zum Beispiel Zeit mit meiner Familie und Freunden, meine morgendliche

Tasse Tee und der Sport, den ich zweimal die Woche mache – unter vielem anderen.

Schritt 3: Dinge (ab)schließen – und loslassen

Jetzt nehmen wir uns die nächsten beiden Punkte vor und schieben sie zu einem zusammen.

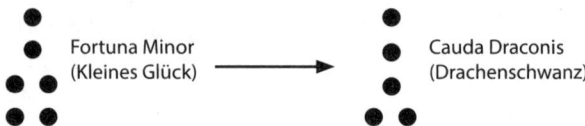

Das so entstehende Symbol nennt sich **Cauda Draconis**, der Drachenschwanz. Er symbolisiert ein – nicht das – Ende. Cauda Draconis weist uns auf die Wichtigkeit hin, Dinge abzuschließen und loszulassen, die uns sonst im Dauerstress gefangen halten. Dabei funktioniert das Abschließen auf verschiedenen Ebenen:

- *Die Erfolge, die wir in Schritt 1 gefeiert haben, legen wir als erledigt zur Seite.* Wir schließen sie bewusst ab und streichen sie mit einem Gefühl des Triumphs von unserer inneren To-do-Liste – gerne auch der tatsächlichen auf unserem Schreibtisch. Ja, auch dann, wenn es »nur« Teilschritte auf dem Weg zu einem größeren Ziel sind – »nur« trifft es hier auch nicht richtig, da die Teilschritte jeweils eigenständige Erfolge sind. So wie Rom nicht in einem Tag erbaut wurde, sind die wenigsten Aufgaben in nur einem Tag vollständig erledigt. Wenn man sich das bewusst macht, ist der Stress erzeugende Druck schon deutlich geringer. Wir können aber noch mehr tun:
- *Wir bringen Dinge, die schon viel zu lange unsere Gedankenenergie binden, endlich zu einem Ende*: Wir erledigen das Te-

lefonat, das wir schon so lange vor uns herschieben, oder vervollständigen den Text, der nur noch eine Einleitung und Überschrift braucht. Je mehr unsere Agenda schrumpft, umso mehr Schwung bekommen wir für den Rest, denn jede Aufgabe bindet Energie – vor allem die Energie unserer Gedanken.

- *Wenn eine Aufgabe nicht in kurzer Zeit abzuhaken ist, bringen Sie sie täglich einen kleinen Schritt weiter, damit Sie diese in absehbarer Zeit zum Abschluss bringen können.* Wer glaubt, alles auf einmal machen zu müssen, fängt häufig erst gar nicht an – und erreicht sein Ziel nie. Machen Sie stattdessen einen einfachen Kleine-Schritte-Plan: Beschäftigen Sie sich zum Beispiel jeden Tag nur zwanzig Minuten mit dieser (oft ungeliebten) Sache. Das Tolle: Die ersten zwanzig Minuten können Sie tatsächlich schon heute zum Abschluss bringen! Das Gefühl, die Dinge anzupacken und plötzlich ein Ende des Tunnels zu ahnen, reduziert vorliegenden Stress erheblich. Ein »beliebtes« Beispiel für solche gern aufgeschobene Dinge ist die Steuererklärung. Aber auch eine Hausarbeit an der Uni kann so ein Entspannungsverhinderer sein, ebenso der aufzuräumende Keller oder herumstehende Umzugskartons, die ausgepackt werden müssen. Ein positiver Nebeneffekt dieser Zwanzig-Minuten-Schritte: Wir erleben, wie jeder noch so hohe Berg an Erledigungen nach und nach schrumpft, wenn wir nur den Anfang finden und einen Schritt nach dem anderen tun.

- *Abschließen kann manchmal aber auch einfach bedeuten, eine echte Tür zu schließen, um mehr Ruhe zu haben* – sich also im übertragenen Sinne von ablenkenden Dingen »abzuschließen«. Es kann auch bedeuten, eine Tür erst gar nicht aufzumachen, weil man »Nein« zu etwas sagt, was einem gerade einfach zu viel ist, oder zu etwas, was man nur getan hätte, weil man glaubt, dass es von einem erwartet wird, was man aber in Wirklichkeit nicht tun will.

- *Abschließen bedeutet auch, Ordnung zu schaffen.* Unsere Umgebung hat eine suggestive Wirkung auf unseren Geist. In einer geordneten, angenehmen und ruhigen Umgebung ist die Wahrscheinlichkeit groß, dass auch unsere Gedanken nach und nach geordnet, angenehm und ruhevoll werden. Umgibt uns dagegen Chaos und Unruhe, wird auch unser Unterbewusstsein chaotisch und unruhig. Stress ist so programmiert. Darum sollten Sie die Arbeit an Projekten jeder Art, mit denen Sie sich gerade nicht beschäftigen wollen oder können, auch bewusst – für den Moment – abschließen. Die Unterlagen dazu haben etwa auf dem Schreibtisch nichts zu suchen. Besser ist es, die Papiere in einen Hefter und den Hefter in einen Schrank zu verfrachten – außer Sichtweite. Und zwar so lange, bis Sie sich ihnen wieder ausschließlich zuwenden können. So können Sie sich aktuellen Aufgaben viel fokussierter widmen, denn äußere Ordnung überträgt sich auch immer auf unser Inneres. Es kann auch bedeuten, den Wäschekorb mit der Kleidung, die wir erst später zusammenlegen können, aus dem Sichtfeld zu verbannen. Oder auch Dinge zu delegieren – nicht immer müssen wir alles selbst machen.
- *Abschließen bedeutet auch, das E-Mail-Programm zu schließen und das Handy auszuschalten*, um nicht ständig von eingehenden E-Mails oder Textnachrichten gestört zu werden.
- *Zum Abschließen gehört auch das bewusste Beenden des Tagewerks nach jedem Arbeitstag*, um Raum für Entspannung nach Feierabend zu schaffen. Denn auch wenn man an einem Tag natürlich nicht jedes Projekt zu Ende bringen kann, ist es wichtig, die Arbeit bewusst zu beenden. Dieser Prozess umfasst alle hier beschriebenen Schritte! Zunächst das Freuen über die Erfolge, dann die Freude über glückliche Momente des Tages. Beenden kann man das Tagwerk mit dem Schreiben einer To-do-Liste für den nächsten Tag, die einem bereits den weiteren Weg – den *Via*, zu dem wir im

nächsten Punkt kommen – aufzeigt und ebnet. Das macht den Kopf frei, denn Sie haben ja aufgeschrieben, was Sie nicht vergessen dürfen! Also können Sie Ihre Aufmerksamkeit getrost von den Dingen abziehen. Wenn Sie diesen Ablauf ritualisieren, setzen Sie hinter die Aktivitäten des Tages einen Punkt, machen im Kopf Platz für Entspannung und werden motivierter und effektiver.

- *Abschließen bedeutet manchmal auch einfach, eine Pause zu machen.* Eine Pause ist erst einmal ein nur vorübergehendes »Abschließen« von etwas, was uns, zumindest für den Moment, nicht oder nicht mehr guttut. Man kann eine Pause von der Beziehung zum Partner brauchen, eine Pause vom Job oder eine Pause in einer Freundschaft. Diese Pause kann schon ein bewusst arbeitsfreies Wochenende sein, ein Urlaub, aber auch ein mehrmonatiges Sabbatical, eine Kur oder auch – im Falle von Beziehungen – eine Trennung auf Probe. Gerade, wenn wir viel Stress haben, sind Pausen extrem wichtig. Vielleicht haben Sie das Gefühl, für Pausen keine Zeit zu haben. Viele Menschen, die beruflich unter Strom stehen, verzichten sogar auf die kleinen Pausen des Tages, arbeiten mittags durch und gönnen sich nicht mal eine Mittagspause, sondern schlingen ihr Essen am Computer hinunter. Das rächt sich fast immer früher oder später: in Form von Gesundheitsproblemen oder auch einem psychischen Kollaps wie einem Burn-out. Auch als ich von einem Tag auf den anderen lebensbedrohlich krank wurde, hatte ich das Bedürfnis meines Körpers und meines Geistes nach Pausen und Entspannung missachtet – und habe die Quittung bekommen. Dabei habe ich großes Glück gehabt, denn ich hätte tatsächlich sterben können.
- *Abschließen kann manchmal bedeuten, dass wir ganz mit etwas aufhören müssen, was uns nicht mehr guttut*, etwa mit einem belastenden Job oder einer Energie raubenden Beziehung. Das ist natürlich oft nicht von jetzt auf gleich erledigt und

sollte auch nicht übers Knie gebrochen werden. Aber auch diese oft unangenehmen Dinge verlieren ihren Schrecken, wenn sie Zug um Zug angegangen werden. Ein erster Schritt könnte eine Analyse des Status quo sein – etwa, während wir eine Pause machen, wie im vorherigen Punkt erwähnt. Dabei können wir uns darüber klar werden, ob es mit der Pause getan ist oder ob wir alternative Routen einschlagen wollen. Das könnte zum Beispiel das vorübergehende Leben als Single sein, ein neuer Arbeitsplatz oder ein Umzug in eine für uns lebenswertere Umgebung. Als Nächstes würden wir uns dann an das Vorbereiten des gefassten Plans machen. Erst der letzte Schritt wäre die Beendigung der unbefriedigenden Situation. Das Interessante dabei ist: Wenn wir unseren Blick täglich auf das kleine Glück richten und dankbar dafür sind, fällt es uns nicht mehr so schwer, uns von den Dingen zu trennen, die uns einmal – vermeintlich – das große Glück versprochen haben. Und so machen wir den Weg frei für etwas, das uns wirklich erfüllen kann!

Schritt 4: Wir betreten den neuen Weg

Wenn wir nun auch die letzten beiden Punkte zusammenschieben, hat der Drachenschwanz Platz für den »Weg« gemacht, denn das bedeutet **Via** auf Lateinisch.

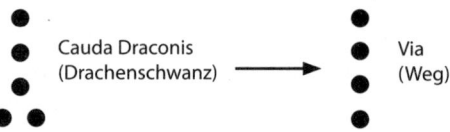

Das kann ein Weg der Entspannung nach Feierabend sein. Es kann aber auch ein Weg sein, den wir während eines Arbeitstages voll konzentriert und ruhig beschreiten, um eine bestimmte Aufgabe zu erledigen, die uns bisher in Stress versetzt hat. Das ist, wie Sie bereits wissen, kein Gegensatz: Wenn wir etwas mit hundertprozentiger Aufmerksamkeit in der intuitiven Denkweise tun, dann kann uns diese Tätigkeit ein Glück bringendes Flow-Erlebnis bescheren oder uns ganz einfach das Glück bewusst machen, zu sein, zu leben. Ganz egal, ob wir staubsaugen, eine Rede schreiben oder Quittungen sortieren. Die Dinge, die wir zuvor unter Stress getan haben, erledigen wir nun in Ruhe, effektiv, präzise und voll konzentriert. Es zerren nicht mehr tausend Dinge an unserer Aufmerksamkeit wie im Populus-Zustand. Statt mit tausend hektischen Gedankenfragmenten die Außenwelt zu spiegeln, sind wir nun in unserer Mitte.

Schritt 5: Wir orientieren uns

Auf jedem Weg, vor allem denen, die wir längere Zeit gehen, ist es wichtig, ab und an den Kurs zu überprüfen, um nicht plötzlich in eine falsche Richtung zu driften. Wenn wir nun das obere Ende des »Reißverschlusses« aufziehen, erhalten wir ein Symbol, das wir schon kennen: **Caput Draconis**, den Drachenkopf. Mit diesem schauen wir nun, wohin wir gehen, und überprüfen, ob wir uns auf unser gewünschtes Ziel zubewegen.

Sie können diese Symbole immer als Handlungsplan nutzen, der Ihnen aus stressigen Situationen Stück für Stück heraushilft. Mich begeistern die Geomantie-Figuren, weil sie wie eine Matrix die 16 menschlichen Bedürfnisse abbilden und Lösungsmöglichkeiten für Probleme anbieten. Probieren Sie es einfach mal aus.

Ihre Oase der Seele

Liebe Leser,

ich möchte mich von Ihnen mit einer kleinen Anekdote verabschieden:

Vor einigen Jahren besuchte ich den Heiligen Berg Athos. Dieser Berg ist zugleich eine von christlich-orthodoxen Mönchen betriebene Republik im Südosten der griechischen Halbinsel Chalkidiki. Athos wirkt wie aus der Zeit gefallen, dort kleben uralte Klöster am Fels, mit riesigen Bibliotheken, in denen über tausend Jahre alte Schriften verwahrt werden. Herrliche Gärten umrahmen die betagten Mauern, man hat wirklich das Gefühl, durch die Zeit in eine Oase der Seele gereist zu sein. Auch wenn die Insel zu Griechenland gehört, braucht man ein Visum, um in die Republik hineinzukommen. Außerdem ist der Zugang leider nur Männern gestattet, und auch die dürfen nicht lange bleiben: Als Europäer darf man maximal vier Tage dort verweilen.

Bevor ich eingelassen wurde, hatte ich ein interessantes Gespräch mit einem Mönch. Ich fragte ihn neugierig, warum man nur vier Tage dort bleiben dürfe. Er antwortete: »Wir Mönche hatten über tausend Jahre Zeit, diesen Ort so wunderschön zu machen, wie er heute ist. Er ist so betörend, dass kein Besucher je wieder wegwollte. Darum ist die Besuchszeit auf vier Tage begrenzt.«

Mich hat das sehr inspiriert, denn ich fühlte mich unmittelbar an meine Arbeit erinnert: Es ist mein Beruf, Menschen dabei zu helfen, einen wunderschönen Ort zu schaffen. Aber nicht auf einer Insel oder sonst irgendwo in der äußeren Welt, sondern in sich selbst. Einen Ort, der so schön ist, dass sie sich dort, in ihrem Inneren, wirklich wohlfühlen. Und der so erfüllend ist, dass sie nie wieder von dort wegwollen.

Ich hoffe, ich habe auch Ihnen mit diesem Buch geholfen, Ihre innere Oase so zu gestalten, dass Sie in sich selbst den Zugang zu einem erfüllten, stressfreien, erfolgreichen und einfach wunderschönen Leben finden. Aber denken Sie daran: Jede Veränderung braucht Zeit. Die Mönche haben ihre Insel nach und nach über viele Jahre zu dem herrlichen Kleinod gemacht, das sie heute ist. Haben Sie also Geduld mit sich, wenn nicht sofort alles klappt und Sie manchmal noch in stressige Verhaltensweisen zurückfallen. Sie haben sich diese Verhaltensweisen über viele Jahre angeeignet, erwarten Sie nicht, dass sie von einem Tag auf den anderen weggewischt sind. Sobald Ihnen das auffällt, kehren Sie mit den beschriebenen Techniken einfach zurück an Ihre ganz persönliche Oase der Seele. Ohne Visum, ohne Einreisebeschränkung, denn dieser Ort ist immer für Sie zugänglich.

Herzlich
Ihr Jan Becker

Literaturverzeichnis

Abel, Millicent H.: *An Empirical Reflection on the Smile*. Edwin Mellen 2002

Achor, Shawn: *The Happiness Advantage: The Seven Principles of Positive Psychology that Fuel Success and Performance at Work*. Virgin Books 2011

Alam, Murad; Barrett, Karen C. et al.: *Botulinum toxin and the facial feedback hypothesis: can looking better make you feel happier?* In: Journal of the American Academy of Dermatology, Vol. 58, Nr. 6, 1061–1072, 2008; doi: 10.1016/j.jaad.2007.10.649

Baethge, Anja; Rigotti, Thomas: *Interruptions to workflow: Their relationship with irritation and satisfaction with performance, and the mediating roles of time pressure and mental demands*. In: Work & Stress, Vol. 27, Nr. 1, S. 43–63, 2013; doi: 10.1080/02678373.2013.761783

Barker, Steven A.; Borjigin, Jimo et al.: *LC/MS/MS analysis of the endogenous dimethyltryptamine hallucinogens, their precursors, and major metabolites in rat pineal gland microdialysate*. In: Biomedical Chromatography, Viol. 27, Nr. 12, S. 1690–1700, 2013

Batty, David G.; Russ, Tom C. et al.: *Psychological distress in relation to site specific cancer mortality: pooling of unpublished data from 16 prospective cohort studies*. In: BMJ, Vol. 356, Nr. 108, 2017; doi: 10.1136/bmj.j108

Becker, Jan: *Du wirst tun, was ich will. Hypnose-Techniken für den Alltag.* Piper 2012

Becker, Jan: *Das Geheimnis der Intuition. Wie man spürt, was man nicht wissen kann.* Piper 2014

Becker, Jan. *Du kannst schaffen, was du willst. Die Kunst der Selbsthypnose.* Piper 2015

Becker, Jan. *Nichtraucher in 120 Minuten.* Piper 2016

Becker, Jan. *Du kannst schlank sein, wenn du willst.* Piper 2017

Beecher, Henry K.: *The Powerful Placebo*. In: J. A. M. A., Vol. 159, Nr. 17, 1955

Berk, Lee S.; Tan, Stanley A. et al.: *Neuroendocrine and Stress Hormone Changes During Mirthful Laughter*. In: The American Journal of the

Medical Sciences, Vol. 298, Nr. 6, S. 390–396, 1989; doi: 10.1097/ 00000441-198912000-00006

Bolier, L.; Havermann, M. et al.: *Positive psychology interventions: a meta-analysis of randomized controlled studies.* In: BMC Public Health, 2013; doi: 10.1186/1471-2458-13-119

Brioli, Pablo; Petty, Richard E. et al: *Body posture effects on self-evaluation: A self-validation approach.* In: European Journal of Social Psychology, Nr. 39, S. 1053–1064, 2009; doi: 10.1002/ejsp.607

Brydon, Lena; Walker, Cicely et al.: *Dispositional optimism and stress-induced changes in immunity and negative mood.* In: Brain, Behavior and Immunity, Vol. 23, Nr. 6, S. 810–816, 2009; doi: 10.1016/j.bbi.2009.02.018

Burzik, Andreas: *Neurobiologie des Flow*; zu lesen auf: http://www.flowskills.com/neurobiologie-und-flow.html

Carlson, Richard; Bailey, Joseph: *Reg dich nicht auf!* Knaur, 1997

Chavez, John A.: *Questions for the Lion Tamer: Delving in the Mystery that is DMT.* CreateSpace 2017

Cojan, Yann; Waber, Lakshmi et al.: *The brain under self-control: modulation of inhibitory and monitoring cortical networks during hypnotic paralysis.* In: Neuron, Vol. 62, Nr. 6, S. 862–875, 2009

Colburn, Don: *Norman Cousins, Still Laughing.* In: Washington Post, 21. Oktober 1986

Coué, Emile: *Autosuggestion. Wie man die Herrschaft über sich selbst gewinnt.* AT Verlag 2012

Cousins, Norman: *Der Arzt in uns selbst: Wie Sie Ihre Selbstheilungskräfte aktivieren können.* Schirner 2008

Csikszentmihalyi, Mihaly: *Flow: Das Geheimnis des Glücks.* Klett-Cotta 2015

Cuddy, Amy J. C., Wilmuth, Caroline A. et al. *The Benefit of Power Posing Before a High-Stakes Social Evaluation.* Harvard Business School Working Paper, No. 13–027, 2012

Emmons, Robert A.; Shelton, C. S.: *Gratitude and the science of positive psychology.* In: C. R. Snyder; Lopez, S. J. Handbook of positive psychology, S. 459–471, Oxford University Press, 2002

Epel, Elissa S.; McEwen, B. et al. *Stress and body shape: stress-induced cortisol secretion is consistently greater among women with central fat.* In: Psychosomatic Medicine, Nr. 62, 623–632, 2000

Epel, Elissa S.; Lapidus, R. et al. *Stress may add bite to appetite in women: a laboratory study of stress-induced cortisol and eating behavior.* In: Psychoneuroendocrinology, Nr. 26, 37–49, 2001

Friedler, Shevach; Glasser, Saralee et al. *The effect of medical clowning on pregnancy rates after in vitro fertilization and embryo transfer (IVF-ET)*. In: Fertility and Sterility. Vol. 6, Nr. 95, S. 2127–2130, 2011 doi: 10.1016/j.fertnstert.2010.12.016

Gabriel, Gerald: *Hans Selye: The Discovery of Stress*. Zu finden unter http://brainconnection.brainhq.com/2013/04/05/hans-selye-the-dis covery-of-stress/

Greene, C. M.; Morgan, J. C. et al. *Evaluation of a Laughter-based Exercise Program on Health and Self-efficacy for Exercise*. In: The Gerontologist, Vol. 57, Nr. 6, S. 1051–1061, 2017; doi: 10.1093/geront/gnw105

Guchhait, R. B.: *Biogenesis of 5-methoxy-N,N-dimethyltryptamine in human pineal gland*. In: Journal of Neurochemistry, Vol. 26, Nr. 1, S. 187–190, 1976; doi: 10.1111/j.1471–4159.1976.tb04456.x

Hanussen-Steinschneider, Erik Jan: *Das Gedankenlesen/Telepathie*. Wal-heim-Eberle 1920

Heath, Robert Galbraith: *Exploring the Mind Brain Relationship*. Moran Printing, 1996

Hirschi, Gertrud: *Mudras. Yoga mit dem kleinen Finger*. Bauer 1999

Hirschi, Gertrud: *Moment mal! Neue Lebensfreude mit Mudras, Mantras und Meditation*. Königsfurt Urania 2013

Höge, Thomas; Schnell, Tatjana: *Kein Arbeitsengagement ohne Sinnerfüllung. Eine Studie zum Zusammenhang von Work Engagement, Sinnerfüllung und Tätigkeitsmerkmalen*. In: Wirtschaftspsychologie, Nr. 1, 2012

Höge, Thomas; Schnell, Tatjana et al: *Predicting Meaning in Work: Theory, Data, Implications*. In: The Journal of Positive Psychology, Vol. 8, Nr. 6, S. 543–554, 2013; doi: 10.1080/17439760.2013.830763

Ironson, Gail; Balbin, Elisabeth et al.: *Dispositional Optimism and the Mechanisms by Which It Predicts Slower Disease Progression in HIV: Proactive Behavior, Avoidant Coping, and Depression*. In: International Journal of Behavioral Medicine. Vol. 12, Nr. 2, S. 86–97, 2005; doi: 10.1207/s15327558ijbm1202_6

Isaksen, Jesper: *Constructing Meaning despite the Drudgery of Repetitive Work*. In: Journal of Humanistic Psychology, Vol. 40, Nr. 3, S. 84–107, 2000; doi: 10.1177/0022167800403008

Kalyani, Bangalore G; Venkatasubramanian, Ganesan et al.: *Neurohemodynamic correlates of ›OM‹ chanting: A pilot functional magnetic resonance imaging study*. In: Int J Yoga, Vol. 1, Nr. 4, S. 3–6, 2011; doi: 10.4103/0973–6131.78171

Klemperer, Victor: *LTI (Lingua Tertii Imperii). Notizbuch eines Philologen.* Reclam 1998

Klein, Ezra: *Yuval Harari, author of Sapiens, on how meditation made him a better historian.* Zu lesen auf: https://www.vox.com/2017/2/28/14745596/yuval-harari-sapiens-interview-meditation-ezra-klein

Kozhevnikov, Maria; Elliott, James et al.: *Neurocognitive and Somatic Components of Temperature Increases during g-Tummo Meditation: Legend and Reality.* In: PLoS One, Vol 8, Nr. 3, 2013; doi: 10.1371/journal.pone.0058244

Larsson, Susanna C.; Bergkvist, Leif et al. *Consumption of sugar and sugar-sweetened foods and the risk of pancreatic cancer in a prospective study.* In: The American Journal of Clinical Nutrition, Vol. 84, Nr. 5, S. 1171 bis 1176, 2006

Leinninger, G. M. et al. *Leptin Acts via Leptin Receptor-Expressing Lateral Hypothalamic Neurons to Modulate the Mesolimbic Dopamine System and Suppress Feeding.* In: Cell Metabolism, Nr. 10, 89 – 98, 2009

LeMouse, Mack: *Will Background Music Improve Your Concentration?* Zu finden auf: http://www.healthguidance.org/entry/11767/1/Will-Background-Music-Improve-Your-Concentration.html

Lindzus, Lisa: *Lach dich gemeinsam frei! Affektives Selbstmanagement durch Lachyoga.* Masterarbeit am Institut für Sozial- und Kulturanthropologie Fachbereich Sozial- und Politikwissenschaft Freie Universität zu Berlin, 2016

Lown, Bernard: *Die verlorene Kunst des Heilens: Anstiftung zum Umdenken.* Schattauer 2007

Marniemi, Jukka; Kronholm, E. et al. *Visceral fat and psychosocial stress in identical twins discordant for obesity.* In: Journal of Internal Medicine, Nr. 251, 35 – 43, 2002

Minvaleev, R. S.; Nozdrachev, A. D. et al. *Postural Influences on the Hormone Level in Healthy Subjects.* In: Human Physiology, Vol. 30, Nr. 4, S. 452 – 456, 2004; doi: 10.1023/B:HUMP.0000036341.80214.28

Naun-Bates, Silke: *Mein Weg in die Freiheit.* Sheema 2015

Naun-Bates, Silke: *Mein Koffer voller Glück.* Sheema 2016

Naun-Bates, Silke: *SoulPassion: Meine Seele ruft.* Sheema 2017

Neal, David T.; Chartrand, Tanya L.: *Embodied emotion perception: Amplifying and dampening facial feedback modulates emotion perception accuracy.* In: Social Psychological and Personality Science, Vol. 2, Nr. 6, S. 673 – 678, 2011

Newberg, Andrew; Waldman, Mark Robert: *Words can change your brain.* Penguin 2014

Peters, Achim: *Warum haben wir bei Stress mehr Lust auf Süßes?*; zu finden unter http://www.spektrum.de/frage/warum-haben-wir-bei-stress-mehr-lust-auf-suesses/1296043

Peters, E. M.; Anderson, R. et al.: *Vitamin C supplementation attenuates the increaes in circulation cortisol, adrenaline and anti-inflammatory polypeptides following ultramarathon running.* In: International Journal of Sports Medicine, Vol. 22, Nr. 7. S. 537 – 543, 2001; doi: 10.1055/s-2001 – 17610

Pink, Daniel H.: *Drive: Was Sie wirklich motiviert.* Ecowin 2010

Pransky, George: *The Renaissance of Psychology.* Sulzburger & Graham, 1998

Reeves, Roy R.; Ladner, Mark E. et al.: *Nocebo effects with antidepressant clinical drug trial placebos.* In: General Hospital Psychiatry, Vol. 29, Nr. 3, S. 275 – 277, 2007; doi: 10.1016/j.genhosppsych.2007.01.010

Rogers, Carl R.; Farson, Richard Evans: *Active Listening*, Martino Publishing, 2015

Schmidt, Frank M; Weschenfelder, Julia: *Inflammatory Cytokines in General and Central Obesity and Modulating Effects of Physical Activity.* In: PLoS ONE, Vol. 10, Nr. 3, 2015; doi: 10.1371/journal.pone.0121971

Seligman, M. E. P.; Steen, T. A. et al.: *Positive psychology progress: Empirical validation of interventions.* In: American Psychologist, Vo. 60, Nr. 5, S. 410 – 421, 2005

Strassman, Rick: *The pineal gland: Current evidence for its role in consciousness.* In: Psychedelic Monographs and Essays, Nr. 5: S. 167 – 205, 1991

Strassman, Rick: *DMT: The Spirit Molecule: A Doctor's Revolutionary Research into the Biology of Near-Death and Mystical Experiences.* Park Street Press 2001

Strassman, Rick: *DMT: The Brain's Own Psychedelic.* In: Strassman, Wojtowicz, Luna, and Frecska, Inner Paths to Outer Space: Journeys to Alien Worlds through Psychedelics and Other Spiritual Technologies. Park Street Press 2008

Thomas, Linda: *Putzen!? Von der lästigen Notwendigkeit zu einer Liebeserklärung an die Gegenwart.* Verlag am Goetheanum 2012

Thomas, Linda: *Putzen lieben?!.* Verlag am Goetheanum, 2015

Tolle, Eckhart: *Jetzt! Die Kraft der Gegenwart.* J. Kamphausen 2011

Tracy, Jessica L.; Robins, Richard W.: *Show Your Pride: Evidence for a*

Discrete Emotion Expression in: Psychological Science, Vol. 15, Nr. 3, S. 194 – 197, 2004; doi: 10.1111/j.0956 – 7976.2004.01503008.x

Van Honk, Jack; Will, Geert-Jan et al.: *Effects of Testosterone Administration on Strategic Gambling in Poker Play.* In: Scientific Reports, Vol. 6, 2016; doi: 10.1038/srep18096

Ward, Adrian F.; Duke, Kristen et al.: *Brain Drain: The Mere Presence of One's Own Smartphone Reduces Available Cognitive Capacity.* In: Journal of the Association for Consumer Research 2, Nr. 2, S. 140 – 154, 2017; doi: doi.org/10.1086/691462

Watzlawick, Paul: *Anleitung zum Unglücklichsein.* Piper 2005

Weitzberg, Eddie; Lundberg, Jon O. N.: *Humming Greatly Increases Nasal Nitric Oxide.* In: American Journal of Respiratory and Critical Care Medicine, Vol. 166, Nr. 2, S. 144 – 145, 2002; doi: 10.1164/rccm.200202 – 138BC

Wibral, Matthias; Dohmen, Thomas et. al.: *Testosterone Administration Reduces Lying in Men.* In: PLoS One, Vol. 7, Nr. 10, 2012; doi: 10.1371/journal.pone.0046774

Woods, David: *A conversation with Norman Cousins.* In: Canadian Medical Association Journal, Vol. 128, Nr. 9, S. 1110 – 1113, 1983

Yue, G.; Cole, K. J.: *Strength increases from the motor program: comparison of training with maximal voluntary and imagined muscle contractions.* In: Journal of Neurophysiology, Vol. 67, Nr. 5, S. 1114 – 1123, 1992

Zhou, Xinyue; Wildschut, Tim et al.: *Heartwarming Memories: Nostalgia Maintains Physiological Comfort.* In: Emotion, Vol. 12, Nr. 4, S. 678 bis 684; doi: 10.1037/a0027236

Verzeichnis der Übungen (Ü), Skripts (Sk), Spiele (Sp) und Nachdenkgeschichten (N)

Übergewicht wirksam bekämpfen

Jan Becker

Du kannst schlank sein, wenn du willst

Mit Selbsthypnose zum
Wunschgewicht

Piper Paperback, 208 Seiten
€ 15,00 [D], € 15,50 [A]*
ISBN 978-3-492-06060-8

Sie haben sich mit unzähligen Diäten gequält und es gelingt Ihnen dennoch nicht, dauerhaft abzunehmen? Das ist kein Wunder, die meisten Empfehlungen zur Gewichtsreduzierung wirken nur kurzfristig und so droht bald der Jo-Jo-Effekt.

Jan Becker zeigt Ihnen, wie Sie mithilfe der Selbsthypnose Ihr Gehirn »umprogrammieren« können. Mit diesem Buch schaffen Sie es, Blockaden zu überwinden, gesund und nachhaltig abzunehmen und Ihr Wunschgewicht dauerhaft zu halten – und das ganz ohne Frust und mühsames Diäthalten!

Leseproben, E-Books und mehr unter **www.piper.de**

PIPER